# 민주당을 떠나며

FOR LOVE OF COUNTRY

Copyright ⓒ 2024 Tulsi Gabbard

Korean Translation Copyright ⓒ Medicimedia

Korean edition is published by arrangement with Skyhorse Publishing through Duran Kim Agency Co. Ltd..

이 책의 한국어판 저작권은 듀란킴 에이전시를 통한
Skyhorse Publishing과의 독점계약으로 ㈜메디치미디어에 있습니다.
저작권법에 의하여 한국 내에서 보호를 받는 저작물이므로
무단전재와 무단복제를 금합니다.

# 민주당을 떠나며

### 소수 엘리트 기득권에 의해 움직이는 미국을 폭로하다

털시 개버드 지음　송영길 옮김

메디치

이 책을 조국을 사랑하고 평화와 자유를 소중히 여기는
모든 미국인에게 바칩니다.

## 추천의 말

### 한국의 민주당이 반면교사 삼아야 할 책
— 박선원(22대 국회의원, 전 국가정보원 제1차장)

오늘날 우리는 수많은 힘의 충돌 속에서 살아간다. 삶의 방향을 스스로 완전히 통제할 수 있다는 확신은, 때로 거대한 외부의 흐름 앞에서 무너진다. 그중에서도 '트럼프의 미국'은 세계 정치·경제 판도를 뒤흔드는 가장 강력한 변수다. 불확실성과 예측 불능성을 에너지로 삼는 트럼프 진영은 각국 정부와 시장에 현실적인 불안 요인으로 작용한다. 또한 트럼프 진영의 보수성과 미국 우선주의는 개인주의적 성향과 사회적 가치에 관심이 높은 밀레니얼 세대의 기질과는 다소 거리가 있어 보인다. 그런데 최근 이러한 트럼프 진영에 과감히 합류한 젊은 정치인이 있으니, 바로 털시 개버드다.

하와이에서 태어난 털시 개버드는 인도계와 사모아계 혈통을 가진 이민자 가정에서 성장했다. 그녀는 여성, 소수 인종, 그리고 소수 종교(힌두교 신자)라는 복합적인 마이너리티 정체성을 안고 살아왔다. 이러한 배경은 그녀로 하여금 미국 정치에서 흔히 경험하는 편견과 보이지 않는 유리 천장을 일찍부터 체감하게 했다. 하지만 개버드는 이 모든 역경을 뚫고 21세에 하와이 주의회 의원이 되었으며, 이후 이라크전에 자원입대해 복무하며 경력과 리더십을

쌓았다. 군 복무 경험은 훗날 그의 정치 행보에 중요한 기반이 되었고, 젊은 여성 정치인으로서는 드물게 실전적 시각을 갖추게 했다.

정치인의 길에서도 개버드는 고립과 배제를 반복적으로 겪었다. 민주당의 이상과 현실 사이의 괴리, 이념적 경직성, 엘리트 중심의 의사 결정, 그리고 과도한 '깨어 있음(woke) 문화'가 그를 점점 더 밀어냈다. 민주당이 미국 국민 전체가 아닌 특정 집단의 가치만을 대변한다는 강한 비판 속에서, 젊고 개혁적인 여성 정치인임에도 불구하고 그는 내부에서 고립을 겪었다.

반면 트럼프 진영은 그의 독립적 현실주의, 반개입주의적 외교관, 그리고 '힘을 통한 평화'라는 메시지에 주목했다. 이를 계기로 개버드는 국가정보국장(DNI)으로 발탁되어 미국 정보기관의 대대적 개혁과 관료주의 타파라는 중책을 맡게 된다. 그는 당파에 얽매이지 않는 목소리로, 미국 정부 안팎에서 새로운 변화와 파장을 일으키고 있다.

송영길 전 더불어민주당 대표는, 수감 생활 중에도 세계를 바라보는 안목을 넓히기 위해 수많은 책을 탐독했다. 민주주의와 자기 발전의 중요성을 반성하며 성찰한 끝에, 털시 개버드의 책을 번역하기로 했다. 송 전 대표의 눈에 비친 미국 민주당은 변화를 수용하지 못하고 특정 지지 세력에 포획되어 현실을 읽어내지 못하는 모습이었다. 그는 이를 반면교사 삼으려는 마음으로 이 책을 번역했을 것이며, 한국의 민주당이 잘나갈 때일수록 미래를 대비해야 한다는 경계심도 함께 품었을 것이다. 또 한편으로는 이해하기 쉽지 않은 트럼프 노선, 이른바 '트럼피즘'을 뒤집어 살펴보기 위한 지적 도전이기도 했다. 여기서 이 책을 국내에 널리 공유해야 할 이유를 발견했을 것이다.

언제나 치열하게 살아온 송영길 전 대표는 역경 속에서도 안보 분야에서 흔들림 없이 도전하고 또 이겨내려 했던 개버드의 노력을 높이 평가하고 있다. 어쩌면 송 전 대표의 번역 작업은 그가 현재 겪고 있는 모순과 굴레를 벗어던지기 위한 하나의 수행이었을지도 모른다.

원숙한 노정객의 회고록이 아닌, 젊은 정치인의 중간보고와도 같은 개버드의 책을 읽으며 그는 깊은 인상을 받았을 것이다. 여성, 소수 인종, 종교적 마이너리티 등 다양한 역경을 극복하며 마침내 이뤄낸 성취, 혹은 여전히 긴 여정의 한복판에 서 있는 '사막의 낙타'와도 같은 모습을 보았으리라. 그리고 그는 스스로에게 다짐했을 것이다. 나도 반드시 이렇게 확실하게 떨쳐 일어나리라고. 나 또한 할 일이 많이 남아 있다는 자기 선포적 의미를 느꼈을 것이다.

젊은 여성 정치인의 빛나는 역정, 그리고 불리한 조건 속에서도 끈기와 실용주의로 자신의 길을 개척해온 과정은, 옮긴이인 송영길 본인은 물론 이 복잡하고 혼돈스러운 세상을 이끌고자 하는 많은 사람에게 영감을 주고, 희망이 무엇인지 다시금 되새기게 한다.

한국의 입장에서 털시 개버드의 등장은 한미 관계와 국제 협력의 방향을 다시 생각하게 만든다. 그의 현실주의적 시각과 보수적인 접근은 대한민국 외교·안보의 새로운 변수로 작용하며, 동맹의 의미를 재해석하는 계기를 마련할 것이다. 또한 정체된 기득권과 경직된 이념을 거부하고, 논란 속에서도 새로운 길을 실험하는 그의 행보는 단편적인 진영 논리에 매몰되어 가는 한국 정치에도 중요한 화두를 던지고 있다.

이 책은 한 정치인이 기존 질서를 벗어나 다양한 가능성을 시험하는 과정을 생생하게 보여준다. 특히 마이너리티 여성 정치인으로서 겪은 역경과 성장, 그리고 실용적 리더십까지 두루 담고 있어 정치인은 물론 외교·안보 전문가, 그리고 더 나은 사회를 고민하는 이들 또한 깊이 읽어볼 만하다. 특히 털시 개버드가 자신의 책 서문에서 밝히듯, "Our country is in the midst of an existential crisis(우리 나라는 지금 실존적 위기의 한가운데 있다)"라는 인식은, 그가 왜 치열한 변화의 길을 택하고 고난을 두려워하지 않았는지를 분명하게 보여준다.

다만, 그렇다고 해서 나는 개버드의 민주당 탈당이 반드시 옳은 일이라고 생각하지는 않는다. 어려워도, 아니 어려울수록 자신이 처음 발 디뎠던 곳에서 승부를 보았어야 하지 않았나 하는 미련도 본인 마음 한구석에도 늘 자리하고 있을 것이다. 그것은 누구나 느끼는 인간적인 아쉬움일지도 모른다.

털시 개버드는 미국에서 가장 용감한 사람 중 한 명이다. 만일 이러한 사실이 의심스러운 독자가 있다면, 그녀가 세계에서 가장 강력한 권력자들에 대한 진실을 밝히다가 잃은 것을 생각해보길 바란다.
— 터커 칼슨(Tucker Carlson, 정치 평론가, 방송인)

털시는 용기가 무엇인지 아는 사람이다. 그녀는 조국을 위해 봉사하는 용기를 가졌다. 민주당을 떠나는 용기를 가졌다. 진실을 말할 용기를 가졌다. 그녀의 공직 생활과 마찬가지로, 이 책은 그 어떤 것도 숨기지 않는다. 만약 조국을 사랑하는 이유를 모르는 독자들이 있다면 이 책이 그 이유를 상기시켜 줄 것이다.
— 피트 헤그세스(Pete Hegseth, 29대 미국 국방장관)

털시와 나는 정치적으로 모든 것이 일치하지는 않지만, 우리는 미국을 사랑하고 자유를 수호하기 위해 헌신한다는 가장 중요한 점에 동의한다. 나는 털시가 정치적 견해에 상관없이 국민을 존중하는 마음으로 대해왔다는 것을 알고 있다. 나는 그녀가 항상 솔직하고 독립적이며 강단 있는 사람이라는 것을 알고 있고, 그 모든 특성이 이 책에 고스란히 담겨 있다. 털시는 기득권층에 실망하고 소외감을 느끼는 모든 사람이 주목해야 할 진실에 대해 말한다. 그녀가 말하는 모든 것은 진정한 애국자의 마음에서 우러나온 것이라는 점은 의심할 여지가 없다.
— 메건 매케인(Meghan McCain, 미국의 방송인, 작가)

털시 개버드는 내가 평생 만나본 사람들 중에 가장 바위처럼 단단하고 존경하는 사람이다. 만일 민주당과 그 지지 세력 모두가 진정으로 여성 대통령을 원한다면, 털시가 바로 그 적임자다. 전쟁 지역에 세 번이나 파병된 참전 용사이자 8년 동안 의회에서 봉사한 흠잡을 데 없는 경력을 가진 인물이다. 그러나 민주당과 그 지지 세력은 그녀와 아무것도 함께 하려 하지 않는다. 이는 그녀의 타협하지 않는 도덕관과 인격 때문이다. 그녀에 대한 근거 없는 공격과 백악관 입성을 막으려는 음모는 이 게임이 조작되어 있으며, 민주당과 그 지지 세력이 권력을 유지하기 위해 거짓말을 일삼고 있다는 증거다. 나는 털시 개버드가 훌륭한 대통령이 될 것이라고 생각하며, 그녀를 친구라고 부를 수 있어서 영광이다.

— 조 로건(Joe Rogan, 미국의 대표 팟캐스터, UFC 해설자, 코미디언, TV프로그램 진행자)

털시는 진실을 이야기하는 진정으로 독립적인 인물로, 미국을 깊이 사랑하고 이를 위해 기꺼이 싸우는 사람이다. 이 책은 자유를 소중히 여기며 조국이 나아갈 방향을 고민하는 모든 사람이 반드시 읽어야 할 책이다. 개인의 권리와 자유가 끊임없이 위협받는 시대에, 털시는 미래 세대를 위해 개인의 자유를 보전하고, 사랑하는 조국을 구하기 위해 무엇을 해야 하는지 상세히 설명하고 있다. 털시는 워싱턴의 기득권에 용감히 맞서며, 헌법을 수호하고 우리 모두의 생명, 자유, 행복 추구의 권리를 지키기 위해 최전선에 서 있다.

— 잭 카(Jack Carr, 네이비실 저격수 출신이자 《뉴욕타임스》 베스트셀러 작가)

**일러두기**

- 본문에 표기된 각주는 옮긴이 주, 미주는 저자 주다.
- 이 책은 원서가 출간된 2024년 4월 30일을 기준으로 미국 정치의 사실 관계가 서술되어 있다.
- 저자가 이 책에서 주로 비판하는 '민주당 엘리트(Democrat elite)'는 특정 개인 한두 명이 아닌 민주당 내에서 권력과 영향력을 독점해온 주류 정치 기득권층을 뜻한다. 저자는 이들이 대기업 및 군산복합체의 이해관계와 결탁해 대외 전쟁을 정당화하거나, 국민 생활보다 정권 유지와 기득권 보호에 집중하는 태도를 보인다고 강하게 비판한다. 대표적으로 버락 오바마와 조 바이든 전 대통령, 카멀라 해리스 전 부통령, 힐러리 클린턴 전 국무장관, 낸시 펠로시 전 하원의장, 척 슈머 상원 원내대표 등 민주당 지도부와 워싱턴 정가의 오랜 네트워크에 속한 인사들이 그 예다.

**옮긴이의 말**

## 인류의 자유와 번영, 평화를 향한
## 미 국가정보국장(DNI*)의 외침

2024년 미국 대선에서 나는 일찌감치 트럼프 재선을 예측했다. 동시에 그런 결과를 은근히 바라기도 했다. 이유는 명확했다. 바이든 민주당 정부의 무능함, 그리고 카멀라 해리스의 콘텐츠 부족 때문이었다. 무엇보다도 오바마 8년과 바이든 4년 동안 한반도의 군사적 긴장과 냉전 구조를 해체하기 위한 진지한 시도가 전혀 없었다는 점에 주목했다.

그사이 북핵 문제는 오히려 악화되었다. 오바마 정부는 이명박·박근혜 정부에 끌려다녔고, 바이든 정부는 윤석열을 이용해 독도와 동해 문제를 방치하며, 해결책 없는 한미일 군사 협력 체계를 강화해나갔다. 그에 반해 트럼프는 미국 대통령 재임 중, 유일하게

---

* 국가정보국장(Director of National Intelligence)은 미국의 정보기관 조직 내 직책이다. 2001년 9·11 테러 이후 정보기관 간의 협력과 정보를 통합 관리하기 위해 2005년에 신설되었으며, 미국 정보 커뮤니티(Intelligence Community, IC)인 CIA, NSA, FBI 등 18개 정보기관을 총괄하는 최고 책임자다. 2024년 11월 13일, 트럼프 대통령은 2기 정부 출범과 함께 털시 개버드를 DNI로 지명했다.

김정은과 세 차례 직접 회담하며 북핵 문제의 외교적 해결을 위해 노력했다. 그것은 분명 새로운 시도였다.

2024년 미 대선에서 특히 주목할 만한 두 명의 여성이 있었다. 한 명은 조지 부시 정부의 실세 부통령으로 2003년 미국의 이라크 침략을 주도했던 딕 체니의 큰딸이자 공화당 연방 하원의원인 리즈 체니(Liz Cheney)*였고, 또 다른 한 명은 2020년 민주당 대선 후보 경선에 출마했던 하와이 출신의 민주당 연방 하원의원 털시 개버드였다.

2003년 미국의 이라크 침략은 미국 중앙정보국(CIA) 등 미 정보기관의 정보 조작에 의해, 딕 체니 부통령과 도널드 럼즈펠드 국방부 장관을 비롯한 네오콘과 군산복합체가 주도한 불법적인 침략 전쟁이었다.

트럼프는 당시부터 지금까지 부시의 이라크 침략을 '가장 어리

---

* 조지 W. 부시 행정부 시절 국무부 중동 담당 부차관보로 활동했으며 국제개발처(USAID)에서 근무했다. 와이오밍주 단일 선거구에서 2016~2021년 5월 하원의원 3선, 2019년 공화당 하원 지도부 3인자 직책인 '공화당 회의 의장(Chair of the House Republican Conference)'에 선출되었다. 외교·안보에서 강경한 네오콘적 입장(부친 딕 체니와 유사)이며, 전통적 공화당 가치인 작은 정부, 강한 군대, 재정 보수주의를 강조한다. 2021년 1월 6일 의회 폭동 이후, 트럼프 탄핵에 찬성한 10명의 공화당 하원의원 중 한 명이며, 트럼프의 '선거 사기' 주장과 극단주의에 강하게 반대하면서 트럼프와 결별했다. 2021년 5월, 공화당 지도부에서 강제 해임된 후 공화당에서 2022년 이후 사실상 고립되었다.

석은 전쟁'이라며 맹비난해왔다. 2016년 공화당 대선 후보 경선에서도 그는 조지 부시 대통령의 동생인 플로리다 주지사 젭 부시를 이라크전 문제로 집중 공격하며, 부시 가문, 딕 체니, 럼즈펠드, 매케인 등 공화당 핵심 인사들과 등을 졌다. 결국 이들 구 공화당 주류는 지난 대선 때 힐러리, 바이든에 이어 카멀라 해리스를 지지하며 트럼프와 대립했다.

리즈 체니는 2021년 1월 6일 트럼프 지지자들의 국회의사당 점거 사태를 '반란 행위'로 규정하며 트럼프 탄핵에 찬성표를 던졌다. 그 결과 리즈 체니는 트럼프 지지자들인 MAGA* 세력의 집중적인 공격 대상이 되었고, 결국 공화당 후보에서 탈락, 2024년 총선에 출마하지 못했다.

한편 이 책의 저자인 털시 개버드는 1981년 하와이에서 사모아 출신 부친과 미시간 출신 어머니 사이에서 태어나 자랐다. 그녀는 21세 때 하와이 주의회 의원에 당선되었고, 이후 군에 자원입대해 쿠웨이트와 이라크 등에 배치되어 군 복무를 수행했다. 이라크 전쟁의 참상을 직접 목격한 그녀는, 군산복합체의 이익을 위해 끊임없이 전쟁을 만들어내는 워싱턴 정치를 바꾸기 위해 연방 하원의원에 도전해 당선되었고, 8년(4선 의원)을 봉사했다. 2020년에는 민주당 대선 후보 경선에 출마하며 독자적인 목소리를 이어 갔다.

대선 후보 경선에서 털시 개버드는 '신냉전 반대'와 '외국 정권 교체를 위한 전쟁 개입 반대' 등을 주장하며 민주당 주류 세력과

---

\* 'Make America Great Again(미국을 다시 위대한 나라로)'의 약자다.

대립했다. 그 결과, 힐러리 클린턴 등 민주당 지도부로부터 '친러시아', '스파이'라고 비난받으면서 큰 상처를 입었다.

이후 그녀는 민주당을 탈당하여 2024년 대선에서는 무소속으로 트럼프를 지지하며 선거운동에 뛰어들어 트럼프 당선에 기여했다. 트럼프는 재선에 성공하자마자 털시 개버드를 미국 18개 정보기관(CIA, FBI 등)을 총괄하는 국가정보국장(DNI)에 임명했다. 이에 따라 우리는 세계 최강 미국 정부의 정보를 총괄하게 된 털시 개버드가 어떠한 철학과 생각을 갖고 있는지를 깊이 살펴볼 필요가 생겼다.

나는 인천시장 시절, 당시 하와이 주의회 의원이었던 털시 개버드를 처음 만났다. 그 후 2015년 하와이대학교 초청 강연으로 호놀룰루를 방문, 연방 하원의원이었던 털시를 다시 만나 북핵 문제 등에 대해 깊은 대화를 나누었다.

서울구치소에서 이 책의 원서를 읽으며 이 내용을 한국어로 번역 출판해야 할 필요성을 절감했다. 이 책에는 기존 워싱턴의 민주당, 공화당 정치인들에게서는 들을 수 없는 이야기들이 가득 담겨 있다. 트럼프에 대한 옹호를 비롯해 민주당의 위선과 이중 잣대를 신랄하게 공격하고 있다. 또한 트럼프와 자신을 '러시아의 스파이', '협력자', '반역자'로 몰아붙이는 민주당 세력을 네오콘으로 규정하며 정면으로 반박한다.

털시는 민주당만을 비판하는 것이 아니다. 그녀는 공화당과 민주당 지도부 모두가 자국 내 현안에 대해서는 서로 싸우는 척하지만, 대외 전략에 있어서는 한목소리로 움직이고 있다고 지적한다.

러시아, 시리아, 리비아, 이란, 북한 등에 대한 정권 교체 시도와 신냉전 논리는 결국 끊임없는 전쟁 준비와 군사적 긴장을 부추기며, 이는 군산복합체의 이익을 대변하는 워싱턴 기득권 정치의 실체를 드러낸다는 것이다.

2018년 1월 13일, 하와이에 갑자기 비상 경고 메시지가 발송되었다. "탄도 미사일이 하와이로 향하고 있다. 즉시 대피소를 찾아라. 이것은 훈련이 아니라 실제 상황이다." 북한에서 하와이로 핵미사일이 발사되었다는 경고였다. 당시 털시는 워싱턴에 있었지만 하와이는 그녀의 지역구였고 가족, 친지들 모두가 하와이에 있었다.
　이 책에서는 당시 털시가 느꼈을 핵전쟁의 공포를 생생하게 묘사하고 있다. 나중에 잘못된 경보로 밝혀졌지만, 이 일을 계기로 털시는 인류가 핵전쟁 위험에 얼마나 실재적으로 노출되어 있는지를 뼈저리게 깨닫게 된다. 그러나 워싱턴의 양당 지도부는 이 위협을 지나칠 정도로 안이하게 인식하고 있다고 그녀는 말한다.
　이에 털시는 핵보유국인 러시아의 지도자 블라디미르 푸틴과 도널드 트럼프 간의 직접적인 대화와 외교적 협상을 강력히 지지하고 있다. 그녀는 우크라이나 전쟁의 원인을 클린턴 행정부 때부터 본격화된 'NATO의 동진정책(Nato's eastward expansion)'*에 있다고 주장한다.

---

*　냉전 종식 이후 북대서양조약기구(NATO)가 옛 소련 및 동유럽 국가들을 회원국으로 받아들이며 동쪽으로 세력을 확장한 전략이다.

2022년 2월 전쟁 초기, 튀르키예의 레제프 에르도안 대통령이 중재한 휴전 협상이 성사 직전까지 갔지만, 바이든 행정부가 이를 중단시키고 푸틴과의 대결을 촉구함으로써 전쟁을 부추겼다는 지적도 제기한다. 또한 털시는 만약에 1962년 쿠바 미사일 위기 당시 존 F. 케네디 대통령이 커티스 르메이 장군 등 군부의 선제 핵 공격 주장을 받아들였다면, 인류는 핵전쟁으로 멸망했을 것이라고 평가하며 로버트 케네디와 주미 소련대사 간의 막후협상, 흐루쇼프의 양보와 타협 덕분에 쿠바 핵 위기가 해결될 수 있었다는 점을 강조한다.

털시는 외교의 중요성을 거듭 강조해왔다. 그녀는 리비아의 카다피 제거에 박수를 치며 방송에서 환호하던 힐러리 클린턴 당시 국무장관의 태도를 강하게 비판한다. 그리고 리비아 사태를 지켜본 김정은이 과연 핵을 포기하겠는가, 하고 반문한다.

털시는 북미 간 직접 대화를 강력히 지지한다. 그녀는 "외교 없이는 평화가 없고, 평화 없이는 진정한 자유와 번영을 누릴 수 없다"는 점을 거듭 강조한다. 또한 전임 바이든 정부를 인종주의와 종교, 언론의 자유를 통제하는 독재 정권이라고 비판하며 LGBTQ[*] 문제, D.E.I(Diversity, Equity, and Inclusion) 등 민주당의 과도한 사회·문화 정책과 국경 문제, 불법 이민 문제 등을 날카롭게 지적한다.

---

[*] 레즈비언(L), 게이(G), 양성애자(B), 트랜스젠더(T), 퀴어/성 정체성 탐색자(Q) 등 성소수자와 관련된 정책과 권리, 사회적 인식 전반을 지칭하며, 여기에서는 민주당과 일부 진보 세력이 추진하는 과도한 정체성 정치(Identity Politics)를 의미한다.

물론 이러한 비판이 과도하다고 느껴질 수도 있다.

그러나 이 책을 읽으면서 "왜 민주당의 카멀라 해리스 후보가 트럼프에게 패배했는가?"라는 질문에 대한 실마리를 찾을 수 있었다. 트럼프 지지자들이 민주당의 정치적 올바름과 '워크(Woke) 문화'*에 대해 얼마나 강한 반감을 갖고 있는지를 여실히 보여주는 결과다.

이제 털시 개버드는 미국의 대내외 정책 결정의 기반이 되는 모든 정보를 총괄하는 책임자다. 우크라이나와 러시아 전쟁, 하마스와 이스라엘, 이스라엘과 이란의 전쟁, 대만해협, 북핵 문제 등 주요 국제 현안에 대해 그녀가 어떠한 변화를 이끌어낼지 기대가 된다.

이재명 정부의 외교팀과 국가안보실, 국가정보원도 이 책을 꼭 읽어보길 바란다. 이 책에서 밝힌 털시의 시각과 주장을 잘 숙지하고 소화해 한미 정보 당국 간의 협력을 강화하고, 한반도의 긴장 완화 및 북핵 문제 해결을 모색하는 데 도움이 되기를 기대한다. 털시의 새로운 시각이 트럼프 정부 2기 때 북미 간 직접 협상 재개로 이어지고, 그로 인해 한반도의 냉전 구조가 해체되는 계기가 마련되기를 진심으로 바란다.

털시 개버드의 주장에는 일부 과장되거나 비약된 면이 있고, 현

---

* 원래 사회적 불의와 차별에 '깨어 있는' 의식을 뜻했지만, 최근에는 과도한 정치적 올바름(PC주의), 이념 강요, 검열과 캔슬 컬처(Cancel Culture)를 포함하는 진보 진영의 극단적 문화 운동을 비판하는 용어로 쓰인다.

재 트럼프 행정부의 정책을 보면 내로남불적인 측면도 있다. 그러나 그녀가 던지는 문제 제기는 민주당, 공화당을 넘어 미국 정치 전반에 걸친 화두를 담고 있어 의미가 자못 크다. 무엇보다 이 책은 3차 세계대전의 위기와 냉전 시대의 마지막 유산인 한반도 비핵화, 북미 간 평화조약과 국교 정상화를 이루는 데 필요한 다양한 영감을 준다.

구속 전 한 차례 읽었던 이 책을 서울구치소 독방에서 다시 펼쳐 들었다. 차갑고 고요한 공간 속에서 마주한 활자들은 이전보다 훨씬 깊이 다가왔다. 세 차례 정독하며, 이 책을 반드시 번역해 더 많은 사람이 읽을 수 있도록 해야겠다고 마음먹었다.

제한된 공간과 조건 속에서도, 저자의 진정 어린 문제의식과 날카로운 통찰을 한국 사회에 전하고자 매일 새벽부터 밤까지 원고와 씨름했다. 번역은 단순한 언어의 옮김이 아니라, 저자가 건네는 성찰과 신념을 우리 현실 속에서 다시 되새기는 과정이었다. 구치소의 고요함은 오히려 문장 하나하나에 몰입할 수 있는 시간을 허락했다. 이 책이 우리 사회에 잔잔한 울림과 함께, 공론장에서 새로운 성찰의 물결을 일으키기를 바란다.

끝으로, 이 책의 번역과 출판을 결심하고 전폭적으로 지원해주신 메디치미디어 김현종 대표님께 깊이 감사드린다.

2025년 9월
송영길

2015년 겨울 하와이 호놀룰루에서 당시 털시 개버드 미 하원의원을 만나다.

## 차례

| | |
|---|---|
| 추천의 말 | 6 |
| 옮긴이의 말: 인류의 자유와 번영, 평화를 향한 미 국가정보국장(DNI)의 외침 | 13 |
| 프롤로그: 경고음을 울리다 | 24 |
| 1장 우리의 민주주의는 끝났는가? | 37 |
| 2장 희미해지는 자유의 빛 | 79 |
| 3장 사라진 표현의 자유 | 111 |
| 4장 신을 적으로 여기는 사람들 | 137 |
| 5장 전쟁광 엘리트 카르텔 | 171 |
| 6장 인종차별을 조장하다 | 225 |
| 7장 권력자가 결정하는 진실 | 249 |
| 8장 위협받는 가정 | 267 |
| 에필로그: 평화롭고 자유롭게 살 것인가, 전쟁 속에서 자유 없이 살 것인가—선택은 우리에게 달렸다 | 299 |
| 미주 | 311 |

**프롤로그**

# 경고음을 울리다

나는 나의 조국을 사랑한다. 미국 국민의 안전과 안보, 자유를 지키기 위해 내 인생을 바쳤다. 미국은 지금 실존적 위기에 처해 있다.

내 친구 중에는 민주당원, 공화당원, 무당파, 자유주의자들이 있다. 그들 모두를 존중한다. 일부는 정치 분야에서 일하지만 대부분은 그렇지 않다. 이 책은 누군가의 정치 성향에서 비롯된 원한이나 반감 때문에 쓴 것은 아니다. 독자들에게 긴급한 경고 메시지를 전하기 위해서다. 오늘날 민주당과 '워싱턴 기득권(Permanent Washington)'*은 우리를 자유와 민주주의, 그리고 평화롭고 번영하는 국가에서 국가의 번영을 위협하는 매우 위험한 길로 이끌고 있다.

정치적 성향과 관계없이, 또는 어떤 후보를 좋아하든 싫어하든, 권력에 대한 탐욕스러운 굶주림에 사로잡힌 사람들이 그들의 행동이 가져올 장단기적 결과에 상관없이 우리의 민주주의를 적극적으로 훼손하는 것에 대해 우리 모두 경각심을 가져야 한다. 민주당과

---

\* 미국 정치와 행정에서 정권이 바뀌어도 변하지 않고 상시적으로 존재하는 권력 집단 및 연방 관료 조직과 워싱턴 정가의 로비스트, 싱크탱크, 정치 자문가 집단 등을 일컫는다.

워싱턴 기득권은 미국 국민이 자기가 원하는 사람을 대통령으로 선택할 수 없도록 하는 모든 수단을 총동원하고 있다. 이는 시민의 기본 권리에 대한 존중이 없는 것이다. 그들이 두려워하는 것은 단 하나, 바로 '우리 국민이 잘못된 선택'을 할지도 모른다는 점이다. 그래서 민주주의를 보호하고 국민을 구하겠다는 명분 아래, 오히려 민주주의를 파괴하고 누가 우리의 다음 대통령이 되어야 하는지 결정하는 자유를 빼앗고 있다.

더 심각한 문제는, 이러한 일을 주도하는 사람들이 자신들은 '옳은 일'을 하고 있다고 굳게 믿고 있다는 점이다. 그들은 걱정스러운 목소리로 말한다. 만약 미국 국민이 다시 도널드 트럼프를 대통령으로 선택한다면, 그는 민주주의를 파괴하는 최악의 독재자가 될 것이라고. 그래서 트럼프를 선택할 국민의 권리를 박탈하는 것이 정당하다고 주장한다. 다시 말해, 그들은 민주주의를 '지키기 위해' 민주주의를 '무너뜨려야' 한다는 궤변을 늘어놓는다.

이는 광기이며, 독재적 사고방식이다.

이 글을 쓰는 현재, 콜로라도주와 메인주*는 전례 없는 조치(unprecedented action)**를 취해 공화당의 유력 대선 후보인 도널드 J. 트럼프를 대선 예비후보 명단에서 제외하려 했다. 이와 유사

---

\* 콜로라도주는 미국 서부에 위치한 주로, 주도(州都)는 덴버(Denver)다. 정치적으로 최근 몇 년간 민주당 성향이 강한 주로 분류된다. 메인주는 미국 최북동단에 위치하며, 주도는 오거스타(Augusta)다. 정치적으로 독립적인 성향(무소속이나 중도적 태도)이 강한 주로 알려져 있다.

\*\* 미국 역사상 한 번도 없었던, 매우 이례적인 시도를 의미한다.

한 문제가 32개 주에서도 제기되었다. 이는 헌법을 정면으로 거스르는 행위이며, 반란죄로 기소도, 기소유예도, 유죄판결도 받은 적 없는 트럼프에 대해 소수의 사람이 국민의 투표권을 일방적으로 빼앗으려는 시도다. 콜로라도주 대법원은 4 대 3의 판결로 이를 결정했고, 메인주에서는 법조인도 아닌 주 국무장관이 일방적으로 이러한 결정을 내렸다. 그는 민주당원이자 바이든 대통령의 공개적 지지자이며, 트럼프 대통령 재임 시절 탄핵을 적극 지지했던 인물로서 공정한 판단자라고 보기 어렵다.

이미 위험한 선례 하나가 만들어졌다. 공화당 소속의 다른 주 국무장관들이 조 바이든 대통령을 투표지에서 제거하겠다고 나설 경우, 이를 막을 수 있는 장치는 무엇이 있을까? 아무것도 없다.

미주리주 국무장관 제이 애슈크로프트(Jay Ashcroft)는 X(구 트위터)에 이렇게 올렸다.

> 콜로라도주와 메인주에서 수치스러운 일이 벌어졌다. 우리 공화국의 민주주의를 훼손하는 행위다. 나는 연방대법원이 이를 뒤집을 것이라 기대하지만 만약 그러지 않는다면, 국무장관들이 나서서 @realDonaldTrump에게 적용된 새로운 법적 기준을 @JoeBiden에게도 동일하게 적용할 것이다![1]

하지만 이들은 한 가지 방법에만 의존하지 않는다. 이는 다양한 방면에서 일어난 전쟁이며 목표를 이룰 때까지 수단과 방법을 가리지 않는다. 나의 오랜 친구인 캘리포니아 출신의 '진보적' 연방 하원의원 로 카나(Ro Khanna)는 트럼프를 투표지에서 제거하려는 집착에 가까운 의지를 드러냈다. 중립적이어야 할 연방준비제도(Fed) 의장도 트럼프의 재선을 막아야 한다고 주장했다. 2023년 12월 27일 카나는 X에 이렇게 썼다.

> 인플레이션은 대부분 공급 충격에서 비롯된 것이므로, 제롬 파월 연준 의장은 지금 당장 금리를 인하해야 한다. 만약 그렇게 하지 않으면, 트럼프가 재집권하는 데 가장 큰 책임을 질 수도 있다.

민주당 엘리트 그룹은 형사 사법 시스템을 활용해 공화당 대선 후보를 기소하고 선거 기간 내내 후보자의 집중력을 분산시키고 있다. 그 결과, 현재 도널드 트럼프는 총 91건의 기소에 직면해 있는데, 이 중 44건은 연방 차원의 혐의이고, 47건은 주(州) 차원의 혐의로 모두 중범죄에 해당한다. 이들은 어떤 혐의든 하나라도 유죄 판결을 얻어내서 트럼프의 지지 기반을 약화시키고, 그토록 두려워하는 '트럼프 2기 정부'의 출현*을 막으려 한 것이다.

그러나 문제는 트럼프나 바이든 개인을 넘어 훨씬 더 깊고 본질적인 곳에 있다. 우리의 민주주의는 정당을 초월한 워싱턴 기득권층에 의해 파괴되고 있는데, 이들은 자신들이야말로 국민을 대신해 이 나라를 이끌 인물을 결정할 수 있는 권리와 책임이 있다고 믿는다. 그들은 미국 헌법도, 법치주의도, 국민의 목소리도 가볍게

---

\* 주지하다시피 트럼프는 2024년 대선에서 바이든을 꺾고 백악관에 재입성했다.

무시하며, 마치 자신들만이 대통령을 '지명'할 권한이 있는 것처럼 행동한다.

조국을 진정으로 사랑하는 우리는 지금 벌어지고 있는 이 현실 앞에서 슬픔과 분노, 그리고 두려움을 느껴야 한다. 선출되었건 임명되었건, 이 나라의 지배층은 미국 국민의 뜻을 전혀 존중하지 않으며, 관심조차 없다. 우리가 무엇을 원하든 상관없다는 태도다. 그러나 그들은 우리를 두려워한다. 외국의 독재자들이 민주주의를 두려워하듯, 민주당 엘리트는 자유로운 사회와, 미국 국민이 자신들 외의 인물을 선택할 수도 있다는 가능성 자체를 두려워한다. 그래서 우리에게 그런 선택권조차 허락하지 않으려는 것이다. 법 집행기관; 형사 사법제도, 국가 안보 기구까지 동원해 국민의 자유로운 선택을 억누르려 하고 있다.

우리는 이들이 이런 일을 계속하도록 그냥 두어선 안 된다. 민주주의가 공격받고 있다. 또한 지금 그것을 지킬 책임은 우리에게 있다. 우리는 선거를 통해 책임자를 심판하고, 양당의 모든 권력자에게 분명한 메시지를 보내야 한다. 권력을 남용하고 민주주의를 훼손하는 자들은 더 이상 용납하지 않겠다고.

만약 우리가 아무것도 하지 않고, 형사 사법 시스템을 정적 제거의 도구로 전락시키는 것을 외면한 채, 우리 대신 후보를 선택해주는 이들의 횡포를 그대로 방치한다면, 그것은 앞으로의 모든 선거와 모든 정권에 악영향을 미치는 선례가 될 것이며, 그 피해는 모든 국민에게 향할 것이다. 이는 내가 군복을 입고, 동료들과 함께 목숨을 걸고 지켜내려 했던 미국의 모습이 아니다.

## 오늘이 바로 그날인가?

2005년 1월 새벽어둠 속, 나는 좌석에 단단히 묶여 있었다. 어깨를 감싼 루비빛 나일론 안전벨트는 팔의 혈류를 거의 끊을 정도였고, 방탄복은 이제 내 몸의 일부처럼 느껴졌다. 손에는 소총을 움켜쥔 채, 우리는 서로를 마주 보며 C-130 수송기에 빼곡히 탑승해 칠흑 같은 하늘을 가르며 이라크로 향하고 있었다. 기내에는 네 개의 터보프롭 엔진 소리를 제외하면 숨죽인 듯 고요했고, 공기 속엔 팽팽한 긴장감만 감돌았다. 우리 대부분에게 첫 번째 전투 파병이었다. 우리는 하와이의 스코필드 병영, 포트 블리스의 캠프 맥그리거 사막, 그리고 루이지애나의 습하고 눅눅한 공기가 가득한 포트 폴크에서 몇 달 동안 훈련을 받았다. 전투 훈련의 반복, 끝없는 호송 작전, 접촉 시의 대응, 매복 차단, 그리고 IED*에 대한 대응까지. 의무 부대로서 대량 사상자가 발생할 경우를 대비한 응급 대응 절차도 수없이 반복하며 연습했다. 우리는 준비되어 있었다. 하지만 무엇을 위한 준비인지 정확히 아는 사람은 아무도 없었다.

수송기가 하강하기 시작하자 기체는 급격히 좌우로 흔들렸고, 속이 울렁거릴 정도로 쏠렸다. 이는 RPG**나 다른 무기들의 표적이 되지 않기 위한 위장 기동이었다. 우리는 어둠 속을 뚫고 곤두박질

---

\*     Improvised Explosive Device(급조 폭발물 또는 사제 폭탄). 이름 그대로 아무렇게나 만든 폭탄으로 각종 폭발물에 뇌관을 부착하여 사용하는 폭탄이다.

\*\*    Rocket-Propelled Grenade(유탄 발사기 또는 로켓 추진 유탄). 어깨에 메고 발사하는 휴대용 무기로 전차나 장갑차, 건물 등을 공격할 때 주로 쓰인다.

치듯 내려갔다. 플랩과 착륙 장치가 펼쳐졌지만 창문도 없었고, 바깥을 내다볼 시야조차 허락되지 않아 언제 어디로 착륙할지 전혀 알 수가 없었다. 단 한 가지 분명한 것은 훈련은 끝났고 실전이 시작되었다는 사실뿐이었다. 우리는 바그다드 북쪽 약 64킬로미터 지점에 위치한 캠프에 착륙했다.

어린 시절 하와이에서 내가 군복을 입게 될 거라는 생각은 단 한 번도 해본 적이 없었다. 나는 어린 시절부터 신과 이웃을 위해 봉사할 때 가장 큰 기쁨을 느꼈다. 공원에서 노숙자에게 음식을 나눠주거나, 아침 내내 파도를 타지 못한 다른 서퍼에게 내 차례를 기꺼이 양보하는 일 등 이런 작은 실천이 내게는 깊은 울림을 주었기에, 봉사하는 길로 나아가야 한다는 확신이 있었다. 그 첫걸음은 내 공동체와 고향을 돌보는 일이었다.

나는 하와이의 아름다운 바다와 대지, 산을 지키는 일에 열정을 쏟았다. 친구들과 함께 해변을 청소하는 모임을 조직했고, 10대 시절엔 비영리 환경단체를 공동 창립했다. 하지만 그것만으로는 충분하지 않다고 느껴 21세에 하와이 주의회 의원으로 출마해 당선되었다. 그러던 중 9·11 테러가 일어났고, 그 사건은 내 삶을 송두리째 바꿔놓았다. 나는 하와이 주방위군에 입대했으며, 의회 의석을 내려놓은 뒤 전우들과 함께 이라크 파병을 자원했다.

2005년 1월 아침, 우리는 비행기에서 내려 차가운 공기를 들이마셨다. 공항에서 간단한 행정 절차를 마친 뒤 우리는 곧 숙소로 쓰일 텐트로 향했다. 나는 18명의 여성들과 함께 16인용 중형 군용 천막에 배치되었는데, 각자 짐을 풀고 간이침대를 설치할 자리를 찾았다. 이미 늦은 밤이었고, 나는 극도로 지쳐 있었다. 소총과 방탄복을 손 닿는 곳 가까이에 둔 채로, 침낭에 들어가 몸을 말아 누웠다. 몇 시간 뒤, 사이렌이 울렸다. 박격포 공격이었다. 우리는 장비를 챙겨 시멘트 벙커로 달려갔다. 그 벙커가 얼마나 안전한지는 알 수 없었지만, 앞으로 1년 동안 이런 일이 거의 매일 반복될 거라는 사실만은 분명했다.

다음 날 아침, 나는 앞으로 1년을 보내게 될 캠프를 둘러보았다. 북문(North Gate)*으로 향하던 중, 크고 굵은 글씨로 쓰여진 표지판 하나가 내 발걸음을 멈추게 했다.

오늘이 바로 그날인가?(IS TODAY THE DAY?)

그곳에서 지내는 동안 나는 그 표지판을 거의 매일 보았다. 그 문장은 내 의식 깊숙이 새겨졌다. 그것은 오늘이 인생의 마지막 날이 될 수도 있다는 경고이자 매 순간을 어떻게 살아야 할지 스스로 묻게 하는 질문이었다. 인생은 짧고, 내게 주어진 시간은 언제든 끝날 수 있다. 나는 지금 신의 뜻에 따라, 그분의 자녀들을 위해 봉사하며 충실하게 살고 있는가?

그 문을 통과한 많은 전우가 전사하거나 부상을 입었다. 긴 여정을 마치고 돌아온 우리 중 상당수는 귀환의 기쁨과 함께 깊은 슬픔

---

\* 군사 기지나 주둔지에서 방어와 통제의 요충지로 순찰이 집중되거나 경계가 가장 삼엄한 구역.

을 안고 있었다. 우리는 친구들의 죽음을 애도했다. 우리의 삶과 세계는 더 이상 예전 같지 않았다. 집으로 돌아온 뒤에도 나는 수없이 많은 밤을 잠 못 이루며 뒤척여야 했다. 익숙하고 편해야 할 내 방은 어딘가 낯설고 어색하기만 했다. 더 이상 박격포도, 사이렌도, 적의 사격도 없었지만 나는 누워서 그 표지판의 문장을 떠올렸다.

오늘이 바로 그날인가?(IS TODAY THE DAY?)

그리고 결심했다. 전장에서 쓰러진 전우들의 희생을 기억하며, 매일을 의미 있게 살고, 모든 미국인이 자유롭고 평화롭게 살아갈 수 있도록 하는 일에 내 삶을 바치겠다고.

## 오늘이 바로 그날인가?

여러분들도 이 질문을 스스로에게 던져보길 권한다. 이 질문은 전쟁터에서 나와 동료들이 느꼈던 것처럼, 지금 이 시대를 살아가는 우리의 삶 속에서도 똑같이 진실하고 절실한 문제다.

    오늘이 바로 그날이다. 더는 시간을 낭비할 여유가 없다. 우리는 혼란스러운 시대를 살아가고 있다. 나라는 극심하게 분열되어 있고, 공화국이자 연방으로서 국가의 미래는 점점 더 암울해 보인다. 소음과 광기, 어둠으로 가득 찬 뉴스는 많은 사람이 외면하고 싶어 한다. 나 역시 모든 걸 잊고 서핑보드를 들고 바다로 향하거나, 산을 오르며 자연의 평온함과 위엄을 느끼고 싶을 때가 있다.

그러나 지금은 머리를 모래 속에 파묻고, 현실을 외면하며 모든 것이 저절로 나아지기만을 바라며 살 때가 아니다. 그렇게 한다고 해서 광기와 입헌 민주주의에 대한 위협이 사라지는 것은 아니기 때문이다. 우리가 일어나 분명한 목소리를 내어 이 나라를 파괴하려는 이들에게 이 나라는 국민의, 국민에 의한, 국민을 위한 정부라는 사실을 상기시키지 않는 한 혼돈은 더욱 깊어지고 커져만 갈 것이다.

나는 2002년 하와이에서 민주당에 입당했다. 그때의 민주당은 '국민의 정당'처럼 보였기 때문이다. 다양한 목소리와 관점을 포용하며 '빅텐트' 안에서 서로 다른 생각을 자유롭게 나눌 수 있는 정당이었다. 표현의 자유를 존중하며, 서로 다른 생각을 장려하고, 2차 세계대전 중 이웃과 친구들이 단지 일본계라는 이유만으로 순식간에 자유를 박탈당하고 수용소로 끌려갔던 역사를 기억하면서, 시민의 권리를 지키려 애쓰던 정당이었다.

그 정당은 존 F. 케네디와 마틴 루서 킹 주니어의 정신에서 영감을 받아 미국인이 하나로 뭉칠 때, 얼마나 큰 가능성이 열리는지를 보여주었다.

하지만 내가 20여 년 전 입당했던 그 정당은 이제 존재하지 않는다.

나는 더 이상 민주당에 남아 있을 수 없었다. 오늘날의 민주당은 비겁한 '깨어 있음(wokeness)'*에 취해버린 '전쟁광 엘리트 카르텔

---

\*   모든 문제를 인종, 젠더, 성 정체성 중심으로 해석하려는 경향과 지나친 정치

(elitist cabal of warmongers)'*에게 완전히 장악되었다. 그들은 모든 문제를 인종의 틀로 나누어 사회를 분열시키고, 반백인(anti-white) 인종주의를 부추기며, 헌법에 보장된 신이 부여한 자유를 노골적으로 훼손하고 있다. 신앙과 영성을 가진 사람들을 적으로 삼고, 경찰을 악마화하고 범죄자를 감싸면서 법을 준수하는 시민을 외면한다. 국경이 무방비 상태로 열려 있는데도 '안전하다'고 거짓말을 하며, 국가 안보 기구를 정치적 반대자를 제거하는 무기로 사용한다. 그리고 무엇보다도, 매일 우리를 핵전쟁이라는 벼랑 끝으로 한 발짝씩 몰아가고 있다.

### 알로하

나는 민주당을 떠나 무소속이 되었다. 이 나라의 평화와 자유, 그리고 번영하는 미래를 향한 희망을 위해, 여러분도 같은 길을 걸어주길 간절히 바란다. 우리가 앞으로 나아갈 길을 바라보며 어둠을 헤치고 모든 미국인을 위한 더 밝은 미래를 향해 나아갈 때, 알로하(Aloha) 정신은 우리를 인도할 등불이 될 것이다.

많은 사람이 알로하를 인사말 정도로만 알고 있지만, 단순한 인

---

' 적 올바름에 집착하는 태도를 말한다.
* 군사 개입과 전쟁을 끊임없이 부추기거나 선호하는 세력(국방 관료와 정보기관 고위층, 특정 정치인과 로비스트 등)을 비판적으로 지칭하는 표현이다.

사말이 아니다. 그 의미는 훨씬 더 깊다. 'Alo'는 '함께 나눈다'는 뜻이고, 'Ha'는 우리 모두 안에 깃든 영원한 생명의 숨결을 의미한다. 알로하는 우리 모두가 신의 자녀로서 영적으로 연결되어 있다는 인식이다. 이 진리를 깨닫는 것은 우리가 서로를 어떻게 대해야 하는지를 알려주고, 우리에게 주어진 자유(헌법에 명시된 신이 주신 권리)를 빼앗으려는 세력에 맞서 함께 싸워야 한다는 점을 일깨운다.

이 책에서 나는 민주당을 떠나게 된 이유와, 지금 이 순간 우리의 자유와 민주주의를 위협하는 민주당 엘리트의 문제를 분명히 지적했다. 동시에, 우리가 마주한 정치 시스템과 국가의 위기는 결코 한 정당만의 문제가 아니라는 사실도 강조하고자 했다. 양당 모두 국민의 필요보다 자신의 이익을 우선시하는 정치인들이 권력을 움켜쥐고 있으며, 그들은 쉽게 그 권력을 내려놓지 않을 것이다.

우리는 세계에서 가장 위대한 나라에 살고 있다. 모든 미국인이 자유롭고 평화롭게, 그리고 번영의 기회를 누릴 수 있는 더욱 밝은 미래와 더욱 완전한 연방을 세울 수 있는 무한한 가능성이 우리 앞에 놓여 있다. 우리가 서로 표현의 자유를 존중하고, 신의 자녀이자 미국인으로서 서로를 존중하는 미래, 비록 어떤 사안이나 정책에 대해 서로 의견이 다를지라도 그 차이를 넘어 함께할 수 있는 그런 미래, 이것이 바로 미국 건국의 아버지들이 우리로 하여금 꿈꾸게 한 나라의 모습이다. 나는 우리가 미국인으로서 우리를 하나로 묶는 근본적인 원칙을 되새기며, 이 비전을 실현하기 위해 함께 나아가기를 진심으로 바란다. 그리고 그 책임은 우리 모두에게 달려 있다.

함께 갑시다.
알로하.

# 1장
# 우리의 민주주의는 끝났는가?

나는 더 이상 권력을 남용하여 국가 안보 기구와 사법기관을 정치적 반대자를 탄압하는 무기로 삼고, 법치주의를 훼손하며, 우리의 민주주의를 마치 바나나 공화국(Banana Republic)*으로 전락시키는 정당엔 머물 수 없다.

---

\* 본래 중남미의 정치·경제적으로 불안정한 국가들을 비판적으로 일컫던 용어였는데, 지금은 더 넓은 의미로 소수 권력층이 부정부패로 국가를 지배하고 법치주의와 민주주의가 형식적으로만 존재하며 국가기관(군, 경찰, 정보기관 등)이 정치적 도구로 악용되는 나라를 뜻한다.

미국의 민주주의가 살아남기 위해서는, 오직 법치주의 위에 굳건히 뿌리내릴 때만 가능하다. 정의가 정치 성향, 성별, 인종, 종교를 불문하고 공정하고 평등하게 적용되는 나라만이 진정한 민주주의 국가라 할 수 있다. 그러나 오늘날 민주당 엘리트는 '목적이 수단을 정당화한다'는 위험한 신념에 따라, 법 집행 권력을 정치적 또는 개인적 반대자를 겨냥하는 도구로 악용하고 있다. 이는 법치주의의 근간을 침식시키는 것이며, 미국 국민과 민주주의에 대한 경멸을 적나라하게 드러내는 행위다. 우리가 이 사태를 방치한다면, 우리가 알고 사랑해온 미국은 영원히 사라질지도 모른다. 이것이 내가 민주당을 떠난 이유이며, 조국을 사랑하는 민주당원들에게 함께 탈당할 것을 촉구하는 이유다.

### 민주주의의 관에 박힌 못

2023년 6월 9일, 바이든 행정부의 특별검사 잭 스미스(Jack Smith)

는 도널드 트럼프 전 대통령이 백악관을 떠난 후 기밀문서를 처리한 것과 관련해 37건의 중범죄 혐의로 그를 기소했다. 기소 내용에는 국가 방위 정보 보유, 간첩법 위반, 사법 방해, 허위 진술 등이 포함되었다.

이는 미국 역사상 전례 없는 순간이었다. 현직 대통령이 자신의 재선에 가장 큰 위협이 되는 정치적 경쟁자를 형사 기소하기 위해 법 집행 권한을 동원한 사례는 단 한 번도 없었기 때문이다. 바이든 행정부의 이 조치는 미국 민주주의에 심각한 타격을 가한 것이며, 그 여파는 수십 년간 이어질 수 있다. 이미 선례가 만들어졌으니 앞으로 미래의 행정부는 얼마든지 이를 따라 할 수 있을 것이다.

그날 스미스가 기자회견을 하고 있을 때, 나는 콜로라도 스프링스의 포트 카슨 주둔지에서 육군 민사 작전(Civil Affairs) 대대장 임무를 마무리하고 있었다. 다음 날 나는 덴버에서 열리는 '서부 보수주의 정상회의(Western Conservative Summit)'*에서 연설할 예정이었기에, 90분 동안 차를 몰고 덴버로 향하며 케이블 뉴스 채널의 해설을 들었다. 대부분의 해설자는 이번 사태의 심각성을 인정하는 듯했지만, CNN과 MSNBC 같은 주요 진보 성향 뉴스 채널들은 속으로 흥분을 감추지 못하는 듯했다. 마침내 도널드 J. 트럼프, 수년간 그들의 '공공의 적 1호'였던 인물이 무너질 것이라는 기대

---

\* 미국에서 매년 열리는 보수주의 정치 컨퍼런스로 주로 콜로라도 덴버에서 개최되며 보수 성향의 정치인, 활동가, 언론인 등이 모여 정책, 선거 전략, 사회 이슈 등에 대해 토론하고 연설하는 행사다.

에 들떠 있는 것 같았다. 그들에겐 승리가 손에 잡힐 듯 가까워 보였다.

덴버 호텔에 도착한 나는 연설 준비를 위해 책상에 앉았다. 미리 준비해둔 원고를 쓱 훑어본 뒤, 그 자리에서 휴지통에 던져버렸다. 그리고 노트북을 열어서 2024년 선거뿐 아니라 그 이후의 세대를 위해서라도 지금 이 순간의 엄중함과 중대함을 담아낼 새로운 연설문을 작성하기 시작했다.

나는 내 연설을 이렇게 시작했다.

오늘은 미국의 역사에서 매우 어둡고 중대한 날이다. 현직 대통령이 정치적 경쟁자를 표적으로 삼아 권력을 남용했고, 정부와 사법 시스템을 총동원해 그에게 다수의 범죄 혐의를 씌워 형사 기소를 했다. 그것도 대통령 선거가 코앞에 다가온 이 시점, 치열한 경쟁이 벌어지고 있는 와중에 말이다. 이 사건은 우리 민주주의의 관에 박힌 마지막 못 중 하나가 될 것이다.

바이든 대통령은 자신이 민주주의의 수호자라고 주장하지만 그의 행동은 전혀 다른 이야기를 하고 있다. 트럼프 대통령에 대한 기소, 정치적 반대자들을 겨냥한 현재 진행형의 공격, 그리고 표현의 자유를 억누르려는 시도는 우리에게 권위주의 정권을 떠올리게 한다. 그런 정권에서 반대자를 국가 권력으로 억압하거나 제거하는 일은 비일비재하다.

정상적으로 작동하는 사법 체계의 핵심은 단 하나다. 법은 누구에게나 공정하고 평등하게 적용되어야 한다는 원칙이다.

그러나 민주당 엘리트와 그들의 언론 선전기구는 이 원칙을 믿지 않는 듯하다. 아니, 더 정확히 말하자면 그들은 이 나라와 민주주의보다 권력을 더 중요하게 여기기 때문일 것이다. 그들의 정의 집행 방식에는 노골적인 이중 잣대가 존재한다. 민주당 엘리트와 그들의 미디어, 빅테크, 국가 안보 기구 내 동맹들에 적용되는 기준이 있고, 그들 밖에 있는 사람들(특히 도널드 트럼프 전 대통령)에게 적용되는 또 다른 기준이 있다.

나는 트럼프에 대한 혐의 내용을 살펴보는 내내, 민주당 엘리트와 그들을 대변하는 언론들은 '법 위에 있는 자는 없다'는 구호를 끊임없이 되풀이했다. 만약 결과가 이렇게 심각하지 않았다면, 그들의 위선에 비웃음을 터뜨렸을지도 모른다. 그러나 현실은 명백하다. 그들은 누구를 법 위에 둘지, 누구를 법 아래 둘지를 제멋대로 선택한다. 나는 문득 오바마 대통령 시절 FBI 국장이었던 제임스 코미(James Comey)가 기자회견에서 힐러리 클린턴에 대한 조사 결과를 발표하던 장면을 떠올렸다. 그는 이메일, 개인 서버, 노트북 등에서 고도의 기밀 국가 안보 문서를 힐러리가 부실하게 관리한 사례들을 구체적으로 설명했다. 그 진술은 매우 설득력 있고 확증적이어서, 나는 당연히 기소가 이뤄질 것이라고 생각했다. 하지만 그렇지 않았다. 코미는 결국 힐러리를 기소하지 않기로 결정했다. 놀랍지도 않았다. 힐러리 클린턴은 워싱턴 기득권의 핵심 인물이었고, 그들에게 그녀는 법 위에 존재하는 사람이었기 때문이다.

잭 스미스의 트럼프 수사가 진행 중인 동안, 바이든 대통령 역시 국가 안보 관련 기밀문서를 안전하지 않은 장소에 보관한 사실이 드러났다. 기자들이 이에 대해 묻자, 바이든은 "그곳에는 아무것도 없을 겁니다"라고 대답했다. 그러나 '아무것도 없는' 건 아니었다. 여러 차례의 수색 끝에 그의 사무실, 델라웨어 윌밍턴 자택의 차고, 집 내부 등에서 다수의 기밀 자료가 발견되었다. 이에 법무장관 메릭 갈런드(Merrick Garland)는 로버트 허(Robert Hur) 특별검사를 임명해 바이든 사건을 수사하도록 지시했다. 2024년 2월 5일자로 발표된 허 특별검사 보고서의 요약본 첫 페이지에는 다음과 같이 적혀 있었다.[1]

특별검사 수사 결과, 바이든 대통령이 부통령직을 마친 뒤 민간인 신분일 때, 기밀 자료를 고의로 보관하고 유출한 증거를 발견했다. 해당 자료에는 (1) 아프가니스탄 관련 군사 및 외교정책에 관한 기밀문서, (2) 국가 안보 및 외교정책에 대한 바이든의 자필 메모가 담긴 수첩들이 포함되어 있었다. FBI는 이 문서들을 바이든의 델라웨어 윌밍턴 자택의 차고, 사무실, 지하 거실 등에서 회수했다. 그러나 아래에 요약한 사유로 인해, 우리는 이 증거가 합리적 의심 없이 유죄를 입증할 만큼 충분하지 않다고 결론지었다. 또한 연방 검찰 수칙에 따른 가중·감경 요소\*들을 종합적으로 고려했을 때, 기소는 타당하지 않다. 따라서 바이든에 대한 기소는 하지 않기로 결정했다.

---

\*  형사재판에서 형벌의 무게를 높이거나 줄이는 데 영향을 주는 사유.

결국 아무런 처벌도 없었다. 힐러리 클린턴처럼 조 바이든 대통령 역시 법 위에 있는 사람이다. 그러나 도널드 트럼프 전 대통령은 워싱턴 기득권의 일원이 아니고 오히려 워싱턴 기득권을 위협하는 존재이기에, 법의 모든 힘은 그에게만 집중되고 있다.

잭 스미스가 트럼프를 기소한 항목 중 하나는 연방 수사관에게 거짓말을 했다는 것인데, 이 혐의는 민주당 엘리트가 정치적 적수에게만 선택적으로 적용하는 전형적인 방식이다. 오바마 행정부 시절, 제임스 클래퍼(James Clapper) 전 국가정보국장*과 존 브레넌(John Brennan) 전 CIA 국장**은 미국 의회에서 선서를 하고 거짓말을 했지만, 기소는커녕 자리를 유지했으며, 오히려 민주당 엘리트와 선전 미디어로부터 '미국 최고의 안보 전문가'라는 찬사를 받았다.

2020년 대선을 앞두고, 헌터 바이든(Hunter Biden)***의 노트북을

---

\* 제임스 클래퍼의 거짓말: 2013년 3월 12일, 미 상원 정보위원회 청문회에서 로널드 와이든 상원의원이 "NSA가 수백만 미국인의 데이터(전화 통화 기록 등)를 수집했습니까"라고 질문했을 때, 클래퍼는 "아니오"라고 답변했다. 그러나 같은 해 6월, 에드워드 스노든의 폭로로 NSA가 대규모로 미국인 통신 메타데이터를 수집해온 사실이 드러났다.

\*\* 존 브레넌의 거짓말: 2014년 3월, CIA가 상원 정보위원회 직원들의 컴퓨터를 무단으로 해킹·검색했다는 의혹이 제기되자 브레넌은 상원 청문회에서 "그런 일은 일어나지 않았다"고 증언했다. 그러나 같은 해 7월 CIA 내부 조사로 실제로 해당 직원들이 상원 조사단 컴퓨터에 접근해 문서를 조회한 사실이 확인되었다.

\*\*\* 조 바이든의 장남. 약물 중독 상태에서 총기를 구매한 후 허위 신고하여 2024년 6월 세 건의 중죄 유죄판결을 받았다. 2024년 9월에는 연방 세금 포탈 및

러시아발 가짜 뉴스로 몰아간 51명의 전직 정보 요원들은 자신들의 행위에 대해 지금까지 어떤 책임도 지지 않았다. 가짜 뉴스 성명은 바이든 캠프의 요청에 따라 작성된 것으로, 유권자들이 노트북의 진실을 알지 못하도록 하려는 의도였다.

마찬가지로 더럼 리포트(Durham Report)*가 FBI가 거짓임을 알면서도 트럼프에 대한 수년간의 수사를 개시해 트럼프가 대통령직을 수행하는 것을 방해했다는 사실을 폭로했음에도, 어느 누구도 이에 대해 책임을 지지 않았다.

그날 밤, 덴버에서 열린 서부 보수주의 정상회의에서 내가 이 사례들을 청중에게 자세히 설명하자, 그들은 우리가 직면한 위협의 심각성을 바로 알아챘다. 지금 벌어지고 있는 일들은 트럼프 한 사람이나 특정 개인의 문제를 훨씬 넘어서는 것이다.

---

허위 제출 혐의로 아홉 건의 세금 관련 범죄에 대해 유죄판결을 받았다. 2024년 12월 1일, 조 바이든 대통령은 2014년부터 2024년까지의 모든 연방범죄에 대해 무조건적 사면을 단행, 이로 인해 헌터 바이든의 총기 및 세금 사건이 모두 종료되었다.

* 미국 법무부가 임명한 존 더럼(John Durham) 특별검사가 작성한 러시아 내통 수사 기원에 대한 조사 보고서로서 공식 명칭은 '크로스파이어 허리케인(Crossfire Hurricane) 조사에 대한 특별검사 보고서'다. 2016년 대선 당시 트럼프 캠프가 러시아와 내통했다는 의혹이 제기되자 FBI는 이를 근거로 '크로스파이어 허리케인' 수사를 개시했고, 이후 트럼프 행정부하에서 더럼 특별검사가 FBI 수사의 정당성과 출처를 조사하게 되었다. 더럼은 FBI의 초기 러시아 수사가 편향되고 경솔했다고 비판했다. 하지만 크로스파이어 허리케인이 전부 조작이었다고 단정하지는 않아 법적 파장은 제한적이었고, 보고서는 주로 기관의 절차적 문제와 신뢰 상실만을 부각했다.

우리는 민주주의에 대한 직접적인 공격을 받고 있다. 민주당 엘리트와 워싱턴 기득권층은 이번 선거에서 우리가 '잘못된 선택', 즉 도널드 트럼프를 선택할까 봐 극도로 두려워하고 있다. 그래서 그들은 표현의 자유를 억압하고, 특정 목소리나 정보를 검열하거나 차단하려 한다. 이것은 아무리 '선의'를 내세우더라도 독재 정권의 전형적인 특징이다. 바로 이러한 권력 남용을 막기 위해 건국의 아버지들은 헌법의 권리장전(Bill of Rights)*을 만들었는데, 그 안에는 표현의 자유, 언론의 자유, 종교의 자유, 사상의 자유가 핵심적으로 명시되어 있다.

이런 사태가 계속된다면 미국과 민주주의에 가해질 피해는 돌이킬 수 없을지도 모른다.

## 거대한 사기극의 탄생

2016년 대선을 불과 몇 달 앞둔 시점부터, 내가 몸담았던 민주당 동료들은 도널드 트럼프가 역사상 가장 인종차별적이고, 자격 미달이며, 혐오스러운 후보라고 끊임없이 외쳐댔다. 그들은 미국 국민의 마음속에 이러한 의심을 심어주기 위해, 트럼프가 러시아와

---

\* 1791년에 제정되었다. 시민의 기본권과 자유를 보호하기 위한 미국 민주주의의 핵심이자 헌법적 자유의 상징으로 미국 헌법의 최초 10개 조항으로 되어 있다.

공모해 대선에서 승리하려 했다는 음모론까지 만들어냈다. 힐러리 클린턴은 2020년 내가 대선에 출마했을 때도 비슷한 방식으로 나를 공격했었다. 그녀는 내가 '러시아에 의해 키워진 인물'이라고 몰아세우며, 마치 러시아 정부가 나를 대선 후보로 준비시키고 있다는 식의 음모론을 퍼뜨렸다. 민주당 지도부는 트럼프에 관한 주장이 사실이라고 확신하는 듯한 태도를 보였고, 결국 증거가 공개될 것이라며 떠들어댔다. 그 주장에는 아무런 근거도 없었지만, 주류 언론은 '러시아와의 공모'를 마치 기정사실인 것처럼 보도했다. 예를 들어 2016년 10월 31일 《슬레이트(Slate)》*는 도널드 트럼프가 러시아 유력 은행인 '알파뱅크(Alfa Bank)**와 부적절한 관계를 맺고 있다는 기사를 냈다.[2]

문제는 그 내용이 전부 거짓이었다는 사실이다. 2022년 5월 밝혀진 바에 따르면, 이 이야기는 힐러리 클린턴 캠프가 '야당 후보 흠집 내기(opposition research)'의 일환으로 만들어낸 가짜 뉴스였다. 힐러리 캠프를 이끌었던 로비 무크(Robby Mook)***의 진술에 따르면, 힐러리 클린턴은 이 가짜 뉴스를 FBI에 전달했고, 우호적인 기자들에게 흘려 트럼프와 러시아의 관계에 혼란과 의심을 불러일으키는 전략을 직접 승인했다.

---

\*　　미국의 자유주의, 진보 성향 온라인 매체로, 정치·문화·사회·기술 등 다양한 주제를 다루는 시사 잡지 형식의 웹사이트다.
\*\*　　러시아 최대의 민간 상업은행.
\*\*\*　버몬트 출신의 미국 정치 전략가이자 힐러리 클린턴의 2016년 대선 캠페인 매니저로 데이터 기반 캠페인 운영에 주력했다.

《월스트리트저널》은 이를 다음과 같이 정리했다.

> 힐러리 캠프는 트럼프와 알파뱅크 간의 비밀 통신 루머를 만들어 내고, 이를 확인도 하지 않은 채 그대로 받아쓰는 순진한 언론에 넘겼으며, 이후 이 이야기를 마치 진짜 뉴스인 것처럼 홍보했다. 또한 FBI에 이 내용을 전달해, 기자들이 이 혐의를 '진지하고 실제일 수도 있는 것'처럼 보도하게 했다.[3]

이와 같은 가짜 뉴스의 생성과 이를 '딥 스테이트(Deep State)'*에 전달해 언론 보도로 확대, 재생산하는 방식은 이후 반복적으로 사용되었다. 목적은 단 하나, 미국 국민을 속여 트럼프에게 투표하지 못하도록 막는 것이었다.

대표적인 사례가 바로 스틸 문건(Steele Dossier)이다. 영국 출신의 전직 스파이 크리스토퍼 스틸(Christopher Steele)이 작성한 이 문건에는 트럼프와 러시아 간의 비밀 거래, 선거 개입 협력, 러시아 측의 트럼프 약점 확보 등 충격적인 주장이 담겨 있었다. 특히 트럼프가 러시아 매춘부들이 침대에 오줌 누는 장면을 보고 있었다는 등의 외설스럽고 소름 끼치는 내용까지 포함됐다. 수년간 이 황당한 거짓말은 매우 진지한 국가 안보 이슈처럼 다뤄졌고, 힐러

---

\* 공적으로 선출된 정부의 공식 구조 뒤에서 실질적인 권력을 행사하는 '보이지 않는 권력 집단'을 의미한다. 관료 조직, 언론, 정보기관, 군부 등으로 구성되며, 흔히 '그림자 정부'로도 불린다.

리 클린턴 캠프와 민주당 핵심 인사들뿐만 아니라 많은 주류 인사가 이를 사실처럼 받아들였다. 이 가짜 문건은 미국 시민인 카터 페이지(Carter Page)*를 불법적으로 감시하기 위한 FISA** 영장을 발부받는 데 이용됐다. FBI는 이 문건이 조악한 정치 공작임을 알고 있었음에도 이를 이용한 것이다. 결국 드러난 것은, 이 문건이 스틸의 전 동료에게서 나온 소문과 가십에 불과했다는 점이다. 그럼에도 이 문건을 만들고 퍼뜨린 사람들 중 누구도 책임을 지지 않았으며, 이 거짓을 반복했던 정치인들과 선전 언론들 중 사과하거나 정정한 사람은 단 한 명도 없었다.

안타까운 현실은 힐러리 클린턴과 조 바이든, 그리고 민주당전국위원회(DNC)***가 주류 언론, 빅테크, 국가 안보 기구와 결탁해서 벌이는 이러한 더러운 정치 공작이 지금도 계속 반복된다는 점이다.

오늘날에도 여전히 많은 민주당 지지자는 트럼프가 블라디미르 푸틴과 공모해 2016년 대선에서 승리했다는 음모론을 믿고 있다. 하지만 이 주장은 이미 힐러리 캠프가 만들어낸 허위 정보였음이

---

\*   미국 석유 산업 컨설턴트이자 2016년 미 대선에서 트럼프의 외교 정책 고문이었다.
\*\*  대외정보감시법(Foreign Intelligence Surveillance Act). 1978년 제정된 이 법은 미국 연방법으로, 외국의 첩보 행위나 테러 활동을 감시하기 위한 정보 수집 활동을 합법화하기 위해 만들어졌다.
\*\*\* 민주당전국위원회(Democratic National Committee)는 미국 민주당의 최고 운영 기구로, 당의 전략, 조직, 자금 조달, 선거 캠페인을 총괄하는 중심 조직이다.

밝혀졌다.

2019년 10월, 내가 미국 대통령 후보로 출마했을 때, 힐러리 클린턴은 데이비드 액설로드(David Axelrod)*가 진행하는 팟캐스트에 출연해 나를 러시아의 자산이며 러시아가 키우는 인물이라고 주장했다.[4] 많은 사람이 이 거짓말을 그대로 믿었다. 언론은 증거나 사실 확인도 없이 이 거짓을 반복해 보도했다. 거짓말은 반복될수록 더 많은 사람이 진실이라고 믿게 된다.

그 시기, 나는 사우스캐롤라이나의 작은 농촌인 카운티의 민주당 모임에 참석해 연설을 하고 있었다. 대선 후보 중 유일하게 참석한 나는, 공식 행사가 끝난 뒤에도 개별로 사람들을 만나며 인사를 나눴다. 모두가 나를 친절하게 맞아주었지만, 떠나기 직전에 카운티 의장이 나를 따로 불렀다. 그 여성은 나이가 지긋한 아프리카계 미국인으로, 그 공간에서 가장 영향력 있는 인물처럼 보였다. 아무도 그녀의 심기를 거스르고 싶어 하지 않는 듯했다. 우리는 사람들에게서 몇 걸음 떨어진 곳에 섰고, 그녀는 내 양어깨에 조심스럽게 손을 얹으며 내 눈을 바라보고 말했다. "털시, 제발 진실을 말해줘요. 정말로 푸틴과 함께 일하고 있는 건가요?"

그 질문은 정말 상식적으로 있을 수 없는 이야기였다. 나는 20년 넘게 군 복무를 해왔고, 지금도 전장에 나가 조국을 위해 싸우는 사람이다. 그 당시 나는 미 의회의 군사위원회와 외교위원회 소속

---

\*   오바마 전 대통령의 2008년 캠페인 매니저로, 현재는 정치 분석가로 활동하며 팟캐스트를 진행하고 있다.

이었으며, 주요 군사 및 안보 관련 기밀 브리핑을 매주 받던 현역 의원이었다. 그런데 지금, 사우스캐롤라이나의 작은 마을에서 힐러리 클린턴과 언론이 뿌린 거짓말로 인해 고통받는 한 국민의 눈을 마주하고 있었다. 그녀는 아무런 증거도 없이 내가 매국노이자 푸틴의 꼭두각시이며, 미국을 배신한 자일 수도 있다고 의심하고 있는 것이다.

나는 내 양손을 그녀의 어깨 위에 얹고, 그녀의 눈을 똑바로 바라보며 말했다. "나는 조국을 너무도 사랑하기에, 국민의 자유와 안전을 지키기 위해서라면 기꺼이 목숨까지 바칠 각오가 되어 있습니다. 그것이면 답이 되었나요?" 그녀는 눈물이 글썽이며 안도하는 표정이 얼굴에 번졌고, 가볍게 미소를 지으며 이야기했다. "그래요, 고마워요." 그러고는 나를 꼭 안아주었다.

그녀가 직접 사실을 물어봐준 것은 다행이었지만, 행사장을 떠나 차에 올라탄 나는 깊은 낙심에 빠졌다. 그녀처럼 힐러리 클린턴의 거짓말을 믿는 사람이 얼마나 많을지 생각하니 마음이 무너졌다. 나는 힐러리와 민주당 엘리트 체제, 언론, 빅테크 선전망을 상대할 자금도, 조직도, 수단도 턱없이 부족했다. 그 거대한 무기 체계 앞에서 나는 완전히 무방비 상태에 놓인 표적에 불과했다.

대선 캠페인을 중단한 지 몇 년이 지났음에도 여전히 많은 사람이 힐러리 클린턴의 터무니없는 거짓말을 믿고, 그것을 반복한다. 이것이 바로 민주당 엘리트의 거짓말이 미국 민주주의를 깊이 썩게 만들었다는 증거다.

당신이 트럼프를 어떻게 생각하든 상관없다. 그들이 트럼프를 파괴하기 위해 (혹은 자신들의 반대자라고 여기는 누구든 무너뜨리기 위해) 기꺼이 사용하는 수단은 모든 미국인이 심각하게 경계해야 할 일이다. 그것은 단순히 잘못된 행위이기 때문만이 아니라, 앞으로도 반복될 수 있는 위험한 선례를 만들었기 때문이다. 오늘은 트럼프가 그 대상이다. 2024년 바이든의 재선에 가장 큰 걸림돌인 트럼프는 바이든 행정부의 법무부와 FBI에 의해 기소되고 있다. 하지만 내일은 상황이 바뀌어, 다른 민주당 정치인이 똑같은 방식으로 공격받을 수도 있다. 만약 대통령이 정부 권력을 이용해 자신의 정적을 제거하는 것이 허용된다면, 미국은 더 이상 민주공화국이 아니라 '바나나 공화국'으로 전락할 것이다. 그런 나라에서는 새로운 선거가 열릴 때마다 사실상 혁명이 일어나고, 떠나는 전 정권 인사들은 보복 대상이 되며, 전직 대통령들은 승자에게 체포되지 않으려고 해외로 도망쳐야 할지도 모른다.

대부분의 언론은 뉴욕에서 트럼프가 기소되었을 때, 단순히 '트럼프 기소'[5]라는 제목만 달았다. 일부가 '포르노 배우 스토미 대니얼스에게 입막음용 돈을 지불한 사건'이라는 설명을 덧붙였을 뿐이다. 하지만 대부분이 언급하지 않았던 중요한 사실은 앨빈 브래그(Alvin Bragg) 검사와 그의 검찰팀이 트럼프를 기소한 범죄 혐의가 뉴욕주법상 '경범죄(misdemeanor)'에 불과하다는 점이다.

앨빈 브래그는 맨해튼 지방검사직에 출마하며 '무조건 트럼프를 기소하겠다'는 공약을 내세웠다. 그리고 마침내 그는 그 공약을 실현했지만 법치주의는 철저히 무시됐다. 그가 전직 대통령을 기소함으로써 얻게 될 정치적 보상과 명예는 막대했기 때문이다. 그러나 브래그는 정작 뉴욕시의 범죄자들에게는 관대했다. 그는 취임 직후, 직원들에게 폭행 등 심각한 범죄에 대해서도 보석이나 구속을 요구하지 말라는 지침을 담은 메모를 보냈다. 그 결과, 그의 재임 첫해 동안 뉴욕시의 중범죄율은 무려 22%나 상승했다.[6] 지금 뉴욕 시민들은 지하철을 타거나 길을 걷는 것조차 위험하다. 브래그가 폭력범을 잡는 대신 정치적 반대자를 기소하는 데만 집중하고 있기 때문이다. 그리고 이런 일은 뉴욕에서만 벌어지는 일이 아니다. 브래그 같은 검사들은 민주당 엘리트의 지원 아래 전국 여러 도시에서 임명되어 범죄자들에게 거리를 내어주고 있다.

## 분열을 부추기는 대통령

2020년 3월, 민주당 대선 후보로 남아 있던 인물은 조 바이든, 버니 샌더스, 그리고 나, 단 셋뿐이었다. 그때 나는 버니 샌더스가 며칠 내로 바이든을 지지할 것이라는 소문을 들었고, 그 순간 경선은 사실상 끝났다고 판단했다. 바이든이 후보가 될 것이 분명해진 상황에서, 나는 내 캠페인을 중단하고 바이든을 지지하기로 결정했다. 그것이 그에게 영향력을 행사할 수 있는 최선의, 어쩌면 유일한 기회라고 생각했기 때문이다. 그가 더 나은 양심의 소리에 귀 기울이고, 나라를 통합하겠다는 약속을 지키며, '체제 전복 작전(regime-change wars)',* 새로운 냉전, 핵무기 경쟁을 부추기는 전쟁광들의 목소리를 거부하도록 말이다. 그러나 안타깝게도 그는 어둠의 길을 선택했다.

　2년 후, 2022년 9월 1일 밤 8시. 조 바이든 대통령은 필라델피아 독립기념관(Independence Hall) 앞에 서서, '국가의 영혼을 위한 전쟁'이라는 제목의 연설을 했다. 미국의 건국 선언과 헌법이 채택된 그 역사적인 장소에서 연설한다는 상징성은 매우 컸다. 그것은 미국인을 하나로 모으고, 민주당이냐 공화당이냐를 넘어 헌법이 정의한 자유의 원칙을 중심으로 국민 통합을 이끌어낼 수 있는 중대한 기회였다. 바이든은 실제로 건국의 이상과 헌법적 원칙을 언급했지만 그것은 국민 모두를 향한 통합의 외침은 아니었다. 중간선거를 두 달 앞둔 시점에서, 그는 그 신성한 무대를 자신의 지지자들에게 증오심을 부추기고, 국민을 분열시키는 정치적 도구로 이용했다.

　나는 TV를 통해 그 연설을 지켜봤는데, 가히 충격적인 장면이었다. 조 바이든은 해병대 정복 차림의 병사들 사이에 서 있었고, 붉은 조명이 그 뒤를 비추고 있었다. 그 장면은 마치 영화 속 악당이 세계 정복을 선언하는 장면 같았다. "복종하지 않으면 대가를 치르게 될 것이다"라고 선언하는 순간 같았다.

　그러나 그곳은 할리우드 영화 세트가 아니었다. 미국 대통령이 직접 카메라를 바라보며, 국민을 향해 자신에게 투표하지 않은 약 7,300만 명의 미국인이 민주주의와 국가에 대한 가장 큰 위협이라고 선언한 실제 순간이었다. 바이든은 경고했다. "도널드 트럼프와 공화당 내 MAGA 세력은 우리 공화국의 근간을 위협하는 극단

---

\*　　미국이 다른 나라의 정권을 강제로 교체하기 위해 벌이는 전쟁을 의미한다.

주의를 대표합니다." 그리고 이어서 말했다. "오늘날 공화당은 도널드 트럼프와 공화당 내 MAGA 세력에 의해 지배되고, 조종당하며, 위협받고 있습니다. 이것이 바로 이 나라에 대한 위협입니다."[7]

그가 지목한 대상은 국민, 바로 나의 이웃과 나의 동료 미국인이었다. 미국 역사상 어떤 대통령도 수천만 명의 자국민을 이렇게 노골적으로 '반역자'이자 '국가의 적'으로 낙인찍은 적은 없었다. 이런 언행은 세계에서 가장 위대한 민주주의 국가의 대통령이 아니라 독재자에게서나 기대할 법한 모습이었다. 물론, 정치적 반대자들을 악마화하는 일이 이번이 처음은 아니다. 오바마 대통령은 보수주의자들을 조롱하며 "총기, 종교, 이질적인 사람들에 대한 적개심에 집착한다"[8]고 말한 바 있고, 힐러리 클린턴은 한발 더 나아가 트럼프 지지자들을 "한 바구니에 가득한 개탄스러운 자들(basket of deplorables)"이라고 표현했다.

조 바이든은 여기서 한발 더 나아가, 그들을 단순히 '개탄스러운 자'들로 규정하는 데 그치지 않고, 극단주의자이자 미국에 대한 최대 위협이라고 단정했다. 그리고 이제, 바이든이 장악한 법 집행기관과 국가 안보 기구는 지체 없이 행동에 돌입했다. 민주당 엘리트의 '깨어 있는 의제(woke agenda)'에 반대하는 모든 이에게 'MAGA 공화당'이라는 꼬리표를 붙여 악마화하기 시작한 것이다. 그 대상은 트럼프 지지자들만이 아니었다. 자녀 교육에서 부모의 권리를 요구하는 '자유를 위한 어머니들(Moms for Liberty)', 여성 스포츠에서 생물학적 남성의 참가를 반대하는 무당파 유권자들, 러시아와 중국과의 새로운 냉전과 핵전쟁 위기를 불러오는 워싱턴의 전쟁광들에게 의문을 제기하거나 반대하는 사람들, 국경 보안과 치안 강화를 요구하는 시민들 모두가 포함된다.

요컨대, 민주당의 표적이 된 이들은 상식과 이성을 가진 미국 국민이다. 정파를 초월해 자녀와 민주주의, 국가 안보를 걱정하며, 민주당 엘리트의 광기 어린 의제에 맞서기를 두려워하지 않는 평범한 국민 말이다.

민주당 엘리트는 치밀한 전략을 실행하고 있다. 민주당 엘리트가 일단 '적'으로 지목하고 규정한 이들에 대한 거짓말과 비난은 모두 허용된다는 사실을 잘 알고 있다. 누구든 트럼프나 MAGA, 혹은 '개탄스러운 자들'에 대해 어떤 비난과 거짓말을 퍼뜨려도 주류 언론은 결코 이를 반박하지 않을 것이며, 오히려 그 목소리를 증폭해줄 것이다. 하지만 당신이 이러한 기득권의 서사에 도전하거나 트럼프를 지지하는 발언을 한다면, 그들은 언론과 빅테크의 힘을 총동원해 당신을 음해하고 침묵하도록 만들 것이다.

민주당 엘리트는 표현의 자유를 믿지 않는다. 그들은 권리장전이 보장한 자유의 완전한 행사를 믿지 않는다. 국민에게 어떤 권리를 허용하고, 어떤 권리는 자신들의 이익을 위해 제한할지는 오로지 스스로 결정하려 한다. 그리고 그들은 이 권리를 제한하기 위해 손에 쥔 모든 권력 수단을 주저 없이 사용한다.

건국의 아버지들은 미국이 '사람의 나라'가 아닌 '법의 나라'가 되기를 원했다. 정부 기관과 제도, 법 집행은 정당을 초월한 중립성을 가져야 한다고 믿었다. 그러나 오늘날 민주당 엘리트는 FBI, 법무부(DOJ), 국토안보부(DHS), 국세청(IRS), 에너지부(DOE) 등

정부 기관들을 정치적으로 악용해, 정치적 반대자들을 괴롭히며 위협하고 있다. 이는 법치주의를 철저히 무너뜨리고, 결국 우리의 민주주의 자체를 심각하게 훼손한다. 그 결과, 미국 국민은 정부가 국민의 이익을 위해 존재한다는 최소한의 신뢰마저 잃어가고 있다. 민주당 엘리트는 국민의 신뢰 따위엔 관심이 없다. 그들이 원하는 것은 오직 하나, '권력'뿐이다.

오바마 대통령의 1기 말, 국세청이 비영리법인 등록을 신청한 '우익 단체'의 블랙리스트를 관리해온 사실이 폭로되었다. 블랙리스트에 오른 단체들은 비영리법인 신청이 거부되거나 고의적으로 등록이 지연되었으며, 표적이 되어 괴롭힘을 당했다. 나는 이 이야기를 처음에는 믿지 않았다. 오바마의 정적들이 그를 음해하려고 만들어낸 이야기이거나 불만이라고 생각했다. 국세청도 많은 결함이 있겠지만 누군가가, 특히 비영리법인 등록을 신청할 경우 인종, 종교, 정치적 견해에 상관없이 모든 시민을 평등하게 대해야 한다.

나는 '오바마 행정부의 국세청이 정치적 반대자를 타깃으로 삼고 권력을 남용할 만큼 대담하지는 않을 것'이라고 생각했다. 만약 이것이 사실이라면, 이는 국세청에 위임된 권한을 중대하게 배신한 심각한 권력 남용이었다. 나는 이 문제를 파고들어 조사했고, 결국 비영리단체들이 실제로 표적이 되었다는 사실을 확인했다. 국세청이 겨냥한 단체들은 폭력을 선동하거나 다른 사람에게 해를 끼치거나 KKK*를 부활시키려는 단체가 아니었다. '패트리엇(Patriot)'이나 '티파티(Tea Party)' 같은 단어가 이름에 포함된 단체들이 그 표적이었다. 당시 민주당 지도자들은 이 사건을 '음모론'

이라고 일축했다. 그러나 국세청이 직접 잘못을 인정하고 사과하자, 그들은 아무 말 없이 침묵했다.

이런 일은 여기서 끝나지 않았다. 2024년 2월, 재무부는 팀 스콧(Tim Scott) 상원의원에게 보낸 서한에서 2021년 1월 6일 이후, 미국 국민의 금융 거래를 영장도 없이 감시해온 사실을 시인했다.[9] 이는 헌법 제4조가 보장하는, 정부의 부당한 수색으로부터 개인의 프라이버시를 보호받을 권리를 명백히 위반한 행위였다. 재무부 산하 '금융범죄단속네트워크(FinCEN)'는 금융기관에 극단주의 지표를 감시하라고 지시했는데, 그 예시는 충격적이었다.

예를 들어 성경과 같은 종교 서적 구매, 카벨라스(Cabela's), 딕스 스포팅굿즈(Dick's Sporting Goods), 배스프로샵(Bass Pro Shops)**에서의 소비, 그리고 젤(Zelle)*** 결제 키워드에 'MAGA', '트럼프' 등이 포함된 거래가 그 대상이었다.

이는 연방정부 내 여러 기관이 정치적 동기로 개인의 삶을 감시하고 공격하는 데 동원되고 있다는 수많은 사례 중 하나다. 개인의 헌법적 권리를 침해하며 미국의 토대를 무너뜨리는 위험한 선례를

---

\*  쿠클럭스클랜(Ku Klux Klan)은 미국 역사상 가장 악명 높은 백인 우월주의 비밀 결사로 흑인과 소수자, 유대인, 가톨릭, 이민자 등을 폭력과 테러로 탄압해온 조직이다.

\*\*  아웃도어·총기 관련 매장.

\*\*\*  미국에서 널리 사용하는 개인 간(P2P) 실시간 송금 서비스. 은행 계좌 기반으로 운용되며, 이메일 또는 휴대전화 번호만 있으면 몇 분 내로 무료 송금이 가능하다.

만들고 있다. 우리가 이미 여러 차례 겪어본 일이며, 그 결과가 얼마나 위험한지도 잘 알고 있다. 이것은 민주당 엘리트가 권력을 남용하고 법치주의를 훼손하여 원하는 것을 얻기 위해 사용하는 전형적인 전술이다. 그들은 일단 죄를 저지르고도 처벌받지 않으면, 다음엔 더 노골적이고 대담하게 선을 넘는다. 스스로 법 위에 존재한다고 믿으며, 그 누구에게도 책임지지 않는다고 생각한다. 자신들은 절대로 건드릴 수 없는 존재인 것이다.

## 유죄 추정의 나라

2022년 3월 30일, 뉴욕 대배심이 전직 대통령 도널드 트럼프를 성인 배우에게 '입막음 돈'을 지급한 사건으로 기소할 예정이라는 보도가 나온 직후, 낸시 펠로시(Nancy Pelosi)는 트위터에 이렇게 썼다.

> 대배심은 사실과 법률에 따라 행동했다.
> 누구도 법 위에 있지 않으며, 모든 사람은 자신의 무죄를 증명할 재판을 받을 권리가 있다.
> 트럼프 전 대통령이 이 제도를 평화롭게 존중하길 바란다.[10]

다시 한번 살펴보자.

모든 사람은 무죄를 증명할 재판을 받을 권리가 있다.

'무죄를 증명'한다고? 낸시 펠로시는 36년 넘게 미 의회에 몸담았고, 하원의장을 두 번이나 역임한 인물이다. 그런 그녀가 법치주의의 가장 기본적인 원칙조차 모른다는 말인가? 우리 사법제도의 핵심 원칙, 즉 '모든 사람은 유죄가 입증되기 전까지는 무죄'라는 원칙 말이다. 초등학교 시민 교육 수업을 들은 아이도, 아니면 TV 드라마 〈로앤오더(Law & Order)〉 한 편만 봐도 이 정도는 안다.

나는 의회에서 낸시 펠로시와 8년 동안 함께 있었다. 그녀가 어떤 사람인지 직접 봐왔다. 펠로시는 어리석은 사람이 아니다. 철저히 계산적이고, 전략적이며, 어떤 결정을 하든 그 속에 명확한 의도가 있다. 아무것도 그냥 넘기지 않는다. 그래서 펠로시의 저 발언에 대한 논리적인 설명은 하나다. 그녀는 민주당 엘리트의 속마음을 무심코 드러낸 것이다. 즉 트럼프에게는 법의 원칙이 적용되지 않는다는 믿음이다.

수년 동안 그들은 미국 국민에게 '트럼프 전 대통령은 무엇인가 유죄다'라고 반복해서 주장해왔다. 그리고 그 '무엇인가'가 정확히 무엇인지는 나중에 찾아내면 된다는 식의 태도를 보여왔다. 이런 접근은 전혀 새로운 것이 아니다. 민주당 엘리트는 과거 스탈린의 비밀경찰 책임자 라브렌티 베리야(Lavrentiy Beria)가 사용했던 전술을 그대로 따르고 있다. 베리야는 이렇게 말한 바 있다. "누구든지 데려와. 죄는 내가 찾아낸다."

민주당 엘리트가 트럼프에게 이런 일을 벌이고도 아무런 책임을 지지 않는다면, 그것은 결국 우리 모두에게도 언제든 일어날 수 있는 일이 된다. 그리고 실제로 이미 그들은 그렇게 하고 있다. 민주당 엘리트는 자기 뜻에 따르지 않는 모든 사람을 공격하기 위해 법과 권력을 총동원한다. 기업이든 비영리단체든 개인이든 예외는 없다. 미국에는 오래되어 잊혔거나, 거의 사용되지 않는 수많은 연방법·주법·지방법이 여전히 존재한다. 이 법들은 지금도 유효하며, 그들은 어떤 상황이든지 누군가를 걸려들게 만드는 수단으로 이를 이용한다. "누구든지 데려와. 죄는 내가 찾아낸다."

민주당 엘리트는 법 집행의 공포 그 자체를 무기화해 국민이 복종하게 만든다. 대부분의 사람들은 FBI가 찾아오기만 해도, 불응하면 불이익을 당할까 두려워 저항할 엄두조차 내지 못한다. 트위터 문서가 공개되면서 FBI가 바이든 행정부의 뜻에 반하는 목소리를 내는 미국인들을 검열하도록 소셜 미디어 플랫폼을 압박한 사실이 드러났다. 국세청은 감사와 조사를 남발하며 정치적 반대자를 괴롭혔다. 심지어 EPA(환경보호청)조차, 오래된 환경 규정을 악용해 기업 활동을 즉시 정지시킬 수 있다. 이건 음모론도 아니고 가설도 아니며 미래에 대한 경고도 아니다. 오늘날 미국에서 실제로 벌어지는 일이다.

민주당 엘리트의 머릿속에는 자신들이 '선'이고, 그들 뜻에 따르지 않는 사람들은 '악'이라는 생각이 담겨 있다. 그리고 그 '악한 자들'은 (낸시 펠로시의 말대로) "무죄가 증명되기 전까지는 유죄"인 것이다. 더 심각한 점은 설령 무죄를 증명해도, 그들은 여전히 그 사람을 유죄로 간주한다는 사실이다.

1장에서는 민주당 엘리트와 워싱턴 기득권 세력이 트럼프를 어떻게 파괴하려 했고, 동시에 우리의 민주주의를 어떻게 훼손하고 있는지를 보여주는 몇 가지 예를 소개했다. 사실 그들이 트럼프에게 퍼부었던, 그리고 지금도 퍼붓고 있는 수많은 공격을 상세히 정리하자면 책 한 권으로도 모자랄 것이다. 그들은 지금 이 순간에도 끊임없이 트럼프를 공격하고 있다. 그리고 당신이 트럼프나 그의 정책에 대해 어떻게 생각하든 그것은 중요하지 않다.

하지만 트럼프는 대통령 재임 기간과 그 이후 선거운동 기간, 끊임없는 공격과 소송, 배신, 그리고 국가 권력이 총동원된 사법 시스템과 정보기관의 압박에도 무너지지 않았다. 오히려 여전히 싸우고 있다는 사실이 놀라울 따름이다. 나는 살면서 수많은 강인한 사람을 만나봤지만, 이 정도의 압박 속에서도 꺾이지 않는 사람은 본 적이 없다. 아니, 그 정도가 아니라 정면으로 '부패한 워싱턴의 늪(Washington establishment swamp)'*에 맞서 싸우겠다고 나서는 사람은 더욱 보기 힘들다.

조 바이든이었다면 이런 상황을 견딜 수 있었을까? 나는 조 바이든을 잘 안다. 한때 친구라고도 생각했다. 그러나 그가 트럼프가 감내한 고통의 5퍼센트만 겪어도 무너졌을 것이라고 확신한다. 나는 도널드 트럼프를 직접 만나 긴 대화를 나눈 적이 있다. 또한 카메라가 꺼진 자리에서, 그가 참전 용사와 나의 지인들과 나누는 진심 어린 대화를 지켜본 적도 있다. 나는 그의 동기가 무엇인지 분

---

\* '늪을 말려버리자!(Drain the Swamp!)'는 2016년 미국 대선에서 도널드 트럼프가 사용한 대표 슬로건으로, '늪'은 워싱턴 정가의 부패한 정치권을 상징한다. 트럼프는 이를 통해 워싱턴 정계를 기득권이 장악한 부패한 체제로 규정하고, 자신은 이를 청산할 아웃사이더 개혁가로 부각시켰다.

명히 느낄 수 있었다. 그것은 워싱턴 기득권층이 주장하는 것과는 전혀 달랐다. 그는 투사다. 트럼프의 힘과 회복력은 이 나라의 미래에 대한 진심 어린 염려와, 무엇보다 미국 국민에 대한 깊은 애정에서 비롯된 것이었다.

## 폭넓은 재량권

우리는 법과 질서를 기반으로 한 사회에서 우리의 안전을 책임지는 이들이 제 역할을 다하길 기대한다. 만약 우리가 가정이나 지역사회에서조차 안전하다고 느끼지 못한다면, 우리는 더 이상 독립선언서가 보장하는 '생명, 자유, 그리고 행복을 추구할 권리'를 가진다고 말할 수 없다. 민주당 엘리트는 정치적 반대자를 공격하기 위해 법의 지배를 흔들면서도, 정작 우리 국경을 지키고 불법 이민자들의 유입을 막는 데는 법을 집행하지 않기로 선택했다. 국가를 지키지 못하는 대통령은 가장 기본적인 책임을 저버린 것이다. 국경이 안전하지 않다면, 우리는 더 이상 국가라고 부를 수도 없다.

바이든 행정부가 국경을 지킬 책임을 다하지 못하자, 텍사스 주지사 그레그 애벗(Greg Abbott)은 주헌법상 자위권을 발동하여 자신의 주 경계를 지키기 위한 조치를 취했다. 그러나 바이든 행정부는 그의 노력을 칭찬하기는커녕 이를 방해하기 위해 모든 수단을 동원했다. 바이든 행정부는 설치된 장벽을 철거하고, 콘서티나 철조망(concertina wire)*에 구멍을 내 불법 이민자들이 미국으로 들어올 수 있게 했다. 또 이를 중단하려는 시도를 막기 위해 소송을 제기했고, 수백만 명의 불법 이민자를 추적이나 처벌 없이 풀어주는 '잡고 놓아주기(catch and release)'** 정책을 정상화했다. 이 문제는 텍사스나 애리조나만의 문제가 아니라, 전 국가적인 위기에 해당한다. 하원 국토안보위원회는 2023년 한 해 동안 남서부 국경에서만 240만 건 이상의 불법 이민자 접촉이 있었고, 전국적으로는 320만 건이 넘는 불법 이민자 접촉이 발생했다. 이는 역사상 최악의 수치다. 이 책을 쓰는 지금도 이민자들의 불법적인 국경 통과는 계속해서 신기록을 세우고 있다. 한편, 미국 법에 따라 비자를 신청해 사랑하는 사람을 만나러 오거나 미국에서 새로운 사업을 시작하고 일자리를 창출하려는 사람들은 비자가 거절되거나 몇 년씩 기다려야만 한다.

이것은 국가 안보 위기이자 동시에 인도주의적 위기다. 국경을 넘으려는 사람 중 상당수는 고통과 어려움을 피해 목숨을 걸고 도망쳐 온 이들이다. 우리는 그들에게 연민을 느끼지만, 현실을 외면할 수는 없다. 세상의 모든 고통받는 사람을 무한히 도울 수 있는 능력이나 자원을 미국은 갖고 있지 않다. 참전 용사들이 거리에서

---

\* 나선형(코일 형태)으로 감긴 고강도 철조망으로, 군사 및 보안 목적으로 신속한 장애물 설치를 위해 사용된다. 통상적으로 국경, 감옥, 전쟁터, 시위 통제선 등에 쓰인다.

\*\* 법 집행이나 국경 관리 등에서 불법 체류자나 피의자 등을 일단 체포(catch)한 후, 재판이나 구금 없이 바로 풀어주는(release) 제도나 관행을 말한다.

노숙을 하고 있고, 노숙자 수는 증가하고 있으며, 오염된 식수와 무너져가는 기반 시설 등 정부가 자국민을 위해 시급히 해결해야 할 심각한 문제들이 산적해 있다. 미국에 오고자 하는 이들은 먼저 우리 법을 존중하고 따라야 한다.

바이든-해리스 행정부는 지난 3년 넘게 의회와 국민에게 국경은 안전하다고 거짓말했다. 그들은 우리가 무지하다고 생각하는 것이다. 나는 직접 국경에 가봤다. 불법 이민자들이 쉽게 걸어 들어올 수 있는 거대한 틈을 내 눈으로 확인했고, 국경의 지역사회를 직접 걸으며 이 위기로 인해 가장 큰 타격을 받은 현장을 목격했다. 그곳은 거리마다 넘쳐나는 불법 이민자들로 인해 감당할 수 없는 상황에 처해 있었다. 뉴욕과 같은 도시는 불법 이민자 가족에게 주거, 음식, 그리고 최근에는 선불형 직불카드까지 제공하고 있다.[11] 고령의 참전 용사들이 불법 이민자 수용을 위해 주거지에서 내쫓기고 있으며, 불법 이민 증가와 함께 범죄도 증가하고 있다.[12] 바이든의 무방비한 국경 개방 정책은 전국 모든 지역에 부정적인 영향을 끼치고 있고, 수백만 명이 아무런 심사 없이 남부 국경을 넘고 있는 상황은 국가 안보를 심각하게 훼손하고 있다.

헤즈볼라 요원 알리 쿠라니(Ali Kourani)*와 사마르 엘데벡(Samer Eldebek)**이 미국 내에서 테러 혐의로 체포되었을 때, 그들은 헤즈

---

\* 미국 내에서 헤즈볼라 요원으로 활동하며 테러 계획과 정보 수집 임무에 연루된 혐의로 기소되어 유죄판결을 받은 인물이다.
\*\* 미국 내에서 헤즈볼라 및 이슬람지하드조직(IJO)을 지원한 혐의로 2017년 체포되었다.

볼라의 계획을 폭로했다. 북미 전역에 잠복 세포망을 구축해 언제든 활성화할 수 있도록 하겠다는 것이다. 헤즈볼라는 현재 이 계획을 실행 중이며, 이들은 결코 유일한 이슬람 테러 조직이 아니다. 이들은 미국 내에서 대규모 참사를 일으킬 기회를 끊임없이 노리고 있다.

이슬람 성전주의자들(Islamist Jihadists)*의 목표는 본질적으로 같다. 그들이 하마스든 헤즈볼라든 ISIS든 알카에다든 혹은 다른 어떤 이름을 내걸든 불신자나 배교자들을 죽이거나 노예로 삼는 것을 궁극적 사명으로 삼는다. 믿기 어렵겠지만 급진 이슬람 성전주의자들은 자신들의 극단적 이슬람 해석을 거부하는 사람들을 (유대인, 기독교인, 힌두교도, 심지어 무슬림까지) 죽이면 알라가 천국에서 상을 내릴 것이라고 굳게 믿는다. 이들은 죽음을 찬양하며 사람을 죽이는 과정에서 자신과 타인을 순교시키는 데 점점 더 대담해진다. 그들은 자신들의 광적인 이데올로기를 따르지 않는 신의 자녀들을 강간하고 학살하는 행위가 천국의 보상으로 이어질 것이라고 확신하기 때문이다.

가장 최근의 사례는 2023년 10월 7일, 하마스가 이스라엘을 상대로 자행한 극악무도한 공격이다. 이 공격으로 1,200명 이상의 무고한 사람이 학살됐다. 이는 단순히 이스라엘과 팔레스타인 간의

---

\* 극단적인 이슬람 이념을 내세워 폭력이나 테러를 정당화하고 수행하는 이들을 가리키는 표현이다. 대표적으로 알카에다, ISIS, 탈레반, 하마스 같은 집단들이 있다.

오랜 분쟁의 연장이 아니다. 전 세계적으로 수니파와 시아파 이슬람 성전주의자들이 벌이고 있는 더 큰 전쟁의 일부다. 이 사건은 세계 각국 지도자들에게 이슬람 성전주의자들이 미국인과 전 세계 자유민에게 장단기적으로 가장 심각한 위협이라는 사실을 분명히 인식시키는 계기가 되어야 한다.

그러나 안타깝게도 바이든 대통령과 민주당 지도자들은 이 위협을 인정하려 하지 않는다. 이슬람 혐오로 낙인찍힐까 두려워 이들은 오히려 이슬람주의 이념가들과 성전주의 옹호자들에게 얽매여 있다. 바이든 대통령은 알카에다와 같은 이슬람 성전주의자들을 물리치는 데 집중하기보다는, 위선적으로 '민주주의 확산'과 '독재자 타도', '전제정'과 '공산주의 척결'을 내세운다. 그러나 정작 그는 미국 안에서 우리의 민주주의와 법치주의를 허물고 있다.

이 같은 근시안적 태도와 비겁함은 성전주의자들이 국제 성전 전략을 강화하고, 궁극적인 목표인 세계 이슬람 칼리프국 수립으로 나아가는 데 힘을 실어주고 있다. 바이든-해리스 행정부의 개방 국경 정책은 수십만, 어쩌면 수백만 명에 이르는 군 복무 연령대의 외국인 남성들이 아무런 심사 없이 미국으로 불법 유입되도록 길을 열어주고 있다. 이는 미국 본토에서 재앙적인 공격이 일어날 위험과 가능성을 크게 높이고 있다.

그런데도 민주당 엘리트는 왜 계속해서 국경 개방 정책을 유지하는 걸까? 정치적 계산 때문이다. 전통적으로 히스패닉과 기타 소수민족 유권자들은 민주당을 지지해왔다. 민주당은 더 많은 불법 이민자를 받아들여 공화당이 강세인 텍사스와 같은 주를 결국 민주당 우세 지역인 '블루 스테이트(Blue State)'*로 만들어 권력 균형을 자신들에게 유리하게 고정하려는 전략을 세우고 있다. 몇 년 전, 뉴욕의 이베트 클라크(Yvette Clarke) 하원의원은 이러한 '조용한 진실'을 솔직히 드러낸 바 있다. 그녀는 자신의 지역구에 불법 이민자들을 받아들인 데 대해 "동료 의원들이 여관 문이 닫혔고 빈방이 없다고 말할 때, 나는 이렇게 말한다. '아니, 내 지역구에는 선거구 재조정을 위해 더 많은 사람이 필요해'"[13]라고 밝혔다.

민주당 엘리트가 추진하는 많은 정책은 미국 국민의 이익, 안전, 복지에 반하며, 그 근본에는 권력과 통제를 확대하려는 정치적 계산이 자리하고 있다. 이들은 전국적으로 확산되는 범죄를 단속하는 데 전혀 관심이 없으며, 오히려 법을 지키는 선량한 시민보다 범죄자를 더 보호하는 정책을 밀어붙이고 있다.

많은 도시에서 우리 아이들은 이제 자전거를 타거나 공원에 나가는 것조차 두려워하게 되었다. 워싱턴 D.C.에서 차를 몰고 다니면 차량을 빼앗기거나 심각한 부상을 당하거나 심지어 살해될 위험까지 감수해야 한다. 나는 뉴욕시에 자주 가는데, 그곳의 거리에서는 항상 경계를 늦출 수가 없다.

2010년, 나는 호놀룰루 시의원으로 선출되어 10만 명이 넘는 주민을 대표하게 되었다. 내가 맡은 지역구는 매우 다양해서 파파코레아(Papakolea)의 하와이 원주민 거주지에서부터 누아누(Nuuanu)

---

\* 미국 정치에서 민주당 후보가 우세한 주로 캘리포니아, 뉴욕, 일리노이, 매사추세츠, 워싱턴, 오레곤 등을 의미한다.

계곡 안쪽의 유서 깊은 단독 주택가와 다운타운 호놀룰루의 고층 빌딩 구역까지 포함되어 있었다. 많은 사람이 밀집해 사는 지역사회에서 안전은 언제나 가장 중요한 관심사였다. 나는 공공안전위원회 위원장으로서 지역사회 지도자들, 호놀룰루 경찰국과 긴밀히 협력하며 주민들이 출퇴근을 하거나 자녀들과 공원을 산책할 때 안전하다고 느낄 수 있도록 다양한 방안을 모색했다.

당시 나는 호놀룰루 시내에 있는 원룸 아파트에서 살고 있었는데, 시청이 위치한 호놀룰루 헤일까지 왕복 약 1.6킬로미터를 걸어서 출퇴근했다. 도보로 출퇴근을 하거나, 차이나타운 시장에서 신선한 농산물을 사고, 하와이 주립도서관, 우체국, 체육관, 슈퍼마켓 등을 편리하게 이용할 수 있는 곳이었다. 이 지역에는 고령층을 위한 저렴한 아파트가 많았는데, 대부분 고정된 수입으로 생활하는 주민들에게 병원, 상점 등 필수 시설이 도보 거리에 있다는 점은 매우 중요했다. 하와이 최대 주립 병원도 이 지역에 위치해 있었다.

하지만 당시 우리가 직면했던 가장 큰 문제 중 하나는 도시 곳곳에 노숙자 캠프가 점점 늘어나고 있다는 점이었다. 사실 이 문제는 새로운 것이 아니었다. 어린 시절 무술 수업을 받으러 가거나 식료품점에서 계산원으로 일하러 갈 때, 버스를 탈 때마다 혼잣말하며 길을 걷는 정신질환자나 차이나타운 입구에 쓰러져 있는 마약 중독자들을 항상 조심해야 했다. 시간이 지나면서 상황은 점점 악화되고 있었다.

이제는 통행량이 많은 구역에 텐트촌이 들어서면서 인도를 완전히 점령해버렸다. 그 결과, 노인과 아이를 동반한 가족들이 인도를 피해 어쩔 수 없이 차도로 내려가야만 했고, 이는 명백한 생명의 위협이 되었다. 우리는 저소득층 주택, 중간 지원 시설, 정신 건강 서비스 제공자들과 협력하며 사람들이 거리에서 벗어나 필요한 지원을 받을 수 있도록 노력했지만, 현실은 점점 더 많은 보행자에게 큰 위험으로 다가오고 있었다. 경찰은 이를 해결할 법적 권한이 없어서 좌절할 수밖에 없었다.

이에 나는 지역사회 리더 및 이해관계자와 함께 '제54호 조례안(Bill 54)'을 발의하고 통과시켰다. 이 법은 노숙자 여부에 상관없이 누구든지 개인 소유물을 공공 인도나 통행로에 두는 것을 불법으로 규정하는 것이었다.[14] 이를 통해 경찰은 인도를 정리할 수 있는 법적 근거를 갖게 되었고, 사회복지 기관들도 거리에서 생활하던 사람들을 쉼터나 주거 시설, 치료 시설로 옮기는 데 큰 도움을 받을 수 있었다. 효과는 분명했다. 한때 보행이 불가능했던 인도들이 다시 열리면서 노인들도 안전하게 걸을 수 있게 되었고, 공원은 노숙자 캠프가 사라지자 아이들이 방과 후에 마음 놓고 뛰어놀 수 있는 공간으로 되살아났다. 소상공인들 또한 통행량 증가로 가게를 찾는 손님들이 늘어나 크게 기뻐했다.

하지만 이 법안은 이른바 진보 활동가들, 특히 '점령(Occupy) 운동'* 계열 활동가들의 거센 반발을 불러일으켰다. 그들은 내 입법을 '잔혹하고 비인간적인 처벌'이라고 비난하며, 이 법이 노숙자들

---

\*  2011년 뉴욕의 '월가를 점령하라(Occupy Wall Street)' 시위를 시작으로 퍼진 반자본주의 및 사회 불평등 저항운동.

에게 '무료로 머물 수 있는 유일한 공간'을 빼앗는다고 주장했다. 그러나 그들은 현실을 외면한 것이다. 약을 사러 가는 것도 두려워진 75세 노인, 텐트촌 때문에 유모차를 밀고 차도로 내려가야 하는 엄마, 길거리에서 보호가 필요한 사람들을 쉼터로 옮기거나 위험한 정신질환자를 치료 시설에 입소시키는 일, 혹은 범죄자를 체포해 지역사회의 안전을 지키는 문제에는 전혀 관심을 두지 않았다.

호놀룰루에서 우리가 겪었던 경험은 이제 미국의 많은 도시에서 되풀이되고 있다. 오늘날 민주당에서 가장 '깨어 있는' 사회·정치적 감수성을 가진 사람들(예를 들어 잘못된 대명사를 사용하거나 불쾌한 말을 하는 것이 '말 그대로 폭력'이라고 주장하는 이들)은 실제로 발생하는 범죄에는 아무런 대응도 하지 않거나 이를 외면한다. 이들은 경찰과 형사 사법제도의 진짜 문제를 해결하려 하기보다, 지역사회 기반의 범죄 예방 정책을 고민하기보다, "경찰 예산 삭감"을 외치며, 범죄 피해자를 마치 가해자처럼, 범죄자를 오히려 피해자인 것처럼 취급한다. 그 결과는 명확하다. 폭력 범죄자들은 감옥에 가지 않고, 거리에는 범죄가 더욱 만연하게 된다. 사실상 이들은 무정부주의자와 다를 바 없다. 다른 사람의 안전과 삶에는 관심이 없으며, 법치주의를 믿지 않고, 지역사회에 질서와 평화를 가져오는 일에도 전혀 신경을 쓰지 않는다.

조지 플로이드(Geroge Floyd) 사망 사건* 직후, 민주당과 공화당

---

\* 2020년 5월 25일, 미국 미네소타주 미니애폴리스에서 위조지폐 사용 신고를 받고 출동한 경찰관 데릭 쇼빈이 용의자 조지 플로이드를 체포하는 과정에서

은 모두 이 사건을 비난했다. 전국적으로, 나아가 전 세계적으로 '인종 정의(racial justice)'*를 요구하는 대규모 시위가 일어났다. 하지만 많은 시위는 폭력적인 폭동으로 변질되었고, 일부 도시는 시애틀과 포틀랜드처럼 시 전체가 시위대에 장악당하기도 했다. 경찰은 무력했고, 폭력을 막지 못했다. 어떤 지역에서는 시장이 직접 경찰에 개입하지 말라고 지시하기도 했다. 일부 민주당 엘리트는 이런 무정부 상태를 환영하며 박수를 쳤고, 어떤 이들은 침묵으로 일관했다. 이 위기 속에서 나와 내 동료들은 우리의 법 집행기관을 실질적으로 지원할 수 있는 의미 있는 개혁을 추진할 중요한 기회를 발견했다.

그래서 나는 내 친구인 팀 스콧 상원의원과 다른 의원들과 함께 민주당, 공화당, 형사 사법 개혁 운동가들이 함께 협력할 수 있는 경찰 개혁 입법을 준비했다. 그러나 예상대로 하원 민주당은 별도의 경쟁 법안을 제출했다. 공화당 소속 의원이 경찰 개혁 법안을 통과시키는 모습을 결코 보고 싶지 않았던 것이다. 그들에게는 실질적인 변화를 이루는 것보다 권력을 유지하는 것이 더 중요했다.

팀 스콧의 법안이 하원 표결에 상정되기 전, 나는 하원 민주당 의원 전원에게 발송된 긴급회의 알림 이메일을 받았다. 나는 스피커폰으로 틀어놓고 알림 음성을 들었다. 민주당 지도부는 팀 스콧의 법안에 격분하며 자신들의 법안을 지지하라는 목소리를 높였

---

8분 46초 동안 무릎으로 목을 눌러 살해한 사건이다.
* 인종 평등 실현, 인종차별 철폐 운동.

다. 그들은 스콧 법안이 민주당이 요구해온 개혁의 약 70%를 포함하고 있었고, 실제로 하원과 상원을 통과해 법으로 제정될 가능성이 있다는 사실, 그리고 공화당이 민주당 법안을 과격하다고 보고 통과를 거부할 거라는 사실은 전혀 언급하지 않았다.

내가 이 회의에서 특히 기억에 남는 것은 민주당 지도부가 "우리의 지지자와 후원자에게 경찰 개혁을 '실제로 하고 있다'는 모습을 보여주기 위해 우리의 법안을 통과시켜야만 한다"고 말한 것이다. 그 법안이 상원에서 폐기될 운명이고, 결국 아무 성과도 거두지 못할 것이라는 점은 전혀 언급하지 않았다. 그들에게는 문제를 진정으로 해결할 의지가 없었다. 오로지 정치적 쇼를 통해 점수만 얻고 싶었던 것이다. 결국 그들은 실질적 해결책보다 '경찰 악마화와 예산 삭감'이라는 노선을 선택했다. 이들이 경찰 자체를 없애자는 말도 안 되는 생각을 지지하고 나선 것은 그들이 얼마나 현실과 동떨어져 있고, 범죄와 무질서 앞에 무책임하게 항복하려는지를 잘 보여준다.

2020년 6월 12일,《뉴욕타임스》는 마리아메 카바(Mariame Kaba)의 칼럼 〈그래, 우리는 경찰 제도를 폐지하고 싶다. 개혁은 불가능하다〉를 실었다. 이 글은 적어도 솔직하다는 점 하나만큼은 인정할 만했다. 그녀는 이렇게 썼다.

> 이제 그만. 우리는 경찰을 개혁할 수 없다. 경찰 폭력을 줄이는 유일한 방법은 대중과 경찰 사이의 접촉을 줄이는 것이다.
> 미국 역사에서 경찰이 흑인에 대한 폭력의 도구가 아니었던 시

대는 단 한 번도 없었다.

그러니 당신이 경찰관이 흑인의 목을 무릎으로 눌러 죽이는 장면을 본다면, 그것은 미국 경찰 시스템의 논리적인 귀결이다. 흑인을 잔혹하게 다루는 경찰관은, 그가 보기에 그게 자신의 '일'이라고 생각하기 때문에 그렇게 하는 것이다.[15]

이것이 바로 내가 한때 몸담았던 정당이 정책적으로 지지했던 광기였다. 이들은 우리 국민과 경찰관을 포함해 이 나라 전체를 도저히 구제 불가능한 인종차별주의자로 규정하며 위험하고 해로운 비난을 끝없이 퍼부었다.

이건 정말 미친 일이었다. 이 사람들은 자신이 무슨 말을 하는지도 모르고 있었다. 그들은 현실과 동떨어진 작은 환상 속에서 살면서, 서로가 만들어낸 이야기들을 듣고 고개를 끄덕이며 서로를 얼마나 고상하고, 도덕적이며, 완벽한 사람인지 칭찬하는 메아리의 세계에 빠져 있었다. 그들은 지금도 여전히 미 의회를 지키고 의원의 안전을 책임지는 경찰관을 비방한다. 그들은 밤거리를 순찰하며 목숨을 걸고 시민을 지키는 경찰관을 악마화한다. 경찰 폭력의 극단적인 사례는 끊임없이 반복해서 인용하면서도, 미국 전역에서 임무를 수행하며 궁극적인 희생을 감내한 수많은 남성과 여성에게는 단 한 줌의 경의조차 표하지 않는다.

의회에 있을 때 나는 매년 내셔널 몰(National Mall)\*에서 열리는

---

\*   워싱턴 D.C. 중심의 국립 기념지 구역에 위치한 쇼핑몰.

추모 촛불 집회에 참석했다. 이 행사는 지난 한 해 동안 임무 수행 중 순직한 모든 경찰관을 기리는 자리였다. 해가 지고, 명예경비대가 행진하며 백파이프가 〈어메이징 그레이스(Amazing Grace)〉를 연주할 때, 유족들은 하나둘씩 촛불에 불을 붙였다. 각자의 촛불은 작지만, 수천 개의 불빛이 모이면 어두운 밤하늘을 끝없이 물들이는 빛의 바다가 된다. 그 자리에서 나는 호놀룰루 경찰국 관계자들과 하와이에서 온 유족들과 함께 서 있었고, 이름이 하나하나 호명될 때마다 그 유족들의 가슴을 에는 듯한 고통이 내 마음까지 무겁게 짓눌렀다. 나는 임무 중 순직한 경찰관의 아내를 끌어안고 함께 울었던 기억을 결코 잊을 수 없다. 그녀는 온몸을 떨며 흐느꼈다. 또 전날 밤 자신을 침대에 눕히고 이불을 덮어주며 굿나잇 키스를 해준 아버지가 다시는 돌아올 수 없다는 사실을 아직 다 이해하지 못하는 여섯 살 소녀의 눈빛도 평생 잊을 수 없다.

내 여동생은 11년 동안 연방 보안관으로 복무했다. 그녀는 도주범 검거 전담팀에서 활동하며, 폭력 범죄로 유죄판결을 받은 범죄자들을 직접 추적해 체포했다. 우리는 늘 그녀가 출동할 때마다 (문 너머에서 산탄총을 든 범죄자와 맞닥뜨릴 수도 있다는 생각에) 극도의 불안과 긴장 속에서 매일 그녀와 동료들의 안전을 위해 기도했다.

하와이 주방위군에서 두 번째 파병 임무를 수행했을 당시 나는 소대장으로 근무했다. 그때 내 부대원 대부분이 평소에는 경찰관으로 일하는 사람들이었다. 그들은 대부분 소수 인종 출신이었으며, 타인의 안전과 안녕을 위해 자기 목숨을 내놓을 각오로 이 일을 선택한 사람들이었다. 그들은 상대가 누구든 어떤 모습을 하고 있든 상관없이, 모든 미국 시민을 보호하겠다는 사명감을 가지고 임무를 수행했다.

민주당 엘리트가 이렇게 반경찰(anti-police)적인 태도를 보이면서도 정작 FBI, 법무부, 다른 연방 기관의 요원들이 권력을 남용할 때는 아무런 제지도 하지 않는 모습을 보면 정말 어처구니가 없다. 특히 그 권력이 미국 시민의 표현의 자유, 즉 수정헌법 제1조의 권리를 억압하는 데 사용될 때는 더더욱 그렇다. 바이든 대통령은 자신의 정치적 반대자들을 상대로 이런 수단을 사용하는 데 있어 그 누구보다 신중해야 할 사람이다.

하지만 만약 당신이 바이든이 그러할 것이라고 믿는다면 큰 착각이다.

2022년 9월 어느 이른 아침, 바이든 행정부는 FBI 요원들을 프로라이프(pro-life)* 운동가인 마크 하우크(Mark Houck)의 자택으로 보냈다. 하우크는 1년 전 한 낙태 클리닉 앞에서 열린 평화 시위 중에 가벼운 말다툼을 했다는 이유로 체포되었지만, 당시에는 기소조차 되지 않았었다. 이후 배심원단은 그에게 아무런 죄가 없다고 판결했다. 그러나 바이든 행정부는 이러한 사실을 고려하지 않았다. 하우크와 그의 아이들이 자고 있던 새벽, FBI 요원들은 문을 부수고 들어가 하우크에게 총을 겨누고 수갑을 채운 뒤

---

\* 낙태에 반대하고 태아의 생명을 보호하는 것을 중심으로 활동하는 단체다. 이들은 생명은 수정 순간부터 보호받아야 한다는 신념 아래 다양한 정치적·사회적 운동을 벌이고 있다.

연행했다. 이 사건은 명백히, 다른 평화적인 프로라이프 시위자들에게 보내는 경고였다. 즉 '깨어 있는' 민주당 엘리트의 의제에 도전한다면 그 대가를 치르게 될 것이라는 메시지를 전하려는 것이었다.[16]

2021년 6월, 버지니아주 라우든 카운티에서 스콧 스미스(Scott Smith)는 한 교육위원회 회의장에서 분노를 표출하다가 체포되었다. 그의 딸은 자신을 여학생이라고 주장하는 남학생에게 여자 화장실에서 성폭행을 당했다. 그러나 교육청은 그 남학생을 기소하지 않고 오히려 다른 학교로 전학시켰는데, 그는 그곳에서도 또 다른 여학생을 성폭행했다. 이런 상황에서 분노하지 않을 부모가 어디 있겠는가. 그러나 바이든 행정부의 법무부는 무고한 아이들을 보호하는 대신, 스미스 같은 부모들을 '잠재적 국내 테러 위협'으로 규정하며 FBI 대테러국에 이들의 부모를 감시하도록 지시했다.[17]

위 두 사례는 단지 빙산의 일각일 뿐이다. 바이든 행정부와 민주당 엘리트는 자신들의 권력을 국민의 안전을 위해 사용하는 것이 아니라, 자신들에게 반대하는 미국 시민(전직 대통령에서부터 학교에서 성폭행당한 딸의 안전을 지키기 위해 싸운 한 아버지에 이르기까지) 모두를 괴롭히고 억압하는 데 사용하고 있다.

## 결론

미국의 건국자들은 '인간이 아닌 법에 의한 통치'를 구상했다. 그들은 사법 체계가 정치권력으로부터 독립되어 존재해야만 자유롭고 정의로운 사회가 유지될 수 있다는 점을 깊이 인식하고 있었다. 법치주의를 지키기 위해 부여된 권력은 총기의 권한, 즉 법 집행 권력이라는 막중한 책임을 동반한다. 우리는 권력을 가진 이들이 법을 공정하고 중립적이며 정의롭게 집행할 것이라는 신뢰를 가져야 하며, 이러한 정신은 눈가리개를 한 '정의의 여신(Lady Justice)'으로 상징된다.

그러나 민주당 엘리트는 우리 모두를 배신했다. 그들은 법치주의를 훼손하고, 이 신성한 믿음을 악용했으며, 권력을 자신들의 반대자에게 겨누는 무기로 바꾸었다. 그리고 그 무기는 단순히 선거에서 자신들의 권력을 위협하는 자들에게만 향한 것이 아니라 자신들과 의견이 다르거나, 감히 진실을 말하며 권력에 도전하는 평범한 미국 시민에게도 휘둘렸다. 미국의 헌법과 건국자들이 품었던 이상을 믿는 상식 있는 시민들은, 법치주의야말로 우리가 바나나 공화국이나 독재 국가들과 구별되는 기능적 민주주의의 근본 토대임을 잘 알고 있다.

당신이 어느 정당을 지지하든 상관없다. 나는 민주당 엘리트가 권력에 대한 맹목적인 집착으로 미국의 근간마저 기꺼이 희생시키려 하는 이 끔찍한 권력 남용을 거부하는 데 함께해주길 바란다. 이들을 거부하는 것만이 우리의 민주주의가 살아남고 번영할 수 있는 유일한 길이다. 모든 미국인이 '생명, 자유, 그리고 행복을 추구할 권리'라는 신이 부여한 권리를 보장받고 '더욱 완전한 연방(more perfect Union)'*을 향해 나아갈 수 있는 유일한 길이다.

---

* 미국 헌법 서문의 첫 구절에 나오는 말(We the People of the United States, in order to form a more perfect union…)로, 더 나은 국가 공동체를 만들고자 하는 노력을 말한다. 연방정부의 통합 강화, 정의 구현, 평화 유지, 공동 방위, 국민 복지 증진, 자유 보장 등의 목적을 갖고 있다.

# 2장
# 희미해지는 자유의 빛

한때 자유와 시민의 자유를 수호하겠다고 헌신하던 민주당 엘리트는 이제 이 두 가치를 훼손하며 '빅 브라더(Big Brother)\*'처럼 행동하고 있다. 그들은 정부 권력의 긴 팔을 이용해 우리 삶의 모든 부분을 통제하려 한다.

---

\* 조지 오웰의 소설 《1984》에 등장하는 상징적인 독재자이자 감시자의 이름. 모든 시민을 감시하고 통제하는 전체주의 정부를 대표하는 존재를 의미하며, 국가나 기업이 개인의 프라이버시를 침해하거나 지나치게 감시할 때 사용하는 비판적 표현이다.

건국 문서를 작성할 당시, 미국의 건국자들은 자신들에게 주어진 가장 중요한 과업이 정부 권력을 제한하고 개인의 권리와 자유를 보호하는 일이라는 점을 잘 알고 있었다. 그들이 정부의 억압이나 통제로부터 반드시 보호해야 한다고 여겼던 개인의 권리들은, 미국 독립선언서에서 '양도할 수 없는 권리(unalienable rights)'라 불렸다.

우리는 다음의 진리를 자명한 것으로 여긴다. 모든 인간은 평등하게 창조되었으며, 창조주로부터 생명과 자유, 그리고 행복을 추구할 권리라는 양도할 수 없는 권리를 부여받았다.

헌법의 아버지로 불리는 제임스 매디슨(James Madison)은 이러한 '자연권'을 '인류의 위대한 권리'라 표현했다. 이는 인간이라면 누구나 본질적으로 가지고 있는 권리이며, 신이 우리에게 부여한 것이기에 어떤 사람도, 어떤 제도도, 어떤 정부 기관도 이 권리를 빼앗을 수 없다. 많은 사람이 오해하고 있는 것과는 달리, 권리장전은 우리에게 특정한 권리와 자유를 부여하기 위해 작성된 것이 아니라, 정부 권력을 남용하여 그 권리를 침해하거나 약화하려 할 경우로부터 우리의 '양도할 수 없는 권리'를 보호하기 위해 작성된 것이다.

슬프게도, 오늘날 우리 조국의 건국자들이 가장 경계했던 그 일이 민주당 엘리트의 손에 의해 우리의 눈앞에서 벌어지고 있다. 그들은 신을 존중하지 않으며, 양도할 수 없는 권리의 본질도, 헌법도, 권리장전도, 그리고 우리 '국민'도 존중하지 않는다. 그렇기 때문에 그들은 권력에 대한 끝없는 탐욕 속에서 우리의 자유와 시민권을 훼손하는 데 아무런 거리낌이 없다. 나는 더 이상 인간의 본질적 자유를 믿지도 않고 보호할 의지도 없는 정당에 속하며 스스로를 민주당원이라고 부를 수 없었다.

## 자유 대 안보

진주만 공습 기념일의 이른 아침, 나는 참혹한 날 희생된 이들을 추모하기 위해 USS 애리조나 기념관을 오가는 작은 배에 올랐다. 아침 공기는 상쾌했고, 하늘은 구름 한 점 없이 맑았으며, 부두에는 거대한 군함들이 정박해 있었다. 해안의 여러 해군 사령부에는 성조기가 힘차게 펄럭였고, 갑판 위에서 부지런히 아침 임무를 수행하는 해군 병사들의 모습도 보였다. 산들바람은 시원하게 불어왔고, 바닷물은 깊고도 찬란한 파란 빛을 띠고 있었다. 나는 1941

년 12월 7일 일요일, 평화롭고 조용한 아침에 깨어나는 가정의 모습을 떠올렸다. 그리고 오전 7시 48분, 일본의 전투기들이 하늘을 가르며 진주만을 기습 공격하고, 폭탄이 굉음을 내며 떨어져 치명적인 폭발을 일으키던 그 순간을 마음속으로 그려보았다. 90분 만에 일본군은 미국 전함 19척과 항공기 300대를 파괴했고, 미군 2,403명이 목숨을 잃었다. 그중 거의 절반에 해당하는 이들이 USS 애리조나에서 희생됐다. 이 전함은 수백만 파운드에 달하는 탄약이 직격으로 폭발하면서 단 9분 만에 바닷속으로 가라앉았다.

다음 날 오후 12시 30분, 프랭클린 D. 루스벨트 대통령은 상하원 합동 회의에 출석해 선전포고를 요청했다. 이 6분짜리 연설은 전국에 라디오로 생중계되었다. 루스벨트는 "어제, 1941년 12월 7일은 불명예의 날로 남을 것입니다. 미국은 일본 제국의 해군과 공군에 의해 갑작스럽고 계획적으로 공격당했습니다"라고 말했다.

이어서 그는 의회에 "1941년 12월 7일에 일본이 자행한 정당성 없는 비열한 공격 이후, 미국과 일본 제국이 전쟁 상태에 돌입했음을 의회가 선언해주길 요청합니다"[1]라고 간청했다.

미국은 전쟁에 돌입했다. 미국은 더 이상 예전과 같을 수 없게 되었다.

하와이는 오래전부터 일본과 기타 여러 나라의 이민자들이 찾아온 땅이었다. 대부분의 이민자는 끝없이 펼쳐진 사탕수수와 파인애플 농장의 일자리를 찾아왔다. 1860년부터 1940년까지 미국 본토와 하와이로 이주한 일본인은 거의 30만 명에 달했다. 대부분 농장에서 다년 계약 노동을 위해 왔으며, 계약이 끝나면 고국으로 돌아갈 계획이었다. 그러나 일부는 이 땅에 정착해 가족을 이루고, 작은 가게와 사업체를 운영하며 자신들이 갖지 못했던 기회를 자녀들에게 물려주고자 했다.

그러나 진주만 공격이 일어난 지 불과 넉 달도 안 되어 그들의 삶은 급변했다. 미국 정부는 시민권 여부를 막론하고 일본 혈통을 가진 모든 사람을 의심의 눈초리로 바라보기 시작했다. 당연히 그러한 의심은 정부 차원을 넘어 사회 전반으로 확산되었고, 일본계 미국인과 일본에서 온 이민자는 차별과 인종차별적 공격에 시달려야 했다. 변화는 순식간에, 마치 하룻밤 사이에 일어난 듯했다. 어제까지 친구였던 이웃, 같은 반 친구, 직장 동료들이 그들을 혐오의 눈빛으로 바라보고, 인종차별적인 욕설을 퍼붓고, 도움이 필요할 때 문을 닫아버렸다. '더러운 쪽발이(dirty Japs)'의 동조자로 보이고 싶지 않았기 때문이었다.

1942년 2월 19일, 루스벨트 대통령은 행정명령 9066호를 발령해 미군이 국가 안보에 위협이 된다고 판단하는 이들을 구금할 '이주 센터'를 설치할 수 있도록 허용했다.[2] 명령문에는 '일본인'이라는 표현이 명시되어 있지 않았지만, 그 의도는 명확했다. 이 수용소는 사실상 일본인을 위한 것이었다. 징집 대상이 된 일본계 미국인 남성들은 모두 '적국 외국인'으로 분류되었다.

그 뒤 6개월 동안, 전국에서 12만 2,000명 이상의 남녀노소가 아무런 통보도 없이 집, 학교, 일터에서 강제로 끌려 나와 수용소에 억류되었다. 이 중 거의 7만 명은 미국 시민이었다. 그들은 단 하룻밤 사이에 모든 것을 잃었다. 집, 사업, 저축, 재산뿐 아니라 가장 소중한 자유까지 빼앗겼다. 그들은 범죄 혐의로 기소된 적도 없었고 증거도 제시되지 않았으며 재판도 열리지 않았고 자신들의 불법적 구금에 항의할 방법도 없었다.

전쟁이 끝날 무렵, 미국에 거주하던 일본계 미국인이나 일본 국적자 중 간첩이나 사보타주 혐의로 유죄판결을 받은 사람은 단 한 명도 없었다. 그럼에도 불구하고 약 3만 3,000명의 일본계 미국인이 2차 세계대전 중이나 직후에 미군에 자원입대했으며, 이 중 약 800명이 전사했다. 육군은 일본계 병사만으로 구성된 442 보병연대와 100대대를 창설했고, 1만여 명이 이 부대에 입대했다. 하와이와 미국 본토의 수용소에서 자원한 일본어를 구사하는 병력 4,000명은 군 정보국에서 복무하며, 부모의 모국인 일본과의 전쟁에 투입되었다.

일본계 미국인 병사들로만 구성된 442 보병연대의 모토는 '고 포 브로크(Go for Broke)'였는데, 이는 모든 것을 걸고 싸운다는 의미의 하와이식 속어였다. 442 연대의 노래는 이렇게 시작된다.

> 442 보병연대, 우리는 하와이에서 온 소년들이라네.
> 우리는 당신과 성조기를 위해 싸우고 있다네.[3]

이들은 전쟁에 자원했고, 가장 치열한 전투 지역에 배치되어 목숨을 걸고 싸웠다. 442 연대가 지키려 했던 나라는 아이러니하게도 그들을 '적국의 외국인'으로 간주하고 단 한 번의 펜 놀림으로 그들이 사랑하는 이들의 자유와 권리를 무참하게 박탈했던 바로 그 나라였다. 이들은 2차 세계대전에서 가장 격렬한 전투를 견뎌냈고, 오늘날까지도 미군 역사상 가장 많은 훈장을 받은 부대로 기록되어 있다.[4]

1988년에 이르러서야 로널드 레이건 대통령은 '시민자유법(Civil Liberties Act of 1988)'*에 서명했고, 미국 정부는 수용소 억류의 부당함을 공식적으로 인정하며, 수만 명의 미국 시민에게 자행된 불법적 억류에 대해 사과했다.

제임스 매디슨은 "공공의 자유에 대한 모든 악 중에서 전쟁이 가장 두려운 악일 수밖에 없다. 전쟁은 다른 모든 악을 포괄하고 촉진하기 때문이다"라는 예언적인 경고를 남긴 바 있다.

역사를 돌아보면 고대에서부터 최근에 이르기까지, 정부가 안보를 명분으로 얼마나 기꺼이, 그리고 얼마나 쉽게 우리의 자유를 빼앗아왔는지 보여주는 사례는 무수히 많다. 정부는 전쟁이나 분쟁, 위기를 자의적으로 만들어내거나 악용하며 국민에 대한 통제력을 확대한다. 또한 '우리를 보호하기 위한 것'이라며, 자유와 사생활에 대한 극심한 침해를 감수하라고 터무니없는 요구를 한다. 정부의 논리는 간단하다. '당신들을 위한 것이니 받아들여야 한다.' 만약 우리가 정부의 권력 남용을 거부한다면 정부는 법 집행력과 국가 안보 기관의 힘, 즉 총을 든 권력을 동원해 우리를 짓누르는 데 주저하지 않는다. 이런 섬뜩한 현실을 적나라하게 보여주

---

\* 2차 세계대전 당시 일본계 미국인 강제 수용에 대한 공식 사과와 함께 생존자들에게 배상금을 지급하도록 한 법이다.

2장 희미해지는 자유의 빛

는 장면이 있다.

2차 세계대전 중 수용소에 억류되었던 한 일본계 미국인이 이렇게 물었다. "만약 우리가 보호받기 위해 수용소에 갇혔다면, 왜 초소의 총구가 바깥이 아니라 안쪽을 향하고 있었던가?"[5]

2001년 가을, 알카에다 이슬람 테러리스트들이 미국 본토에 사상 최악의 테러 공격을 감행한 지 불과 여섯 주 만에, 미 의회는 강력한 초당적 지지를 받으며 '미국 애국법(USA Patriot Act)'을 통과시켰다. 실질적인 논의도 없이 통과된 이 법은 미국의 감시법을 전면 개정해 미국 시민을 일상적으로 감시할 수 있는 권한을 대폭 확대했고, 동시에 그러한 권력을 견제할 수단들을 무력화했다.

수정헌법 제4조는 정부의 '부당한 압수와 수색'으로부터 명시적으로 미국 국민을 보호하고 있다.

> 국민이 자신의 신체와 거주지, 문서 및 소유물에 대한 부당한 압수와 수색으로부터 안전할 권리는 침해되어서는 안 되며, 영장은 상당한 이유가 있을 때에만 발부될 수 있고, 선서나 진술로 뒷받침되어야 하며, 수색할 장소 및 체포할 사람이나 물건을 구체적으로 명시해야 한다.

그러나 1978년에 시민의 자유를 보호하기 위해 설립된 '대외정보감시법(FISA) 법원'\*은 '미국 애국법' 통과 이후 권한이 극도로 확

---

\* FISA 법원(Foreign Intelligence Surveillance Act Court)은 1978년 미국의 대외

대되었고, 시민의 자유를 보호하는 장치들은 크게 약화되었다. 그렇게 강화된 권한은 일방적이고 비밀리에 진행되는 법정을 통해, 수정헌법 제4조의 권리를 침해하는 데 수없이 많은 경우에 사용되었다. 실상은 이렇다. FISA 법원에는 순환 근무를 하는 판사들이 배정되는데, 이들은 정부 측 변호인을 비공개로 만나 감시 승인 요청을 심사한다. 감시 승인 요청 대상이 외국 단체일 수도 있지만, 때로는 미국 시민일 수도 있다. 이 과정에서 정부는 '상당한 이유(probable cause)'\*를 입증할 필요가 없으며, 이 법원에서는 피고 측 변호인도, 인권 옹호자도 없다. 결과적으로 이 FISA 법원은 정부의 감시 요청을 거의 항상 승인하는 '고무도장(rubber stamp)'\*\*이 되어 버렸다. 실제로 지난 33년 동안 이 법원이 승인한 감시 요청은 3만 4,000건이었지만 거절은 단 11건에 불과했다.[6]

'미국 애국법'은 영장 없이 단순히 소환장만으로도 신용카드 번호와 은행 계좌 정보를 압수할 수 있도록 허용했고, 모든 전자 통신 플랫폼에서 정부의 감시 권한을 대폭 확대했으며, 도청 범위를 늘렸고, 심지어 몰래 집을 수색하고 떠나는 몰래 살펴보기(sneak and peak) 수색도 가능케 했다.

---

정보감시법에 따라 설치된 비밀 법원으로, 대외정보 수집을 위한 감청·수색·감시 영장을 승인하는 역할을 했다.
\*   단순한 의심(suspicion)보다는 강하고, 확실한 증거(certainty)보다는 약한 수준의 증명 요구 기준이다.
\*\*  실질적인 심사나 검토 없이 형식적으로 승인만 해주는 기구나 사람을 뜻하는 표현이다.

부시 행정부와 초당적 의회 지도자들은 이 법을 국민에게 '9·11 테러 재발 방지' 및 '테러리스트 소탕'이라는 쉽게 공감할 수 있는 명분으로 포장해 설명했다. 그러나 현실은 달랐다. 이 법으로 인해 확보된 대부분의 권한은 9·11 이전부터 국가 안보 기관들이 수년간 추진해왔던 것들이었다. 그들은 이러한 권한 확대를 여러 차례 시도했으나, 의회는 헌법 위반의 소지가 크다는 이유로 계속 거부해왔다. 그러나 그들은 국가적 위기 상황과 국민의 충격과 슬픔을 틈타 이 조항들을 실질적인 토론이나 검토도 없이 졸속으로 의회를 통과시켰다.

당시 나는 의회에 있지 않았지만, 그 시기에 의정 활동을 했던 론 폴(Ron Paul), 데니스 쿠시니치(Dennis Kucinich) 등과 대화를 나눈 적이 있다. 그들은 이 방대한 법안들을 충분히 검토하고 헌법에 부합하는지를 판단할 시간과 여유도 주지 않은 채, 졸속으로 입법을 밀어붙였다는 사실에 분노했다고 말했다. 부시 행정부가 의회에 가한 압력은 실질적이었고 노골적이었다. 그들은 9·11 테러 직후 국민이 느낀 극심한 공포와 불안, 그리고 그 비극적인 날에 가해진 참혹한 고통과 분노, 또 일주일 뒤 이어진 추가 공격에 대한 공포심을 교묘하게 이용했다. 국민 대다수가 느낀 '응징해야 한다'는 열망을 정치적 도구로 이용한 것이다. 부시 행정부는 반대표를 던지려는 의원들에게 공개적으로 무자비한 압박을 가했다. '만약 다음 테러가 발생하면 그 책임은 반대표를 던진 의원에게 있다'는 식으로 '그들의 손에 피가 묻을 것'이라는 협박성 발언을 서슴지 않았다.

결국, 그들의 전략은 대부분 성공했다. 상원에서 단 한 명의 의원만이 반대표를 던졌는데, 민주당의 러스 파인골드(Russ Feingold)였다. 하원에서는 66명이 반대했으며, 그중 63명은 민주당, 3명은 공화당이었다. 그중 한 명이 바로 론 폴이었다.

정말이지, 많은 것이 변했다.

미국 애국법이 처음 통과된 지 벌써 20년이 넘었다. 이후 몇 년마다 이 법의 조항들이 재승인 표결에 부쳐질 때마다, 정직한 평가나 진지한 토론 없이 거의 자동으로 승인되는 것이 관행이 되었다. 의회에서 일반 시민의 기본권을 명백히 침해하는 조치들에 문제를 제기하거나 반대한 우리 같은 사람들은, 9·11 이후 부시 행정부가 미국 애국법을 졸속으로 통과시키기 위해 사용했던 것과 똑같은 협박을 받으며 악마화되었다. 의회에서 일한 8년 동안, 나는 양당의 동료들과 함께 미국 애국법을 개혁하고, 그중 가장 위헌적인 조항들을 폐지하기 위한 입법 활동을 이어갔다. 그러나 안타깝게도 시민의 자유를 지키는 동시에 국가 안보를 보장하자는 입장을 용기 있게 지지한 의원은 많지 않았다. 우리는 헌법을 지키는 동시에 국민의 안전을 보장하는 것이 우리의 책임이라고 주장했지만, 그런 말을 했다는 이유로 배신자 취급을 받았고, 동료들과 선전 언론의 거친 비난과 왜곡된 공격을 견뎌야 했다. 그들은 하원 본회의장에서 우리에게 고함을 지르며, 감시 조치를 자동 승인하지 않으면 또 다른 9·11과 같은 테러를 초래할 것이라는 협박조의 연설을 서슴지 않았다.

이 일에서 모든 미국인이 반드시 배워야 할 교훈이 있다. 일단 권력에 굶주린 정치인과 관료에게 자유를 넘겨주면, 그것을 되찾기는 매우 어렵다는 사실이다.

의회에 처음 입성했을 때 나는 국회의사당에서 몇 블록 떨어진 작은 스튜디오 아파트를 빌려 살았다. 그곳은 원래 1900년에 지어진 독신 여성 직원 사택의 마구간이었다. 사무실과도 가까웠고 늦은 시간에 갑자기 소집되는 국회의사당 표결에 신속히 대응할 수 있어서 매우 편리했다. 보통 내 하루는 새벽 5시에 시작됐다. 기도와 명상으로 하루를 열고, 체육관에서 운동하거나 내셔널 몰을 달리곤 했다. 그런데 어느 날 아침, 현관문을 나서기 전 휴대전화로 뉴스를 훑어보다가 나는 깜짝 놀라고 말았다. "NSA,* 버라이즌(Verizon) 이용자 수백만 명의 통화 기록 매일 수집."[7] 아직 잠에서 완전히 깨어 있지 않았다면, 그 순간 단숨에 정신이 번쩍 들었을 것이다. 나는 기사를 읽기 시작했고, 읽을수록 분노가 치밀어 올랐다. 나는 버라이즌 고객이었다. 그런데 이는 버라이즌만의 문제가 아니었다. NSA는 사실상 모든 주요 이동통신사를 상대로 이런 짓을 벌이고 있었다. '이게 어떻게 합법일 수 있지?' 나는 분노를 억누를 수 없었다. 이러한 행위는 사실상 합법도 아니었다. 더 실망스러운 것은 이 모든 일이 오바마 행정부하에서 벌어졌다는 사실이었다.

2008년 오바마 대통령 후보를 지지했던 많은 사람은 그가 상원

---

\* 국가안보국(National Security Agency). 신호정보 수집 및 분석과 암호화, 암호 해독 및 정보 보안 관리 등을 담당한다.

의원 시절 미국 애국법을 강력히 비판했던 인물이라는 점에 희망을 걸었었다. 그는 일반 시민을 영장 없이 감시할 수 있도록 허용하는 이 법의 문제점을 지적하며, 국가 안보와 개인의 자유 사이에서 양자택일을 강요받아서는 안 된다고 주장했었다. 우리는 그가 대통령이 되면 미국 애국법의 무분별한 재승인을 멈추고, 시민 자유를 보호하기 위한 실질적인 개혁을 이끌 것이라 기대했다. 그러나 불행히도 오바마는 아무것도 하지 않았다.

NSA가 전체 미국 국민을 상대로 무차별 감시를 벌였다는 사실이 에드워드 스노든(Edward Snowden)에 의해 폭로되었을 때, 오바마 대통령은 이 불법 프로그램을 중단하기는커녕 먼저 옹호하고 나섰다. 몇 달 후, 지지자와 의회 내 시민 자유 옹호자의 거센 압박을 받자, 그는 NSA에 대한 제한을 강화하겠다고 연설하긴 했지만, 내용은 모호했고 실제로는 프라이버시 보호에 아무런 효과도 없었다. 오바마의 시민 자유 수호 약속이 허무하게 깨지는 모습을 보며, 그가 약속을 지킬 것이라고 믿어온 우리는 깊은 실망을 느꼈다. 그러나 그 책임이 오바마 대통령에게만 있는 것은 아니었다.

공화당과 민주당의 '매파' 의원 대부분은 NSA를 옹호하며 정부 편에 섰다. 그들은 테러 위협을 내세우며, 프로그램 비판자들에게 상황을 이해하지 못한다고 비난했다. 그들은 애국법 215조의 애매모호한 조항을 활용해 '국가 안보와 관련된다'는 모호한 기준만으로 정부가 비밀 법정에서 그 누구도 보거나 접근할 수 없는 전자기록을 마음대로 사용할 수 있도록 허용했다. 그런데 '국가 안보 이익'에 대한 판단을 정부가 마음대로 결정하도록 두는 것은 민주 사회에서는 결코 용납될 수 없는 심각하고 위험한 기준이다.

스노든의 폭로 몇 달 전, 국가정보국장 제임스 클래퍼는 상원 공청회에서 선서한 뒤, "오바마 행정부는 수백만, 혹은 수천만 명의 미국인을 대상으로 어떤 형태로든 자료를 수집하고 있습니까?"라는 질문을 받았다.

그는 즉각 이렇게 답했다. "아니오, 그렇지 않습니다… 고의로 정부가 그런 일은 없습니다."[8]

클래퍼는 거짓말을 했다. 그는 NSA가 수개월째 국내 네트워크를 통해 모든 통신사로부터 수억 건의 통화 및 문자 기록을 수집하고 있다는 사실을 잘 알고 있었다. 수년 후, NSA의 대규모 불법 감시가 폭로되었을 때 클래퍼는 다시 한번 거짓 해명을 내놓았다. "질문을 제대로 이해하지 못해서 착각했다"는 것이었다. 그는 처음 거짓말을 덮기 위해 또 다른 거짓말을 한 것이다. 나는 클래퍼가 자신의 거짓말을 얼마나 가볍게 넘겼는지, 그리고 그가 어떤 대가도 치르지 않았다는 사실에 충격을 받았다.

연방법(미국법전 제18편 1001조)에 따르면, 의회에서 사실을 은폐하거나 고의로 허위 진술을 한 사람은 최대 5년 형에 처해질 수 있다. 제임스 클래퍼는 단순하고 명확하며 구체적인 질문을 받았다. 그는 NSA가 불법적으로 미국 시민을 감시하고 있다는 사실을 분명히 알았지만, 그 사실이 세상에 드러나는 것을 원하지 않았기에 거짓말을 했다. 클래퍼는 워싱턴 기득권 집단의 '전쟁광 카르텔(cabal of warmongers)'의 상징적 존재이자 평생 일원으로서 자신이 그러한 거짓말을 하고도 처벌받지 않으리라는 사실을 아마도 알고 있었던 것 같다. 그리고 실제로 그는 그 어떤 처벌도 받지 않았고, 기소되지 않았으며, 책임지는 일도 없었다. 현재 그는 CNN에서 국가 안보 분석가로 활동 중이다.

한편 도널드 트럼프 전 대통령의 오랜 개인 변호사였던 마이클 코언(Michael Cohen)은 트럼프 그룹의 '모스크바 트럼프 타워 건설 계획'*의 일정에 대해 의회에서 거짓 증언한 혐의 등 여러 연방 범죄 혐의로 기소되어 유죄판결을 받았다. 그는 징역 3년 형을 선고받고 복역했다.

## 국가안보체제

역사적으로 민주당은 '국가안보체제(the national security state)'**에 대해 회의적인 시각을 가져왔다. 이는 충분히 타당한 입장이었다. 다수의 안보 기관은 창설된 이래 줄곧 권력을 남용하면서도 아무런 제재도 받지 않은 채 행동해온 오랜 역사를 가지고 있다.

---

\* 도널드 트럼프와 그의 사업체가 러시아 모스크바에 초고층 트럼프 타워를 건설하려고 했던 부동산 개발 계획이다. 이 프로젝트는 트럼프가 2016년 미국 대선에 출마해 공화당 후보로 활동하던 기간 중에도 진행되고 있었다는 사실이 드러나면서, 트럼프와 러시아 간 이해충돌 및 선거 개입 의혹의 핵심 쟁점으로 떠올랐다.

\*\* 국가 안보를 명분으로 행정권, 정보기관, 군대가 막강한 권한을 장악하고, 민주적 통제나 시민의 자유를 제한하는 구조적 정치 체제를 의미한다.

FBI 국장이었던 J. 에드거 후버(J. Edgar Hoover)는 수많은 불법 작전을 실행했다. 그중에는 '블랙백 작업(black bag jobs)'이라 불리는 작전도 포함되었는데, 이는 미국 시민의 집에 불법 침입하여 도청 장치를 설치하고 정보를 수집하는 비밀 작전이었다. 그는 자신이 섬기는 대통령이나 개인적으로 싫어하는 사람들에 대한 정보를 수집했다. 후버는 존슨 대통령과 가까운 사이였기에 정치적 경쟁자들의 약점을 캐서 그를 '돕는' 방식을 찾았다. 바비 케네디(Bobby Kennedy) 법무장관으로 인해 존 F. 케네디 대통령과의 접촉이 제한되자, 후버는 케네디 대통령의 혼외정사에 대한 정보를 수집해 영향력을 행사했다. 후버는 자신이 권력을 남용해도 이를 제재할 사람은 아무도 없다는 사실을 잘 알고 있었기에 마음껏 권력을 휘둘렀다. 실제로 그를 제지할 사람은 아무도 없었다. 그는 FBI를 이용해 마틴 루서 킹 주니어를 괴롭히고 감시하며 위협했다. FBI는 킹 목사를 모든 수단을 동원해서라도 반드시 저지해야 할 급진주의자로 간주했다.

CIA는 원래 전 세계의 정보를 수집하고 분석해 대통령에게 보고하는 기구로 창설되었다. 하지만 이후 CIA 수장들과 이들을 지휘하는 정치인들은 본래의 임무를 훨씬 넘어서는 활동을 시작했다. 그들은 준군사 작전을 수행하고 외국에서 쿠데타를 조종했다. 대표적인 예로는 다음과 같다.

참혹한 실패로 끝난 '피그만 침공(Bay of Pigs Invasion)'*은 CIA

---

\* 1961년 4월, CIA가 지원한 쿠바 망명자들이 피델 카스트로 정권을 전복하려

가 카스트로에 맞서 싸우도록 파견한 쿠바 망명자 100여 명 이상이 사망하는 결과를 초래했다. 또 1953년에 이란의 모하마드 모사데크(Mohammad Mosaddeq) 총리를 전복시킨 쿠데타는, 궁극적으로 1979년 이슬람 혁명과 신정체제 이란 이슬람 공화국의 탄생으로 이어졌고, 오늘날 우리가 직면하고 있는 위험한 핵 대치 상황의 토대를 마련했다. 2003년에는 조지 W. 부시와 딕 체니가 체제 전복 작전을 정당화하기 위해, 이라크가 대량살상무기(WMD)를 보유하고 있다는 조작된 서사를 만들어냈다. 최근에는 2022년 2월 러시아가 우크라이나를 침공했을 당시, 미국 정보기관들은 우크라이나의 수도인 키이우가 일주일 이내에 함락될 것이라는 잘못된 '정보' 보고를 내놓았다. 2024년 2월에도 전쟁은 계속되고 있으며 키이우는 여전히 건재하다.

　미국의 건국자들은 행정부가 권력을 남용하지 않도록 견제하기 위해, 입법부인 의회에 감독 권한을 부여했다. 연방 기관들이 국민의 세금으로 운영되는 만큼, 의회는 이들 기관이 법과 헌법의 범위 안에서 행동하는지를 철저히 감시하고 점검해야 한다.

　한때 민주당은 이러한 책임을 진지하게 수행하던 시절이 있었다. 1970년대 중반, 프랭크 처치(Frank Church) 상원의원이 이끈 유명한 '처치 위원회(Church Committee)'는 연방정부 기관들이 불법적이고 부적절하거나 비윤리적인 활동을 벌였는지 조사하기 위해

---

고 쿠바 남부 피그만 해변에 침투했다가 실패한 군사작전. 쿠바군의 반격과 주민들의 무관심, 미국의 공중 지원 철회 등으로 3일 만에 완전히 실패했다.

조직되었다.⁹ 위원회는 FBI, CIA, NSA의 권력 남용을 전방위적으로 조사했고, 이 과정에서 수많은 비밀 작전과 불법 활동이 폭로되었다. 그 결과, 미국 정보기관에 대한 감독 체계와 운영 방식에 근본적인 변화가 일어났다. 사람들은 위원회의 폭로를 계기로 미국 역사에 전환점이 마련되기를 기대했다. 그리고 국가안보체제가 더 이상 권력을 남용하거나 시민의 자유를 침해하지 않고, 본래의 임무로 돌아가 미국 국민의 안전과 자유를 수호하기를 바랐다.

그러나 그런 일은 일어나지 않았다. 대신 이 기관들은 여전히 '닭장을 지키는 여우'처럼 행동하고 있으며, 심지어 선출된 공직자들조차도 이들에게 찍혀 보복당할까 두려워 맞서기를 꺼리고 있다.

2017년 트럼프 대통령은 러시아와의 공모 의혹을 이유로 자신을 수사하던 FBI의 신뢰성을 공개적으로 의심했다. 그는 공모가 거짓이라는 사실을 FBI가 이미 알고 있으면서도 의혹을 근거로 자신을 조사하고 있다고 주장했다. 이에 대해 척 슈머(Chuck Schumer) 상원의원은 한 인터뷰에서 트럼프 대통령의 정보기관 비판을 "정말 어리석은 짓"이라고 일축했다.

"한마디 하자면" 슈머는 말했다. "트럼프가 정보기관과 맞서면 그들은 일주일 중 일요일을 제외한 6일 동안 그에게 보복할 수 있다. 그러니까 실용적이고 현실적인 사업가라는 사람이 그들과 맞서는 건 정말 어리석은 짓이다." 이어서 슈머는 "정보기관 고위 관계자들은 트럼프가 자신들을 대하고 언급한 방식에 대해 매우 분노하고 있다"고 말했다.¹⁰

나는 충격을 받았다. 국가안보체제의 힘을 결코 순진하게 보지는 않았지만, 미국에서 가장 고위급이고 강력한 민주당 인사 중 한 명이 우리가 마땅히 지켜야 할 자유롭고 민주적인 공화국이 더는 그렇지 않다는 사실을 아무렇지 않게 받아들이는 모습을 보았기 때문이다. 그는 사실상 우리의 민주주의가 가짜이며, 국가안보체제를 감독할 중대한 책무를 지닌 선출직 지도자들조차 그 권력 앞에 겁을 먹고 있다는 사실을 고백한 것이었다. 그날 척 슈머 상원의원은 전 국민에게 소름 끼치는 메시지를 전했다. 정보기관과 국가안보체제는 절대적으로 강력하며, 그 누구에게도 책임지지 않는 절대 권력을 가지고 있기 때문에, 심지어 미국 대통령조차도 감히 그들을 비판해서는 안 된다는 것이다.

국가안보체제와 전쟁광 친구들은 정치적 반대자에 보복하는 수많은 방법을 갖고 있다. 그들이 정치적 목적으로 자주 사용하는 도구 중 하나가 바로 '스파이 방지법(Espionage Act)'이다. 이 법은 주로 정치적 반대자를 겨냥해 사용되었으며, 베트남 전쟁 당시 '펜타곤 문서(Pentagon Papers)'\*를 공개한 대니얼 엘즈버그(Daniel Ellsberg)부터 가장 최근에는 도널드 트럼프 전 대통령에 이르기까

---

\* 미국 국방부가 비밀리에 작성한 베트남 전쟁 관련 기밀 보고서로, 공식 명칭은 〈미합중국-베트남 관계에 대한 역사적 연구, 1945~1967〉이다. 1971년, 전직 국방부 분석가 대니얼 엘즈버그가 《뉴욕타임스》와 《워싱턴포스트》 등에 이 문서를 유출했다. 이 문서는 정부의 투명성과 표현의 자유에 관한 역사적 논쟁을 촉발했고, 닉슨 행정부는 언론에 보도 금지 가처분을 신청했으나, 미국 대법원은 '표현의 자유가 우선'이라는 판결을 내렸다. 이후 워터게이트 사건 등과 함께 정부 불신의 상징이 되었고, 미국 내 반전 여론을 더욱 자극하는 계기가 되었다.

지가 그 대상이 되어왔다.

2020년 내가 대선 캠페인을 할 때, 어느 날 예고도 없이 연락을 받았다. 미국 역사상 가장 유명한 내부 고발자 중 한 명인 대니얼 엘즈버그가 내가 샌프란시스코를 방문할 때 만나고 싶어 한다는 내용이었다. 그는 수십 년 동안 핵전쟁의 파국적 결과를 경고하며, 평화와 언론의 자유를 지켜온 오랜 옹호자였기에 그를 만나는 것이 무척 기대되었다. 미국의 가장 강력한 권력자들을 책임지게 하려고 자신의 생명과 자유를 기꺼이 걸었던 그의 용기는 나에게 깊은 감명을 주었다.

그는 고령과 건강 문제로 더 이상 먼 여행을 할 수 없었기에, 우리는 그의 집에서 만나기로 했다. 그 집은 조용한 숲속 오솔길 끝에 자리한 소박한 주택이었다. 그의 아내가 따뜻한 포옹으로 나를 맞이했고, 나를 서재에 앉아 있는 대니얼에게 안내해주었다. 그의 눈은 반짝였고, 목소리에는 반가움이 가득 담겨 있었다. 그는 오랜 친구를 대하듯 나를 꼭 껴안았다. 나 역시 같은 느낌이었다. 우리는 평화와 표현의 자유라는 횃불을 들고, 상징적인 참호 속에서 각자의 방식으로 싸워온 동지였으며, 그 싸움 때문에 정부의 보복을 직접 경험한 사람들이었다.

나는 엘즈버그가 '펜타곤 문서'를 공개한 사건을 다룬 영화 〈더 포스트〉를 본 적이 있었고, 그의 경험이 담긴 많은 글을 읽었다. 그는 1966년 베트남에 파병되었다가 그 전쟁이 얼마나 절망적인지를 깨달았다. 로버트 맥나마라(Robert McNamara) 국방장관 역시 비공식적으로는 같은 생각을 가지고 있었지만, 대중 앞에서는 계속해서 전쟁을 정당화했다. 이 위선과 국민을 향한 노골적인 거짓말에 분노한 엘즈버그는 당시 자신이 몸담고 있던 RAND 연구소에서 극비로 보관하던 문서를 공개하며, 정부가 베트남 전쟁의 참혹한 진실을 숨기고 있다는 사실을 폭로했다.

리처드 닉슨 대통령은 격노했다. 백악관 녹음테이프에 따르면 H. R. 할드먼*(H. R. Haldeman)은 엘즈버그의 폭로가 가져올 결과를 이렇게 설명했다.

> 일반인에게는 이 모든 것이 말도 안 되는 횡설수설처럼 들리겠지만, 그 안에는 아주 분명한 메시지가 담겨 있다. 즉 정부를 믿을 수 없고, 그들이 하는 말을 신뢰할 수 없으며, 그들의 판단도 믿을 수 없다는 것이다. 그리고 오랫동안 당연하게 여겨져 온 대통령의 암묵적인 무오류성도 심각하게 훼손되었다. 사람들은 대통령이 틀린 줄 알면서도 그의 말을 따르곤 했는데 이제 대통령도 틀릴 수 있다는 사실을 모두가 깨닫게 된 것이다.[11]

닉슨은 참모들에게 엘즈버그를 감시하라고 지시했고, 이에 따라 '화이트하우스 배관공(White House Plumbers)'**이라는 팀이 결성되었다. 이들은 나중에 워터게이트 도청 사건을 실행한 바로 그 팀이

---

\* 닉슨 대통령의 백악관 비서실장으로 워터게이트 사건의 주요 인물이었다.
\*\* 1971년 리처드 닉슨 대통령의 참모진이 만든 비밀 조직으로, 공식 명칭은 없고 내부적으로 'Plumbers(배관공)'라고 했다. 이 조직의 목적은 정보 유출을 막는 것이었는데, 'leak(누수)'라는 단어에 빗댄 명칭이다.

었다. 이들은 엘즈버그의 정신 상태에 의혹을 제기하는 스캔들을 조작하기 위해 그의 의료 기록을 훔치고, 법원 명령 없이 불법 도청을 감행하며 불리한 증거를 수집했다.

닉슨 대통령과 그의 참모들은 결코 물러서지 않았다. 대니얼 엘즈버그는 1917년 제정된 스파이 방지법 위반 혐의와 더불어 절도 및 음모 혐의로 기소되어, 최대 115년의 징역형에 처할 위기에 놓였다. 닉슨 행정부는 정부 권력에 도전하는 자가 어떤 대가를 치르게 되는지를 모든 이에게 보여주기 위해 가능한 한 모든 수단을 총동원했다.

엘즈버그는 보스턴의 연방 검사에게 자진 출두하며 다음과 같이 말했다.

> 나는 미국 시민으로서, 책임 있는 시민으로서, 더 이상 이 정보를 미국 국민에게 숨기는 데 협조할 수 없다고 느꼈다. 나는 분명히 스스로를 위험에 빠뜨리는 결정을 했고, 이 결정의 모든 결과에 책임질 준비가 되어 있다.[12]

그리고 그는 변론 준비에 돌입했다.

재판은 1973년 1월 3일에 시작되었다. 댄(엘즈버그)은 나에게 자신의 변론 핵심 논리가 이 문서들이 불법적으로 기밀로 분류되었다는 점에 있다고 설명했다. 즉 이 문서들은 적국으로부터 국가를 보호하기 위해 비밀로 지정된 것이 아니라, 미국 국민에게 진실을 숨기기 위해 기밀로 분류된 것이었다. 정부는 국민이 진실을 아는 것을 원치 않았고, 엘즈버그처럼 이 문서를 공개하는 사람을 범죄자로 몰아붙일 생각이었다.

문제는 엘즈버그가 이 주장을 법정에서 제대로 제시할 기회를 전혀 얻지 못했다는 데 있었다. 판사가 그를 침묵시킨 이유는 무엇일까? 스파이 방지법은 피고가 자신의 동기를 배심원에게 설명하는 것을 명시적으로 금지하고 있었기 때문이다. 엘즈버그는 자신이 왜 그 일을 했는지(투명성과 평화, 그리고 표현의 자유라는 공익을 위해 문서를 공개했다는 사실)를 판사와 배심원에게 말할 수 없었기에 스스로를 제대로 방어할 기회를 박탈당했다.

이러한 조항은 '무죄 추정의 원칙'과 '법정에서 스스로를 변호할 권리'라는 사법제도의 핵심을 정면으로 침해하는 것이었다. 결국 엘즈버그 사건은 정부의 불법 도청과 직권남용이 밝혀지면서 기각되었다. 하지만 그는 스파이 방지법의 위헌성을 반드시 문제 삼겠다는 강한 의지가 있었다. 90세가 되었을 때, 그는 자신이 수십 년간 보관해온 1급 비밀문서를 《뉴욕타임스》 기자에게 전달했다. 그는 과거에 하지 못했던 법정투쟁을 벌이기 위해 기꺼이 감옥에 갈 준비가 되어 있었다. 그는 이렇게 말했다.

대부분의 사람이 인식조차 못 하고 있는 문제는 바로 이것이다. 스파이 방지법이 외국에 비밀을 넘긴 스파이가 아니라, 미국 대중에 정보를 알린 사람에게 적용되는 것이 과연 헌법에 부합하는가 하는 점이다.[13]

정말 말도 안 되는 일이었다. 우리가 만났을 당시 연방 하원의원이었던 나는 댄에게 이 문제를 해결하기 위해 의회에 법안을 발의하겠다고 약속했다. 이것은 단순히 역사적 부정을 바로잡는 문제가 아니었다. 스파이 방지법을 근거로 한 기소와 재판은, 과거뿐만 아니라 지금 이 순간에도 정적을 겨냥하는 무기로 사용되고 있었다. 민주당과 공화당 모두 이 법을 사용해왔지만, 이를 가장 집요하게 활용한 인물은 단연 오바마 대통령이었다.

그는 재임 8년 동안, 이전 모든 대통령의 기록을 합친 것보다 더 많은 사람을 스파이 방지법 위반으로 기소했다. 하지만 그들은 스파이 행위를 하거나 국가 기밀을 적에게 넘긴 것이 아니라, 정부가 대중에 숨기고 싶어 하던 민감하고 때로는 불편한 진실을 공개한 사람들이었다. 그들 중 누구도 법정에서 왜 자신이 그런 일을 했는지 설명할 권리를 갖지 못했기에 온전한 방어를 펼칠 수도 없었다. 오바마 대통령은 자신에게 불리한 정보를 외부에 알린 사람들을 처벌하겠다는 집착에 사로잡혀, 언론과 보도기관의 기밀 자료와 기록을 전례 없이 압수했다. 그 압수 범위에는 기자들의 개인 전화 기록과 이메일까지 포함되어 있었다.

그 당시《뉴욕타임스》사설위원회는 이렇게 논평했다.

> 오바마 행정부는 정부 기밀을 보호하는 차원을 넘어, 보도의 자유라는 근본적 권리를 위협하는 단계로 나아갔다.[14]

《뉴욕타임스》조차 이 사태가 국가 안보라는 명분으로 자행된, 진실을 공개하고 정부에 책임을 묻는 정치적 반대자를 탄압하기 위한 것이었음을 인정한 셈이다.

바이든 대통령과 그의 행정부는 이런 기조를 그대로 이어받아 권력 남용의 역사를 지속하고 있다. 그들은 줄리언 어산지(Julian Assange)*를 미국으로 송환해 스파이 방지법 위반 혐의로 재판에 회부하려 하고 있는데, 이는 민주주의 국가라기보다는 바나나 공화국에 가까운 행보다. 나아가 바이든 행정부는 도널드 트럼프 전 대통령을 대상으로 스파이 방지법 위반 혐의 31건을 적용해, 혐의당 각각 최대 10년 형(총 310년 형에 이르는 중형)을 선고받을 수 있는 혐의로 기소했다.[15]

2020년 9월 30일, 나는 대니얼 엘즈버그와의 약속을 지켜 HR 8452호 법안, 즉 '용기 있는 내부 고발자 보호법(Protect Brave Whistleblowers Act of 2020)'을 발의했다. 이 법안은 내부 고발자에 대한 보호 범위를 확대하고, 특히 공익 목적에 기반한 변론을 포함해 미국인이 법정에서 스스로를 변론할 수 있도록 허용한다는 내용이었다. 하지만 워싱턴의 정치 엘리트는 이 문제를 해결할 의지도, 관심도 없었다. 그들은 이 법안을 청문회에 상정하거나 표결에 부치는 것을 거부했다. 민주당 엘리트는 스파이 방지법을 정치적 무기로 계속해서 활용하고자 했다. 도널드 트럼프 같은 반대자들을 겨냥해 그들이 법정에서 자신을 변호할 가장 기본적인 권리조

---

\*   언론인, 컴퓨터 해커. 2006년 위키리크스(WikiLeaks)를 설립하여 전 세계 정부와 기업의 기밀문서를 폭로했다.

차 빼앗으려 했다.

## 정부가 통제하는 화폐

바이든 행정부와 민주당 엘리트는 정부의 긴 팔을 일상의 모든 영역에 뻗칠 기회를 샅샅이 찾고 있다. 그중 가장 우려되는 것 중 하나는 '중앙은행디지털화폐(CBDC)'*를 통해 국민의 돈을 통제하려는 움직임이다.

2022년 9월 발표된 〈디지털 자산의 책임 있는 개발을 위한 사상 최초의 종합 프레임워크(First-Ever Comprehensive Framework for Responsible Development of Digital Assets)〉라는 제목의 '종합' 설명서를 살펴보면, 이 보고서는 '미국 CBDC—미국 달러의 디지털 형태'의 창설을 주장하면서 '상당한 이점을 제공할 가능성'이 있다고 밝히고 있다. 이 보고서는 정부가 통제하는 디지털 달러를 도입함으로써 얻을 수 있는 여러 '이점'을 나열하고 있다.

물론 표면적으로는 그럴듯하게 들린다. 하지만 그들이 말하지 않는 것이 국민을 걱정하게 한다. 우리는 이미 수없이 많은 유사한 미사여구를 들어왔다. CBDC가 국민을 위한 것이라고 아무리 그

---

\* Central Bank Digital Currency. 중앙은행이 직접 발행하는 디지털 형태의 화폐를 뜻한다. 개인 계좌를 중앙은행에서 직접 연결, 통제 관리할 수 있어, 거래 기록이 중앙에서 실시간으로 관리된다.

럴듯하게 포장하고, 이 시스템에 아무런 숨은 의도가 없다고 주장해도 우리는 진실을 알고 있다. 이 모든 것은 통제에 관한 것이다. 그들은 완전한 통제를 원한다. 우리 삶의 모든 측면을 감시하고 통제할 수 있는 권력을 원한다. 그들은 CBDC에도 기존의 개인정보보호법이 똑같이 적용될 것이라 말하지만, 현실은 다르다. 정부가 중앙에서 통제하는 디지털 화폐란, 곧 돈과 사생활에 대한 우리의 통제권을 포기하는 것을 의미한다.

궁극적으로 CBDC는 정부가 국민이 어떻게 돈을 쓰는지 통제할 수 있는 권한을 갖는 것을 뜻한다. 그들은 우리가 특정 물품을 구매하지 못하도록 막거나, 계좌를 동결시킬 수도 있다. 지갑 속 현금은 그렇게 할 수 없지만, CBDC를 통해서는 가능하다. 이런 상황을 상상해보자. 대통령이 국가비상사태를 선언하고, 필수 물품의 공급 부족과 공공 이익이라는 명분으로 우리가 살 수 있는 품목이나 수량을 제한하거나 특정 물품의 구매를 전면 금지하는 것이다. 정부는 이러한 조치를 대통령의 비상권 발동이라고 주장하며 정당화할 것이다. 대통령은 필요하다고 판단되면 모든 일을 할 수 있는 권한을 갖게 되며, 그중에는 국민의 돈을 통제하는 일도 포함된다. 이것은 단순한 가상이 아니라 실제로 일어날 수 있는 매우 개연성 높은 시나리오이며, 이미 미국의 이웃 나라에 전례가 있다.

2022년 2월, 캐나다 총리 쥐스탱 트뤼도(Justin Trudeau)는 COVID-19 백신 의무화 조치에 반대하며 시위를 벌인 트럭 운전사들을 단속하기 위해 '비상조치법(Emergencies Act)'을 발동하겠다고 발표했다. 부총리 크리스티아 프릴랜드(Chrystia Freeland)는 기자회견에서 "비상 명령하에서 은행들이 법원 명령이나 적법한 절차 없이도 시위에 참여한 트럭 운전자들의 개인 계좌를 동결할 수 있게 된다"고 밝혔다.[16] 이어 "트럭 운전자들의 자동차 보험도 정지시킬 수 있다"고 덧붙였다. 뿐만 아니라 캐나다 정부는 '테러자금지원방지법(Terrorist Financing)'을 확대하여 암호화폐 거래와 크라우드 펀딩 플랫폼까지도 동결할 수 있는 권한을 확보하려 했다. 트럭 운전자들에게 어떤 방식으로든 지원이 전달되는 것을 차단하려는 조치였다.

미국에서도 엘리자베스 워런(Elizabeth Warren)을 비롯한 민주당 상원의원들이 신용카드 회사들에 총기나 탄약 구매를 표기하여 보고할 것을 요구한 바 있다. 이들은 "수상한 총기 구매를 식별함으로써 일부 대량 총격을 예방하는 데 도움이 될 것"이라 주장했다.[17] 모두가 대규모 총격 사건을 막고 싶어 하는 것은 사실이다. 그러나 이런 조치는 총기 및 탄약을 구매하고 소유하는 행위, 즉 수정헌법 제2조에 의해 보호되는 합법적 행위를 테러리스트나 폭력범과 동일한 수준의 의심 대상으로 간주하는 것이다.

이것이 의미하는 바는 명확하다. 그들은 국민의 금융 거래가 사적 영역이라고 약속하지만, 언제든 그 약속을 철회할 수 있다는 것이다. 우리는 이미 많은 민주당 엘리트가 수정헌법 제2조를 폐기하고 총기 소유 자체를 전면 금지하고 싶어 한다는 것을 알고 있다. 따라서 CBDC 체제하에서, 정부가 총기나 탄약처럼 '부적절하다'고 판단하는 물품의 구매를 전면 금지하는 일이 발생할 가능성은 결코 상상 속 이야기만은 아니다.

지금 이 순간에도, CBDC 도입을 뒷받침하기 위한 법안들이 주 단위에서 조용히 추진되고 있다. 입법자들은 이 법안이 단지 전자 금융 거래를 보다 효율적으로 처리하기 위한 절차적 필요일 뿐이라는 설명을 듣고 있다. 하지만 그들이 종종 듣지 못하는 중요한 진실은, 이 법안들이 미국 내에서 연방정부가 CBDC를 도입하기 위한 필수 전제 조건이라는 점이다. 지금 유럽에서 벌어지고 있는 현금 사용 제한 및 폐지 조치를 보면, 미국에서 앞으로 어떤 일이 벌어질지 예측할 수 있다.

크리스틴 라가르드(Christine Lagarde) 유럽중앙은행(ECB) 총재는 현금 거래에 대한 1,000유로 상한선을 언급하며 이렇게 말했다. "1,000유로를 넘긴 거래는 불법 시장에 속한다. 이는 위험을 감수하는 행위로, 적발되면 벌금이나 감옥에 갈 수 있다."[18] 프랑스와 이탈리아에서는 현금 거래 상한선이 각각 1,000유로와 3,000유로로 제한되어 있다. 이 기준을 초과하면 잠재적으로 수상한 활동으로 간주되어 조사받을 수 있다. 현재 유럽연합(EU) 전체에 이러한 기준을 도입하려는 시도가 진행 중이다.

바로 여기에 진실이자 우리에게 전하는 경고가 있다. 우리가 경제적 자율성을 포기하는 순간, 우리의 자유도 함께 사라진다. 누군가 우리의 지갑을 통제하는 순간, 우리의 자유도 그들의 손에 들어간다. 그리고 한 번 잃어버린 자유는 거의 되찾을 수 없다.

## 결론

미국은 자유의 나라로 알려져 있다. 이것이 바로 미국을 정의하는 핵심 가치다. 언론의 자유, 종교의 자유, 집회의 자유는 결코 타협할 수 없는 미국인의 권리이며, 헌법에 따라 보장된 권리다. 그러나 슬프게도 지금 미국인은 이 근본적 원칙들에 적대적인 태도를 보이며, 권력을 얻기 위해서라면 그 무엇도 서슴지 않는 민주당 엘리트의 손에 이끌리고 있다. 그들은 권력을 쥐기 위해 위기와 비상 상황, 심지어 전쟁까지도 이용하거나 조작한다. 국가안보체제를 정치화하여 미국인의 자유를 침해하고 권리를 빼앗아 가고 있다.

1755년 벤저민 프랭클린(Benjamin Franklin)은 유명한 말을 남겼다.

> 필수적인 자유를 포기하고, 일시적인 안전을 얻고자 하는 자는 자유도 안전도 누릴 자격이 없다.[19]

우리는 이러한 교훈을 이미 여러 차례 목격했다. 2차 세계대전 중 일본계 미국인 강제 수용소에서 보았고, 9·11 테러 이후 만들어진 애국법과 코로나19 팬데믹 당시의 조치들에서도 우리는 같은 현상을 보았다. 지금 이 순간에도 워싱턴의 전쟁광들은 냉전이든 열전이든 새로운 전쟁을 준비하며 불을 지피고 있다. 우리가 이러한 길을 계속 간다면, 네오콘(Neocon)*과 전쟁광들은 익숙한 주장을 되풀이할 것이다. "국민 여러분, 안보를 위해서라면 기꺼이 자유를 희생해야 합니다."

그들의 권력 장악 시도는 언제나 '안보'라는 얄팍한 명분 뒤에 숨겨져 있다. 우리는 미국의 역사에서 교훈을 얻어야 한다. 매일 아침 권력을 향한 이기적인 욕망에 사로잡혀 눈을 뜨는 사람들은 진실에는 관심이 없으며, 헌법에도 아무런 가치를 두지 않는다. 오히려 그들은 헌법을 자신의 길을 막는 장애물로 간주하며, 이를 약화시키고 무력화하거나 아예 폐기하려 한다. 그들이 아무리 공허한 약속과 상투적인 말을 늘어놓더라도, 우리는 늘 경계하며 냉철하게 바라봐야 한다. 그들의 행동은 미국민과 자유, 법치주의, 그리고 시민의 권리에 대한 멸시의 표현이다. 바로 이 멸시 때문에 우리는 자랑스러운 미국인으로서 함께 일어나 우리가 사랑하는 이 나라를 파괴하려는 자들을 반드시 막아내야 한다.

---

\* 신보수주의자. 원래는 미국 내 자유주의 진영(특히 민주당)에 속해 있다가 1960~1970년대에 보수주의로 전향한 인사들과 그들의 정치 철학을 일컫는 용어다. 군사 개입주의와 일방 외교, 시장경제를 지지하고, 사회적으로는 전통적인 가족과 도덕규범을 강조하는 경향을 보인다.

# 3장
# 사라진 표현의 자유

민주당 엘리트는 미국 수정헌법 제1조가 보장하는 기본 권리를 부정하며, 우리의 표현의 자유를 약화시키고, 자신들의 권위와 권력에 도전하는 이들을 검열하며 중상모략하고 있다.

내가 스물한 살이었을 때 민주당에 입당하게 된 이유 중 하나는, 그 당시 민주당이 가장 신뢰할 수 있고 표현의 자유를 열정적으로 수호하는 정당처럼 보였기 때문이다. 하와이에서 나는 다양한 배경과 사상을 가진 사람들을 환영하고, 활발한 토론과 논쟁을 장려하는 빅텐트 정당으로서의 민주당을 보았다. 전국적으로도 민주당은 비록 어떤 발언이 인기가 없을지라도 표현의 자유와 시민적 자유를 위해 용감하게 싸우는 정당처럼 보였다.

안타깝게도 이제는 더 이상 그렇지 않다. 오늘날의 민주당 엘리트는 권력에 집착한 나머지 자신들이 승인한 발언만 보호하는 데 관심이 있을 뿐이다.

### 누가 표현의 자유에 반대할 수 있는가?

나는 표현의 자유는 정치적 성향이나 신념과 무관하게 우리 모두 지켜야 할 기본적인 미국인의 핵심 권리라고 언제나 믿어 왔다. 어느 한 개인이나 집단의 표현의 자유가 박탈되는 순간, 결국에는 누구든 그 권리를 빼앗길 수 있다는 것이 내게 상식처럼 보였다. 검열이 일상이 된다면 누가 검열의 대상이 될지는 그때그때 권력을 쥔 자의 마음에 달려 있게 된다. 그 누구도 안전하지 않다. 어린 시절부터 이런 상황이 얼마나 위험한 상황인지 이해하고 있었다. 나는 억압적인 독재자들에 대한 이야기와 자유를 빼앗기고 고통받으며 살아가는 사람들의 이야기를 책으로 읽고 들으며 자랐다. 그래서 자유를 소중히 여기고 기념하는 나라에서 자랐다는 사실, 그리고 건국의 아버지들이 표현의 자유를 헌법에까지 명시해놓았다는 사실에 늘 감사함을 느꼈다. 건국의 아버지들은 민주공화국의 근간은 다양한 의견이 자유롭게 오가는 생동하는 시장, 곧 표현과 사상의 자유가 보장된 공간이라고 믿었다. 그래서 누가 정권을 잡든지 상관없이 그들은 반드시 헌법을 준수하고 개인의 권리와 자유를 지키는 수호자가 될 것을 결의했다.

2001년 9·11 테러 당시, 이슬람 성전주의자들이 미국을 비열하게 공격했을 때, 나는 군 입대를 결심했고 미국 국내외 모든 적으로부터 헌법을 수호하겠다는 선서를 했다. 그 경험을 통해 '나는 당신의 말에 동의하지 않지만, 당신이 그것을 말할 권리를 위해 목숨을 바칠 것이다(I may disagree with what you say, but I will defend to the death your right to say it)'*라는 문구의 진정한 의미를 온몸으

---

\* 프랑스 철학자 볼테르(Voltaire)의 명언으로 표현의 자유에 대한 강력한 옹호를 나타낸다.

로 느끼게 되었다. 그 말은 단순히 시적인 수사가 아니라, 군복을 입은 나와 전우가 모든 미국인의 자유를 지키기 위해 기꺼이 목숨을 바치겠다고 실제로 마음속에 새기고 실천해온 신념이었다.

그러나 유감스럽게도 이러한 생각에 동의하는 민주당원은 점점 줄어들고 있다. 민주당 하원의원 스테이시 플라스켓(Stacey Plaskett)은 "표현의 자유는 절대적인 것이 아니다"라고 말했다.[1] 이것이야말로 오늘날 민주당 엘리트가 받아들이고 있는 두렵고도 위험한 새로운 기준이다. 헌법이 보장하는 표현의 자유를 선출직 지도자들이 이토록 가볍게 여기는 상황에서, 젊은 세대가 시민교육을 받지 못하고 헌법이나 권리장전의 의미조차 배우지 못하게 된 현실은 그리 놀라운 일이 아니다. 대신 그들은 '혐오 발언'은 곧 폭력이며 '허위 정보'는 반드시 금지되어야 한다는 식의 가르침을 받는다. 그러나 가장 중요한 질문은 하지 않는다. 누가 어떤 발언을 '혐오 발언'으로 규정하고, 어떤 정보를 '허위 정보'로 판단할 권한을 갖는가? 이들은 자신을 불쾌하게 할 수 있는 어떠한 말도 듣지 않아도 되는 '안전지대'만 찾으라고 배운다. 이런 현실을 보면 점점 더 많은 사람이 헌법과 수정헌법 제1조가 더 이상 중요하지 않다고 여기거나, 나아가 자신들의 안전과 안녕을 위협한다고 결론짓는 것도 이해할 만하다.

이러한 사회적 변화는 우리를 매우 위험한 지점으로 이끌고 있다. 생동감 넘치던 아이디어 시장은 점점 두려움에 물든 침묵의 광장으로 전락하고 있으며, 점점 더 많은 사람이 보복이나 조롱을 피하고자 스스로 검열하고 입을 다물어야 한다고 느끼고 있다.

물론 미국만이 헌법에 표현의 자유를 명시한 유일한 나라는 아니지만, 생각보다 그리 흔한 경우도 아니다. 이란이나 북한은 국가 지도자를 비판했다는 이유만으로 처형될 수 있기 때문에 자유롭게 말할 권리 자체가 존재하지 않는다. 놀랍게도 호주나 영국 같은 서방 국가들조차도 헌법에 표현의 자유가 보장되어 있지 않다. 나는 해리 왕자 가족이 미국으로 이주한 직후 그가 "수정헌법 제1조에 대해 말하고 싶은 게 많지만, 내가 이해한 바로는 그건 정말 '미친 조항(bonkers)' 같다"고 말했다는 말을 듣고 충격을 받았다.[2]

표현의 자유가 '미친 조항'이라니? 정말 어처구니없는 것은 해리 왕자의 조국인 영국에서 영국 왕립 검찰청이 한때 다음과 같이 주장했다가 결국 입장을 철회했다는 사실이다. 그들은 성경의 일부 구절이 "현대사회에 더 이상 적합하지 않으며 공개적으로 발언할 경우 모욕적인 것으로 간주될 수 있다"고 주장했던 것이다.[3]

미국은 세계에서 가장 오래된 민주주의 국가로서, 다양한 배경과 견해를 가진 사람들이 정부 권력층, 거대 기술 기업, 선전 매체의 보복을 두려워하지 않고 자유롭게 말할 수 있는 활기찬 사상의 시장을 갖춘 자유 사회의 살아 있는 본보기가 될 수 있고 또 그렇게 되어야 한다. 이러한 자유 사회는 미국의 건국자들이 그렸던 비전이며, 그들이 '더욱 완전한 연방'을 향한 여정 속에서 미국이 이루어내길 바랐던 이상이었다. 그러나 우리는 아직 그 목표에서 한참 멀리 떨어져 있으며, 집권 중인 민주당 엘리트는 그 지향점에 다가서지 못하도록 가능한 모든 수단을 동원해 방해하고 있다.

2023년 7월, 연방정부 권력 남용 조사 특별위원회는 연방정부가 미국 시민의 표현의 자유를 검열하기 위해 거대 기술 기업들과 직간접적으로 공모한 역할에 초점을 맞춘 청문회를 개최했다. 이 청문회의 주요 증인은 로버트 F. 케네디 주니어(Robert F. Kennedy Jr.)였는데, 그는 표현의 자유 침해를 이유로 바이든 행정부를 상대로 제기된 '미주리 대 바이든(Missouri v. Biden)'* 소송의 원고 중 한 명이었다.

케네디는 미주리 대 바이든 사건에 대한 자신의 발언을 시작하려고 증인석에 앉아 준비를 마친 상태였으며, 연방정부가 소셜 미디어 기업들과 협력해 표현을 검열하는 것을 금지한 판사의 가처분 명령이 왜 중요한지를 설명하려는 참이었다. 그러나 그가 증언을 시작하기도 전에, 위원회 소속 한 의원이 마이크를 켜고 발언권을 요청했다.

위원장 짐 조던(Jim Jordan)이 전 민주당전국위원회 의장이었던 데비 와서먼 슐츠(Debbie Wasserman Schultz) 하원의원에게 발언권을 주자, 그녀는 민주당을 대표해 "우리는 존중하는 마음으로 위원회가 케네디 씨의 출석 초청을 철회해주실 것을 요청합니다"라고 발언했다. 그녀는 케네디가 반아시아적이고 반유대주의적이라는 근거 없는 비난을 내세워, 그의 증언을 검열해야 한다고 주장했다.

---

\* 바이든 행정부가 소셜 미디어 플랫폼과 협력해 미국 시민의 표현의 자유를 검열하고 통제했다고 주장하며 제기된 소송이다. 미주리와 루이지애나주 법무장관이 원고가 되어, 연방정부가 코로나19, 선거 관련 정보 등을 포함한 다양한 온라인 발언을 억제하도록 압박한 행위가 수정헌법 제1조(표현의 자유) 위반이라고 문제를 제기했다.

케네디가 이러한 중대한 비난에 대해 반박하려 하자, 그녀는 그에게 발언권을 주지 않으며 "제가 발언할 차례"[4]라고 단호하게 말했다.

나는 CSPAN*을 통해 이 청문회의 진행을 지켜보며 그 부조리함과 아이러니에 충격을 금치 못했다. 이 청문회는 정부가 미국인의 표현의 자유를 침해하는 위험성에 대한 것이었는데, 민주당 측은 정작 그 증인으로 초청된 케네디의 발언 자체를 막으려 하고 있었기 때문이다.

와서먼 슐츠 의원의 동의안은 표결에 부쳐졌고, 서기가 이름을 하나씩 불러가며 투표가 진행되었다. 서기가 이름을 부를 때마다 카메라는 민주당 의원들을 한 명씩 비췄다. 이런 표결에서는 보통 간단하게 '찬성(예)' 또는 '반대(아니오)'라고 답하는 것이 일반적이다. 그러나 내 전 동료 민주당 의원들은 간단한 답변 대신, 로버트 F. 케네디 주니어가 표현의 자유를 가질 자격이 없으며 발언해서는 안 된다는 비아냥과 비난을 쏟아냈다. 그들은 공화당이 케네디의 '증거도 없는 혐오적 수사'에 발언권을 줬다고 비난했다. 위원회의 민주당 간사인 스테이시 플라스켓은 공화당에 대해 "이들은 의도적으로 의회라는 무대에 해롭고 위험한 발언을 올려준 것입니다. 이는 단순히 표현의 자유를 지지하는 것이 아니라, 어리석고 편견 가득한 메시지에 공동 서명한 것입니다"[5]라고 말했다.

---

\* 미국 의회(하원과 상원)의 공개회의와 공공 정책 관련 이벤트를 필터 없이 생중계하는 비영리 방송 네트워크. TV와 라디오, 온라인 스트리밍을 통해 의회나 정부의 영향 없이 독립적으로 운영된다.

이에 대해 케네디는 간결하게 응수했다. "이건 표현의 자유 침해에 대한 청문회를 검열하려는 시도입니다."[6]

케네디는 이제 정부든, 깨어 있는 '캔슬 컬처(cancel culture)'* 운동가든, 누구에게나 흔히 벌어지는 검열의 표적 중 하나가 되어버렸다. 매일같이 새로운 사례들이 등장하고 있다. 예를 들어 최근 UC 버클리의 한 교수는 트위터에서 팔로워들에게 범죄를 저지르라고 부추겼다. 바로 애비게일 슈라이어(Abigail Shrier)의 책《되돌릴 수 없는 피해(Irreversible Damage)》(트랜스젠더리즘이 소녀들에게 끼치는 해악을 다룬 책)를 훔쳐서 불태우라고 한 것이다.[7] 슈라이어가 이 책을 출간할 권리가 있는 것처럼, 버클리의 교수 또한 이 책의 내용에 반대하는 발언을 할 권리를 갖고 있다. 하지만 이러한 표현의 자유를 지키는 대신, 한때 표현의 자유의 위대한 수호자였던 미국시민자유연맹(ACLU)**은 어느 한 편을 들기로 했다. ACLU의 한 변호사는 슈라이어의 책에 반대 의사를 표하며 "이 책과 그 사상을 유통하지 못하게 막는 일, 나는 그 싸움터에서 죽을 각오가 되어 있다"[8]라고 말했다.

또 다른 사례도 있다. 2022년 10월, 600명이 넘는 출판업계 종사자들이 펭귄랜덤하우스에 공개서한을 보냈다. 그 내용은 대법

---

\* 누군가의 행동이나 발언이 사회적으로 부적절하다고 판단될 경우, 대중이 그 인물이나 단체에 대한 지지를 철회하고 사회적으로 배제하는 문화.

\*\* American Civil Liberties Union. 1920년 1월 19일에 창립된 미국의 대표적인 시민·인권 옹호 단체로, 헌법과 법률에 보장된 개인의 자유와 권리를 법정, 입법기관 및 지역사회에서 수호하는 역할을 수행하는 단체다.

관 에이미 코니 배럿(Amy Coney Barrett)과의 출판 계약을 취소하라는 것이었다. 그 이유가 무엇이었을까? 그들은 책을 읽어보지도 않았고, 유출된 원고가 있었던 것도 아니었다. 그들은 배럿 대법관이 어떤 책을 쓸지 전혀 알지 못했다. 그들이 반대한 유일한 이유는 그녀가 로 대 웨이드(Roe v. Wade)* 판례 폐기에 찬성표를 던졌다는 사실 때문이었다. 그들의 주장은 이렇다. 배럿의 책을 출판하는 것은 국제 인권을 침해하는 행위라는 것이었다. 왜냐하면 배럿이 낙태를 헌법상 권리로 보지 않기 때문이었다.[9]

이러한 출판업계 종사자들과 자신과 다른 견해에 공포심을 느끼는 사람들에 따르면, 배럿 대법관은 침묵해야만 한다는 것이다. 그러나 혐오스럽고 비난받아 마땅한 말에 대한 해답은 검열이 아닌 더 많은 발언이다. 어떤 주장을 검열하는 것보다 논리와 토론으로 무찌르는 것이 훨씬 낫다. 더 많은 발언은 공적 영역에서 허약한 논리를 꺾고, 더 나은 논리에 동의하게 만들 기회를 제공한다. 이것이야말로 표현의 자유를 옹호하고, 개방된 사상의 시장을 중시하는 건강한 민주 사회의 핵심 가치다.

수년 동안 우리는 정치 스펙트럼 전반에 걸쳐 표현의 자유가 공격받는 모습을 목격해왔다. 오늘날 이러한 공격은 주로 민주당 측에서 이뤄지고 있다. 퓨리서치센터(Pew Research Center)의 최근 여

---

\* 미국 역사에서 매우 중요한 낙태 관련 판례다. 1973년 미 연방대법원이 내린 판결로, 여성이 헌법상 사생활의 자유에 근거해 임신 중절(낙태)을 선택할 권리가 있다고 인정했다.

론조사에 따르면 70%의 민주당원이 정부가 표현을 검열하는 데 관해 '반대하지 않는다'고 답했다.[10] 이들은 어떤 발언은 지나치게 혐오스러워서 수정헌법 제1조의 보호 대상이 될 수 없다고 믿는다. 물론 이런 주장은 새로운 것이 아니며, 예전에도 반복되었던 주장이다. 타인의 권리를 침해하려는 사람들은 언제나 자신이 고귀한 목적을 위해 행동한다고 믿는다. 어떤 경우엔 그 말이 사실일 수도 있다. 그러나 대부분 그들이 검열하려는 발언은 단지 자신의 의견과 다르거나, 혹은 자신들의 입장이 얼마나 취약한지를 드러내는 말에 불과하다. 어떤 경우든 검열은 결코 올바른 해답이 아니다.

미국시민자유연맹(ACLU)은 오랫동안 표현의 자유를 굳건히 수호해온 단체로 높이 평가받아 왔다. 그러나 안타깝게도 이 단체의 전통과 명성은 2017년에 큰 변화를 맞았다. 그해 ACLU는 기존 입장을 전면 수정하며 새로운 지침을 발표했다. 지침에 따르면 이제 ACLU 변호사들은 표현의 자유 사건을 수임할 때 해당 발언이 '우리의 가치에 반하는지' 혹은 '소외된 집단을 모욕할 가능성이 있는지'를 기준으로 삼게 되었다.[11]

이러한 급격한 변화는 단순한 우연이 아니었다. 2016년 도널드 트럼프가 모든 예상을 깨고 미국 대통령으로 당선되었다. 워싱턴 기득권층은 충격과 분노에 빠졌다. 트럼프는 '늪을 말려버리자(drain the swamp)'는 구호로 워싱턴의 권력 구조에 정면으로 도전했으며, 양당의 기득권 엘리트와 선전 언론 모두 거리낌 없이 비판했다. 트럼프가 굴복하지 않자 그들은 트럼프를 침묵시키고, 흠집내며, 파멸시키기 위해 모든 수단을 동원하겠다고 결심했다. 그리고 그들은 단 한순간도 멈추지 않았으며 국가와 민주주의가 입는 피해에도 전혀 개의치 않았다.

ACLU는 민주당 엘리트와 선전 언론, 빅테크와 함께 이 임무에 적극 동참했다. 이제 ACLU는 명목상으로만 비당파 단체일 뿐, 실제로는 특정 '가치'를 공유하는 사람들만 표현의 자유를 누릴 수 있도록 옹호하는 편향된 조직으로 변질되어 버렸다. 그런데 그 '가치'는 공교롭게도 민주당 엘리트의 가치와 항상 일치한다.

나 역시 많은 사람처럼 ACLU를 헌법을 진지하게 수호하며, 때로는 불편하거나 인기 없는 상황에서도 모든 미국인의 권리를 기꺼이 옹호하는 용기 있는 단체로 존경해왔다. 그러나 지금의 ACLU는 더 이상 그렇지 않다. ACLU의 이러한 정책 전환은 민주당 엘리트가 헌법을 지키려는 의지가 없음을 단적으로 보여주는 사례일 뿐이다. 그들은 권리장전을 지지하지 않으며, 수정헌법 제1조도 지지하지 않는다.

## 빅 브라더의 거대한 팔

2022년 12월 2일, 탐사 저널리스트인 매트 타이비(Matt Taibbi)는 '트위터 파일(Twitter Files)'이라 불리는 일련의 심층 기사 시리즈의 첫 번째 글을 공개했다. 이 기사에서 우리는 많은 사람이 오래전부터 의심해왔던 사실에 대한 구체적 증거를 확인할 수 있었다. 바이든-해리스 행정부가 FBI를 비롯한 연방정부 기관들과 협력해 직간접적으로 빅테크 기업들에 압력을 가해 특정 개인들의 계정을 검열하거나 정지시키고 있었던 것이다. 그들은 "선전가들이 퍼뜨리는 허위 정보와 증오 발언으로부터 미국 국민을 보호하기 위한 조치"라고 주장하며 이러한 행위를 정당화했다.

일론 머스크가 현재의 X인 트위터를 인수하기 전, 바이든 행정부는 트위터 측에 특정 계정을 검열하거나 삭제하라고 직접 요구했는데, 그 대상은 일반 국민은 물론 국회의원, 소상공인, 참전 용사, 언론인, 비영리단체 리더들까지 다양했다. 나 역시 과거 경험을 떠올려 보면 이 명단에 내 이름이 포함되어 있었다 해도 전혀 놀랍지 않았을 것이다. 그 명단에 오른 많은 사람에게는 공통점이 하나 있었다. 어떤 방식으로든 바이든 행정부의 입장과 조치들을 비판하거나 도전했던 이들이었다.

타이비의 기사는 미국 정부가 헌법을 우회해 민간 기업들에 표현의 자유를 검열하는 '더러운 일'을 시켜왔다는 부정할 수 없는 증거를 제시했다. 그러나 이 폭로 이후에도 워싱턴의 민주당 엘리트는 아무런 조치도 취하지 않았다. 그들은 이 증거들을 무시하거나 대놓고 그런 일은 없었다며 부정했다. 나와 함께 의정 활동을 했던 민주당 의원 중에서도 과거에는 표현의 자유를 굳게 옹호하고, 오바마 대통령의 시민 자유 침해에 대해서도 비판적이었던 이들이 이제는 아무 말도 하지 않았다. 바이든 행정부의 이처럼 명백한 권력 남용 앞에서도, 그들은 '바이든 행정부가 미국인들의 목소리를 억누르려는 시도는 잘못됐고, 위헌이며, 반드시 중단되어야 한다'는 가장 당연한 말을 하는 것조차 주저했다.

나는 수년 전부터 이러한 위협에 대해 지속적으로 경고해왔다. 정부가 빅테크 및 소셜 미디어 기업들과 결탁해 우리의 표현의 자유와 민주주의, 선거를 훼손하는 행태를 직접 경험했기 때문이다.

민주당 대통령 후보 경선에 출마했을 당시, 나는 2019년 6월 25일 플로리다주 마이애미로 날아가 첫 번째 경선 토론회에 참석했다. 당시 후보는 무려 스무 명이나 되었고, 한 무대에 모두 올라설 수 없었기에 주최 측은 제비를 뽑아 열 명씩 이틀에 나눠 무대에 세웠다. 나는 첫날 무대에 오르게 되었다.

많은 정치인과는 달리, 나는 그때까지 대중 토론에 참여해본 경험이 거의 없었다. 오직 연방 하원의원 선거에서의 경험이 전부였다. 어릴 적 나는 매우 내성적인 아이였고, 낯선 사람과 대화해야 할 때면 항상 외향적인 여동생에게 대신 말해달라고 부탁하곤 했다. 책에 파묻혀 지내거나 서핑을 즐기고, 낯선 사람과의 교류는 최소한으로 줄이며 지내는 것이 더 편했다. 당시만 해도 사람들 앞에서 말하는 것만으로도 속이 울렁거릴 정도였다.

나는 첫 번째 토론을 철저하게 준비했다. 수천만 명의 미국 국민이 보는 무대를 결코 가볍게 여길 수 없었다. 주어진 시간 안에 내 진심을 전하고, 왜 내가 대통령이자 군 통수권자로서 봉사하겠다고 결심했는지를 분명히 밝혀야 했다. 그래서 나는 모든 준비를 했다. 노트를 정독하고, 바인더 여백마다 아이디어를 빼곡히 메모했다. 집 거실에서는 모의 토론을 열었다. 홈디포(Home Depot)에서 산 중고 상자로 임시 단상을 만들어놓고 가족들이 다른 후보와 사회자 역할을 맡아 실제 상황처럼 시뮬레이션했다.

토론 하루 전날, 마이애미에 도착해 조용한 방에 틀어박혀 드문 고요 속에서 묵상하며 준비에 집중했다. 당시 내 이름을 아는 국민은 많지 않았고, 내가 대통령 후보로 출마했다는 사실조차 모르는 이들이 대부분이었다. 내 바람은 단 하나였다. 이번 토론을 통해 국민들에게 나를 효과적으로 알리고, 더 많은 관심을 받는 것이었다. 최소한 텔레비전에서 나를 본 이들이 휴대전화나 컴퓨터를 켜고 '털시 개버드는 누구인가?'라고 검색해보도록 만드는 것이 목표였다.

내가 토론 준비에 집중하고 있는 동안, 규모는 작지만 열정적인 우리 캠프는 마이애미의 한 아파트에 모여 우리 홈페이지와 구글 광고 계정을 점검하고 있었다. 사람들이 온라인에서 나를 검색했을 때, 가장 먼저 우리 캠페인 홈페이지가 뜨도록 만반의 준비를 갖추기 위해서였다. 캠페인 전체를 놓고 보았을 때 이 순간은 정말 중요한 기회였다. 나는 구글 알고리즘이 엉뚱한 비방 기사나 음해성 보도를 검색 결과 상단에 올려놓도록 내버려둘 생각은 전혀 없었다.

두 시간에 걸친 첫 번째 토론 동안 나는 단 6분 30초밖에 발언할 기회를 얻지 못했다. 그리고 곧, 언론의 탈을 쓴 선전 매체 진행자들이 관심을 가진 사람은 내가 아니었다는 사실을 깨달았다.

실망스러웠지만 주어진 몇 분 몇 초를 최대한 활용했다. 토론이 끝나고 나니 내가 그날 밤 가장 많이 검색된 후보였다. 내가 바라던 결과였다. 하지만 곧 기술팀장에게서 다급한 메시지를 받았다. "구글 광고 계정이 정지됐습니다! 이유도 알 수 없고, 구글과는 연락도 닿지 않습니다!" 심각한 문제였다. 내 캠페인에 있어 아주 중요한 시기였고, 유권자의 관심이 빠르게 식어버릴 수 있는 짧은 기회였다. 구글이 사전 경고나 설명, 통보도 없이 광고 계정을 정지한 시점은 결코 우연이 아니었다. 우리 팀은 구글에 수차례 연락해 계정 정지 사유와 복구 방법을 문의했지만 아무런 답변도, 응답도, 조치도 없었다. 그러다 시간이 지나자, 아무런 설명이나 사과도 없이 계정은 '마법처럼' 복구되었다.

이 일은 내 캠페인의 결정적인 순간에 일어나 큰 타격을 주었다. 유권자에게 첫인상을 줄 기회는 단 한 번뿐이다. 구글의 익명의 누군가는 이 사실을 알고 있었고, 우리가 유권자에게 다가가는 것을 의도적으로 막았다. 이 사건은 내 캠페인에 직접적인 피해를 줬지만, 나는 그보다 더 큰 문제를 우려했다. 바로 세계 최대의 기술 독점 기업인 구글이 우리의 민주주의에 개입할 수 있는 힘과 의지를 가지고 있다는 점이었다. 정보는 곧 권력이다. 구글은 투명성 없이 음지에서 움직이며, 유권자가 어떤 후보에 대한 정보를 접할지 조작해 투표 결정에 직접 영향을 미칠 수 있다. 만약 구글이 당시 현직 하원의원이자 대통령 후보였던 나를 상대로 이런 조작을 할 수 있었다는 것은 그들이 누구에게나, 언제든지, 어떤 이유로든 같은 짓을 할 수 있다는 뜻이기 때문이다.

그저 어깨만 으쓱이며 이 일을 넘길 수 없었다. 그래서 유권자들이 내 정보에 접근하는 것을 직접 방해한 구글의 행위로 캠페인이 입은 피해에 대해 구글을 상대로 소송을 제기했다. 이 정도로 노골적인 권력과 책임 남용이 아무런 견제 없이 묵인되어선 안 된다는 분명한 메시지를 보내고 싶었다.

그 당시엔 몰랐지만 구글은 선거에 개입한 명백한 전력이 있다. 구글 임원들은 의회 청문회에서 반복적으로 "자신들의 회사나 알고리즘에는 정치적 편향이 없다"고 주장했지만, 실제 사실은 전혀 그렇지 않았다. 예를 들어 2022년 3월 노스캐롤라이나 주립대학교에서 발표한 연구에 따르면 2020년 대선 기간 양당 후보들이 구글 메일 계정으로 보낸 수많은 정치 이메일 중, 진보 성향 이메일은 10%만이 스팸으로 분류됐지만, 보수 성향 이메일은 무려 77%가 스팸함으로 전송되었다고 한다.[12]

구글은 유권자에게 어떤 이메일을 보여줄지, 어떤 이메일은 스팸함으로 보내 완전히 차단할지를 결정한다. 그것은 어마어마한 권력이며 구글은 실제로 그러한 권력을 행사하고 있다. 구글 같은 기업들은 민주당 엘리트와 한통속이 되어 우리의 민주주의를 조작하고, 영향을 미치며, 결국 탈취하려는 시도를 의도적으로 벌이고 있다.

당신이 어느 정당을 지지하고, 어떤 후보를 좋아하든 상관없이, 이 문제에 주목해야 할 이유는 분명하다. 만약 이 빅테크 독점 기업이 고도로 정치화된 국가 안보 기구의 후원을 받으며, 우리가 무엇을 보고 무엇을 보지 못하게 할지 통제하고, 심지어 말할 수 있는 범위까지 검열할 수 있는 힘을 가졌다면, 우리는 더 이상 자신이 지지할 후보를 선택하기 위한 정보를 자유롭게 얻을 수도 없고, 표현의 자유를 온전히 누릴 수도 없게 된다. 결국 우리가 접하게 되는 정보는 철저히 '선별된 정보'일 뿐이며, 그것은 워싱턴의 기득권층이 우리에게 보여주고 싶어 하는 후보와 정보일 뿐이다.

이것은 더 이상 우리가 알던 미국이 아니다. 표현의 자유, 언론의 자유, 그리고 우리가 스스로 정보를 수집해 판단할 능력이 없다면, 우리의 민주주의는 결국 붕괴될 수밖에 없다.

내가 구글을 상대로 제기한 소송은 연방지방법원 판사 스티븐 윌슨(Stephen Wilson)에 의해 기각되었다. 그는 "구글이 자사의 플랫폼을 규제하는 것이 정부가 선거를 규제하는 것과 어떤 면에서 동등한지를 원고가 입증하지 못했다. 구글은 예비선거를 주관하지도 않고, 후보자를 선정하지도 않았으며, 누군가의 출마나 투표를 막지도 않았다. 구글이 '규제한다'고 해도 그것은 어디까지나 자사의 사적 발언과 플랫폼에 한정된다"고 판시했다.

그러나 윌슨 판사는 핵심을 놓쳤다. 그의 판단은 오늘날 미국의 현실을 외면한 것이다. 그는 정부와 빅테크 사이에 존재하는 협력 관계를 간과하고 있었다. 비록 구글과 다른 빅테크 기업들은 공식적으로는 정부 기관이 아니지만, 바이든-해리스 행정부하에서 이들은 사실상 민주당 엘리트의 '비공식 군대(de facto arm)'처럼 행동하고 있다. 이들은 유권자들이 접근할 수 있는 정보를 조작하고 제한하며, 민주당 엘리트가 듣고 싶어 하지 않는 목소리를 억누르는 방식으로 민주당 엘리트의 이익을 뒷받침하고 있다. 그리고 이 모든 것을 '증오 표현'이나 '허위 정보'를 억제한다는 명목으로 정당화한다.

민주당 엘리트는 왜 우리가 무엇을 보고 말할지를 이토록 통제하려 하는 걸까? 이유는 간단하다. 만약 이들이 민주주의를 방해하지 않고 표현의 자유를 존중한다면, 미국 국민은 결국 진실을 알게 될 것이다. 민주당 엘리트는 국민이나 헌법에는 관심이 없고, 오로지 자신의 이익과 권력에만 집착한다는 사실을 말이다. 만약 우리가 자유롭게 사고하고 말할 수 있는 진정한 '자유 사회'를 만든다면, 민주당 엘리트의 권력을 빼앗을 수 있는 유일한 존재인 '국민'이 직접 그들을 위협하게 될 것이기 때문이다.

2023년 3월 9일, 연방 하원의원들은 '정부의 간섭으로부터 표현의 자유를 보호하는 법안(Protecting Speech from Government Interference Act)'에 대한 표결을 진행했다. 이 법안은 '트위터 파일'을 통해 드러난 정보들과 바이든-해리스 행정부가 빅테크 기업을 이용해 표현의 자유를 검열하고 침해하려는 지속적인 시도에 대응하기 위해 발의된 것이었다.

많은 사람이 이 법안이 손쉽게 만장일치로 통과될 것이라 기대했을 것이다. 자유를 소중히 여기는 모든 미국인이 이 법안을 지지해야 마땅하지 않은가? 물론, "미국 헌법을 지지하고 수호하겠다"고 맹세한 국회의원이라면 누구나 당연히 힘차게 찬성표를 던져야 마땅하다. 표현의 자유를 보호하는 법안에 반대할 사람이 과연 있을까? 그러나 놀랍게도, 206명의 연방의원이 반대표를 던졌다.

의회에서 기명투표가 진행될 때마다 늘 그렇듯이, 투표가 시작되면 하원의장 연단 위의 벽면에 설치된 프로젝터에 모든 의원의 이름이 표시된다. 각 의원은 본회의장 의자 등받이에 부착된 투표기에 자신의 카드를 삽입해 투표하며, 이름 옆에 '찬성(Yes)'은 Y, '반대(No)'는 N, '기권(Present)'은 P로 표시된다.

그날 한 표씩 표시될 때마다 뚜렷한 경계선이 드러났다. 표현의 자유를 지키려는 의원들과 그렇지 않은 의원들 사이에 분명한 선이 그어진 것이다. 그날 투표에 참여한 모든 의원 중 공화당 의원은 전원 표현의 자유를 보호하는 법안에 찬성표를 던졌고, 민주당 의원은 전원 반대표를 던졌다.[13]

그 이유는 무엇일까? 민주당 엘리트는 전부, 즉 자신들에게 '허위 정보'로부터 미국 국민을 '보호'할 권리뿐 아니라 책임도 있다고 믿기 때문이다. 여기서 중요한 질문이 있다. 과연 누가 '정보'와 '허위 정보'를 구분할 수 있을까? 진실과 허구를 판단할 객관적인 정부 기관이 존재하기는 할까?

헌법이나 권리장전 어디에도, 우리가 '사실에 기반한' 발언만 표현의 자유로 보장받는다는 조항은 없다. 건국 문서는 모든 발언이 반드시 사실에 기반해야만 보호받는다고 말하지 않는다. 헌법이나 권리장전 어디에도 '허위 정보는 예외'이므로 표현의 자유를 제한할 수 있다고 적혀 있지 않다. 건국의 아버지들은 누가 말할 수 있고, 누가 말하지 못하는지를 일방적으로 결정할 권한을 가진 기관이나 권위를 만들어두지 않았다. 아니, 오히려 그 반대였다. 그들은 폭압적인 정부가 국민의 표현을 검열하려는 시도를 막기 위해 권리장전에 수정헌법 제1조를 명시적으로 포함시켜 표현의 자유를 보호했던 것이다.

그러나 민주당 엘리트는 오만함의 극치 속에서 수정헌법 제1조의 문구와 정신을 완전히 부정하며 자신들이야말로 누가 검열당하고, 누구의 목소리가 허용될지를 결정할 유일한 권위자라고 자처한다. 물론 그들은 이것이 우리를 위한 일이라고 주장한다. '해롭거나' 혹은 '우리를 잘못된 방향으로 이끌 수 있는 발언'으로부터 우리를 보호하기 위해서라고 말한다. 그들은 우리가 스스로 생각하기엔 너무 어리석다고 믿는다. 그래서 우리 스스로가 판단하고 결론을 내릴 능력을 포기하는 대신 그들에게 맡겨야 한다고 생각한다. 그래야만 그들이 우리가 무엇을 보고 무엇을 말하며 무엇을 생각하고 해야 하는지를 알려줄 수 있기 때문이다.

뉴욕 출신 민주당 하원의원 대니얼 골드먼(Daniel Goldman)은 "연방정부의 온라인 발언 검열을 중단시키는 결의안에 반대표를 던지는 것이 오히려 표현의 자유와 미국 민주주의를 지지하는 길"이라고 주장했다. 그는 정부가 러시아와 중국의 '허위 정보' 확산을 막을 수 있는 권한을 반드시 가져야만 한다고 생각한다[14](정부 검열을 통해 표현의 자유와 민주주의를 지키겠다는 그의 주장은 도무지 상식적으로 설명할 수 없을 정도로 어처구니가 없다).

그가 말하는 '허위 정보'란 정확히 무엇일까? 2020년 대선을 불과 몇 주 앞두고 유권자들이 헌터 바이든의 노트북에 담긴 치명적인 정보를 접하지 못하게 하려고, 전직 고위 정보기관 요원 51명이 허공에서 날조해낸 바로 그 '러시아발 허위 정보'를 뜻하는 것인가? 당시 바이든 캠프는 유권자들이 헌터의 노트북에 담긴 내용을 보게 된다면 바이든에게 투표하기 전에 재고해볼 수도 있다는 사실을 알고 있었기에 그러한 위험을 감수할 수 없었다. 결국 당시 바이든 캠프의 고위 보좌관이자 현 국무장관 토니 블링컨(Antony Blinken)은 전 CIA 국장 대행 마이크 모렐(Mike Morell)에게 연락해 전직 정보기관 동료들로 하여금 어떤 문서에 서명하게 해달라고 요청했다.

그 문서에는 '헌터 바이든 노트북은 러시아 정보 공작의 전형적인 특징을 모두 지니고 있다'고 경고하는 내용이 담겨 있었다.[15] 이 주장에는 아무런 증거가 없었고, 그들 스스로도 이 사실을 잘 알고 있었다. 한 IRS 내부 고발자에 따르면, FBI는 이미 2019년 11월(2020년 대선보다 1년 전)에 헌터의 노트북에 러시아 개입이 전혀 없었음을 확인했다. 그리고 이 정보는 문서를 작성한 전직 고위 정보기관 요원들이 문서를 공개하기 거의 1년 전부터 이미 존재하고 있었다.[16]

그러나 바이든 캠프는 진실이 선거 승리에 방해가 되는 것을 용납할 수 없었다. 그래서 그들은 모렐과 직접 협력하여 이 문서를 완성했던 것이다. 그 타이밍은 결정적이었다. 트럼프는 헌터 바이든의 부패 문제를 집요하게 공격하고 있었고, 바이든은 다가오는 대선 토론에서 그 공격을 차단할 무언가가 필요했다. 바이든 캠프는 이 문서를 소위 '우호적인' 언론인들에게 유출했고, 2020년 10월 19일, 대선을 불과 30일도 남기지 않은 시점에 이 문서는 다음과 같은 헤드라인으로 보도되었다. "헌터 바이든 사건은 러시아발 허위정보, 전직 고위 당국자 다수가 주장."[17]

며칠 뒤인 10월 22일, 바이든은 도널드 트럼프와의 대선 토론에서 이 문서를 '증거'로 사용했다. 그는 계획대로 트럼프가 제기한 바이든과 그의 가족이 외국에 영향력을 팔아 이익을 챙겼다는 의혹을 즉각 일축했다. 바이든은 가볍게 "그건 러시아 공작일

뿐"이라며, '정보기관 출신 인사 50명이 서명한 문서'를 증거로 내세웠다.[18]

이 전략은 성공했다. 문서는 주요 언론의 헤드라인을 장식했고, 선전 매체들은 이를 반복해서 보도했다. 트위터는 노트북의 내용을 공개하지 못하도록 차단했다. 마이크 모렐은 의회 증언에서 토론 이후 당시 바이든 캠프장이었던 스티브 리셰티(Steve Ricchetti)에게서 문서에 대해 개인적으로 감사 전화를 받았다고 밝혔다.[19] 그들은 목표를 이루었다. '허위 정보'라는 전술은 유권자들이 헌터 바이든 노트북 내용을 접하기도 전에 이를 효과적으로 차단하는 데 성공했다.

민주당 엘리트는 바이든에게 불리할 수도 있는 중요한 정보를 선거 직전 며칠 혹은 몇 주 동안 미국 국민에게 숨겼다. 유권자들이 그 정보를 보았다면 바이든이 선거에서 이기지 못할 수도 있다는 두려움 때문이었다. 그들은 국가 안보 기구를 정치화하고 무기화했으며, 선전 언론과 빅테크 기업들이 결탁해 대낮에 우리 눈앞에서 민주주의를 훔쳐 갔다.

오늘날까지도 이 거짓에 가담한 사람들 중 그 누구도 사과하거나 책임을 진 적이 없다.

하원에서 '정부의 간섭으로부터 표현의 자유를 보호하는 법안'이 통과된 직후, 연방법원은 연방정부가 '헌법이 보호하는 표현을 포함한 콘텐츠를 삭제하거나, 억제, 축소하도록 권유하거나 압박, 유도하는 행위'를 목적으로 소셜 미디어 회사와 접촉하는 것을 즉시 중단하라고 명령했다.[20]

이 과감한 판결에 바이든 행정부는 한 판사가 감히 그들의 권위에 도전하고 수정헌법 제1조를 지지했다는 사실에 큰 충격을 받았다. 이 판결로 인해 백악관은 메타와 구글과의 예정된 회의를 취소할 수밖에 없었다. 그 회의에서는 '미국 내 극단주의에 대응하고' 2024년 선거에서 '허위 정보를 차단'하기 위한 협력 방안이 논의될 예정이었다.

미국 내 극단주의자들에 대응한다고? 도대체 누구를 말하는 것일까? 바이든 대통령이 '우리 민주주의에 가장 큰 위협'이라고 낙인찍은 이른바 'MAGA 공화당원'인가? 아니면 전통 라틴어 미사를 선호한다는 이유로 FBI가 위협으로 간주한 '급진적인 전통 가톨릭 신자'인가? 혹은 학교에서 어린 자녀들의 성적 대상화에 반대하는 부모들인가? 아니면 '젠더 확정 치료(gender-affirming care)'라는 이름으로 아이들에게 돌이킬 수 없는 수술을 강요하는 것에 맞서 싸우는 사람들인가?

바이든 행정부는 법원이 그들의 검열 활동을 막는 것에 대해 분명한 입장을 밝혔다. 그것은 미국인에게 '큰 피해'를 초래할 것이라는 주장이었다. 나는 그들의 반응을 보며 약간 웃음이 나왔다. 미세하게나마 솔직함이 드러났기 때문이다. 사실 나는 백악관의 반응에 동의했다. 법원이 그들의 검열을 금지하는 것은 분명히 '큰 피해'를 초래할 것이다. 하지만 그 피해는 미국 국민이나 우리의 안보 또는 민주주의가 아닌 바로 민주당 엘리트가 입게 될 것이다. 그들의 권력은 우리가, 즉 국민이 어떤 정보를 읽고 들을지를 스스로 결정할 수 있을 때 위협받기 때문이다. 우리가 표현의 자유를 온전히 누리며 서로의 생각과 아이디어, 질문이 공개된 사상의 시장에서 자유롭게 토론하고 공유할 수 있을 때, 그것이야말로 진정한 자유 사회의 모습이다.

국민과 국가보다 자기 이익을 앞세우는 권력자들은 본질적으로 나약하고 불안한 존재들이다. 그들은 매일 아침, 자신의 권력을 잃을까 봐 두려움에 떨며 일어나고, 그 권력을 지키기 위해 수단과 방법을 가리지 않는다.

## 결론

권력자가 말하는 것을 무조건 '진실'로 받아들이고 따르라는 생각은, 왕정과 교회, 지배 권력의 통치를 단호히 거부하며 만들어진 헌법과 권리장전의 본질에 완전히 어긋나는 것이다. 오늘날의 민주당 엘리트는 미국의 건국자들이 꿈꾼 자유 사회의 비전을 기리고 지키기보다는 그들에게 도전하는 이들을 파괴하려 한다. 토머스 제퍼슨은 이처럼 비겁하고 권력에 굶주린 지도자들에 대해 이렇게 말했다. "그들은 자유의 거센 파도보다는 독재의 고요함을 더 선호한다."[21]

오늘날의 '지도자'들은 미국 국민이 자신의 목소리와 자유를 활용해 그들의 실체를 드러낼까 봐 두려워한다. 우리가 진실을 추구하고 자유롭게 발언하며 그들의 권위에 의문을 제기할 수 있을 때, 어떤 일이 벌어질지 두려워하는 것이다. 이러한 두려움에 사로잡힌 나머지, 오늘날의 정부는 '이 권리를 보장하기 위해' 존재하는 정부가 아니라, '이 권리를 박탈하려는' 민주당 엘리트에 의해 움직이는 정부가 되어버렸다. 그들은 목적을 위해서라면 어떤 일도 서슴지 않는다. 이것은 자유도 아니고, 민주주의도 아니다. 이것은 권위주의다.

해리 트루먼은 말했다. "미국은 두려움 위에 세워지지 않았다. 미국은 용기와 상상력, 그리고 맡은 바 과업을 반드시 완수하려는 굴복하지 않는 결의 위에 세워졌다."[22]

미국의 근간이 공격받는 지금, 우리는 두려움에 굴복해서는 안 된다. 우리의 미래, 그리고 우리가 사랑하는 이 나라의 미래는 바로 우리 손에 달려 있다. 우리는 이 위대한 나라를 세운 건국자들로부터 결코 실패할 수 없는 사명을 부여받았다. 그들이 "우리, 국민(We, the people)"이라고 말했을 때, 그것은 바로 '우리 모두'를 뜻하는 것이었다. 그리고 그들이 "자치 정부"를 언급했을 때도, 그것은 바로 '우리 국민 한 사람 한 사람'을 의미하는 것이었다.

우리는 모든 문제에 동의하지 않을 수도 있다. 건국자들 역시 모든 사안에 합의하지는 않았으니까. 그들은 치열하게 토론하고 다투었지만, 가장 중요한 가치를 중심으로는 하나가 되었다. 바로 조국에 대한 사랑, 신의 자녀로서 서로에 대한 존중과 애정, 그리고 헌법과 신이 부여한 권리와 자유를 수호하려는 흔들림 없는 의지 등이다.

지금 이 순간 우리가 무엇을 잃을 위기에 처해 있는지를 똑똑히 보아야 한다. 조국을 지킬 희망이 있다면, 우리는 반드시 행동에 나서야 한다. 방관하거나 침묵하는 것은 더 이상 선택지가 아니다. 우리는 목소리를 내야 하고, 단호히 맞서 싸워야 한다. 자유를 무너뜨리려는 자들이 이 나라를 파괴하고, 오랫동안 타올랐던 자유의 불꽃을 꺼뜨리지 못하도록 막아야 한다.

# 4장
# 신을 적으로 여기는 사람들

오늘날 민주당을 장악한 이들은 종교의 자유를 노골적으로 침해하고, 공공생활의 전반에서 신의 존재를 지우려 하며, 신앙과 영성을 가진 사람들에게 노골적인 적대감을 드러내고 있다.

종교의 자유는 흔히 첫 번째 자유라고 불린다. 미국 수정헌법 제1조의 첫 문장은 다음과 같이 시작한다.

> 연방의회는 국교를 정하거나, 종교의 자유로운 실행을 금지하는 법률을 제정할 수 없다.

미국은 종교의 자유라는 토대 위에 깊이 뿌리내리고 있다. 건국 문서에는 건국자들이 기울였던 세심한 배려가 잘 드러나 있다. 사람들이 자기가 원하는 방식으로 예배할 권리, 혹은 예배하지 않을 권리를 보호하고, 모든 미국인이 국가의 박해나 억압으로부터 표현의 자유를 지킬 수 있도록 했다.

나는 오늘날의 민주당 지도부와는 함께할 수 없다. 그들은 종교의 자유를 정면으로 반대하며, 기독교인을 포함한 신앙인들을 겨냥해 종교의 자유를 약화시키기 위한 모든 권력을 동원하려 한다. 나는 인생의 여러 면에서 부모님께 감사하지만, 그중에서도 신을 중심에 놓고 매일을 살아갈 수 있도록 키워주신 것에 가장 깊이 감사한다. 어릴 때부터 나는 내가 신의 자녀이며, 이곳 물질세계는 나의 진짜 고향이 아니고, 이곳에서의 시간은 매우 짧다는 사실을 깨달았다. 나는 언제나 신을 기쁘게 하려고 노력할 때 가장 행복했다. 이러한 영적인 토대와 깨달음은 어린 시절부터 나에게 분명한 목적의식을 심어주었다. 내가 인생에서 가장 하고 싶은 일은 나의 가장 좋은 친구이자 동반자인 신을 섬기는 것이었다.

이러한 근본적 진리를 잘 담은, 내가 가장 좋아하는 성경 구절은 고린도후서 5장 6절과 8절이다.

> 그러므로 우리는 항상 담대하며, 몸에 거하는 동안에는 주와 떨어져 있다는 것을 아노니… 우리는 담대하여 차라리 몸을 떠나 주와 함께 거하기를 원하노라. 그러한즉 우리는 몸에 있든지 떠나 있든지, 주를 기쁘시게 하는 자가 되기를 힘쓰노라.

다섯 명의 왁자지껄한 아이들과 지나가던 손님들까지 늘 북적이던 우리 집은 언제나 활기찼지만, 그 일상은 매우 견고한 영적 기반 위에 놓여 있었다. 내가 기억하는 오래된 추억 중 하나는, 아침에는 기도로 하루를 시작하고, 밤에는 엄마가 신약성경이나 '바가바드 기타(Bhagavad Gita, 신의 노래라는 뜻의 고대 힌두교 경전)'를 읽어주시며 하루를 마무리하던 순간이다. 잠자리에 들기 전 엄마가 내 이마에 키스해주시기 전에 우리는 함께 주기도문을 외웠다. 우리 집은 종종 밝은색과 아름다운 소리, 그리고 기독교와 힌두교의 축제를 상징하는 향긋한 향으로 가득했다.

이런 환경에서 자란 나는 '종파주의(sectarianism)'라는 개념 자체를 알지 못했다. 어떤 종교를 '선택'해야 한다는 느낌도 전혀 없었다. 나에게는 전지전능하며 자애로운 신 한 분만이 계시고, 그분의 수많은 영광스러운 초월적 속성과 특성을 나타내는 여러 이름이 있을 뿐이었다. 나는 어릴 때부터 신의 다양한 이름을 듣는 것을 좋아했고, 아침 가족 예배 때마다 그 이름들을 함께 불렀다. 아빠는 기타를 치며 노래하고, 나는 콩가 드럼을 연주했으며, 내 여동생이나 형제 중 한 명은 키보드를 맡았다.

요약하자면 나의 종교는 단순하다. 신을 온 마음을 다해 사랑하고, 이웃을 내 몸과 같이 사랑하며 돌보는 것이다. 나는 시련과 어려움에 싸였을 때, 그리고 상실과 상처의 아픔을 겪을 때조차 나의 영적 기반과 신과의 관계는 언제나 나의 등불이자 영감, 힘, 그리고 안식처가 되어주었다. 내 삶이나 세상에 어떤 일이 일어나더라도, 나는 언제나 신의 무조건적인 사랑이라는 따뜻한 품 안에서 평온과 안정을 찾을 수 있다는 것을 알고 있다.

2002년 처음 민주당에 입당했을 때, 나는 민주당이 종교의 자유와 표현의 자유의 중요성을 이해하고, 다양한 종교와 신념, 관점을 지닌 사람들을 환영하는 포괄적인 정당이라고 믿었다. 하지만 안타깝게도 민주당은 그 유산을 저버렸다. 당 지도부는 공적 삶에서 신이 설 자리가 없다고 믿으며, 신을 믿고 예배하거나 신에 대한 사랑을 공개적으로 표현하고 기뻐하는 행위를 파시즘이나 극우 정치와 동일시하는 경향이 있었다.

선거일이 가까워질 때마다, 민주당 정치인들이 일요일 아침 교회 강단에 서서 성경 구절을 인용하며 "아멘!"을 외치는 모습은 흔히 볼 수 있는 풍경이다. 그러나 많은 경우, 그것은 단지 말뿐인 제스처에 불과하며, 신의 신앙을 이용해 자신의 정치적 야망을 채우려는 노골적인 술수에 지나지 않는다. 누가 진실하고 누가 위선자인지는 결국 그들의 행동을 보면 알 수 있다. 그들은 흑인, 히스패닉, 그리고 미국 남부나 중서부 지역의 강력한 투표 집단의 지지를 얻기 위해 신앙인을 존중하는 척하지만, 실제로는 신앙인을 무지하고 시대에 뒤떨어졌다고 깔보는 태도를 보인다. 교회에서는 모두가 듣도록 "아멘!"을 외치지만, 문을 닫은 자리에서는 신앙인을 조롱하며 본심을 드러낸다. 버락 오바마가 2008년 (한 비공개 모금 행사에서) 중부의 백인 노동 계층 유권자들이 "총기나 종교에 집착한다"고 발언한 것은 이러한 경멸적 시각을 단적으로 보여주는 사례다.[1]

2004년 하와이 제29보병여단과 함께 첫 이라크 파병을 앞두고 있을 때, 나는 처음으로 이런 불쾌한 위선을 직접 경험했다. 당시 내 아버지는 시의원이었고, 공화당 후보로서 초선 민주당 의원인 에드 케이스를 상대로 연방 하원의원 선거에 출마했다. 그러나 케이스는 정책 토론 대신 아버지를 향해 모욕적인 종교 관련 질문들을 나열한 장문의 공개서한을 발표하며 종교적 편견을 자극하려 했다. 그는 아버지가 '진짜 가톨릭 신자'가 아니라는 식으로 의심을 부추기며 아버지를 신뢰할 수 없는 사람으로 몰아가려 했다.

그것은 정말 날 화나게 했다.

나는 미국 헌법을 지지하고 수호하겠다고 선서했다. 그 헌법은 우리 모두의 타고난 권리와 자유를 보장하며, 그중에서도 가장 핵심적인 것은 우리가 선택한 신을 사랑하고 예배할 자유(혹은 아무 신앙도 가지지 않을 자유)다. 당시 나는 중동의 전쟁터로 출발하기 며칠 전이었다. 대부분의 중동 국가는 신정체제였고, 종교 경찰이 샤리아(sharia)*를 어긴 사람들을 쫓아다녔다. 그런 나라들에서는 종교의 자유라는 개념 자체가 존재하지 않았다.

그런데 바로 이곳 미국에서 나처럼 헌법 수호를 맹세한 한 연방 하원의원이, 공직 진출에 종교적 자격 심사를 해서는 안 된다는 헌법의 명백한 조항을 잘 알고 있으면서도 내 아버지의 신앙을 정치적 무기로 이용했다. 자신의 정치적 야망을 위해서였다. 어떤 수단을 써서라도 이기겠다는 사고방식이었다.

역겨웠다. 몇 달 후, 내가 파병 중이던 시기에 케이스 의원이 하와이주 병사들과 사진을 찍기 위해 잠시 우리 캠프를 방문했다. 정치 경험이 있던 내게 지휘관은 가서 인사해도 좋다고 말했지만, 속이 뒤틀린 나는 괜찮다고 말하며 정중히 거절했다. 그의 선거 책자 속 홍보 도구가 되고 싶지 않았기 때문이다.

나는 하와이 민주당원들이 이러한 사고방식이 얼마나 위험한지를 깨닫고 나처럼 분노할 줄 알았다. 언론도 이런 노골적인 헌법 무시에 대해 문제 제기할 것이라고 생각했다. 하지만 그들은 아무 말도 하지 않았다. 민주당, 소수 종교 지도자, 하와이 언론은 그를

---

\* 이슬람교의 종교적 법체계로, 무슬림의 삶을 포괄적으로 규율하는 '신의 법(신법)'을 의미한다. 아랍어로 '올바른 길' 또는 '신이 정해준 길'이라는 뜻을 가지고 있다.

비판하기는커녕 오히려 그의 편견어린 공격을 증폭시켰다. 이 일이 벌어진 지 20년이 지났는데 당시 케이스 의원이 드러냈던 헌법과 신앙인에 대한 경멸은 이제 많은 민주당 정치인에게서 공공연하게 나타나는 위험한 태도로 자리 잡았다.

조지 워싱턴 대통령은 1789년 첫 취임 연설에서 "이런 첫 번째 공식 행사에서, 우주를 지배하시고 만국의 회의를 주재하시며 섭리적 도움으로 인간의 모든 결함을 메울 수 있는 전능하신 존재께 간절한 기도를 올리지 않는다면 부적절한 일이다"[2]라고 말했다.

건국의 아버지들은 '종교의 자유'가 '종교로부터의 자유'를 뜻하지 않는다는 것을 분명히 알고 있었다. 공식 회의는 종종 기도로 시작되었고, 입법자들은 법안을 소개하거나 토론할 때 자주 신을 언급하곤 했다. 대부분의 미국 역사에서 양당의 대통령 후보들은 선거 유세 연설에서든 취임 후든 신을 자주 언급했다.

미국 헌법은 국교 수립을 금지하지만, 우리가 원하는 방식으로 신앙생활을 할 권리를 폐지하지는 않는다. 수정헌법 제1조는 단순히 '종교의 자유'를 보장하는 것에 그치지 않고, '종교의 자유로운 실천'을 보장한다. 한동안은 민주당과 공화당 간에 종교적 차이가 크게 드러나지 않았다.

1976년 미국은 '다시 태어난(born-again)' 기독교인이자 복음주의 지도자인 빌리 그레이엄(Billy Graham) 목사의 친구였던 지미 카터를 민주당 대통령으로 선출했다. 그러나 종교와 정치의 관계를 연구한 학자 에이미 설리번(Amy Sullivan)에 따르면, 당시 카터의 백악관 참모들은 카터의 기독교 신앙을 정치적인 부담으로 여겼다고 한다. 당시 민주당 지도부, 특히 뉴욕과 워싱턴의 자유주의 엘리트는 신에서 멀어져 있었기 때문이다.³ 많은 자유주의 엘리트에게 종교는 한 사람의 진보성에 의문을 제기하는 요소로 여겨졌고, 따라서 공공연히 드러내는 것은 허용되지 않았으며, 특정 청중 앞에서 선별적으로 활용될 때만 받아들여졌다.

빌 클린턴 대통령이 백악관에 있었던 8년 동안, 민주당 내에서 세속주의와 무신론으로의 이동은 계속되었다. 아칸소의 작은 마을에서 자란 클린턴 대통령은 목사 못지않게 성경 구절을 정확하게 암송할 수 있었지만, 그것은 전략적으로 활용된 것으로 보였으며, 중도 유권자들을 끌어들이기 위한 수단에 불과했다.

2004년 민주당의 정강에는 '신'이라는 단어가 7번이나 언급되었다. 그러나 내가 2012년 연방 하원의원 선거에 출마했을 때에는 민주당 정강에서 신에 대한 언급이 거의 완전히 사라져 있었다. 2020년 대선이 있던 해의 민주당 정강에는 '신'이라는 단어가 단 한 번만 등장했다. 민주당 전당대회 대의원인 마리사 리치먼드 박사는 심지어 그 한 번의 언급조차도 과하다고 여겨, 국기에 대한 맹세*에서 '신 아래(under God)'라는 구절을 생략하고, '한 나라(one nation)'와 '불가분의(indivisible)' 사이를 침묵으로 처리했다.⁴

---

\*   미국의 '국기에 대한 맹세'는 다음과 같다. "나는 미합중국 국기와 그것이 상징하는 공화국에 대해, 모든 사람을 위한 자유와 정의가 함께하고, '신 아래' 불가분한 하나의 국가인 공화국에 충성을 맹세합니다(I pledge allegiance to the Flag of the United States of America, and to the Republic for which it stands, one Nation 'under God', indivisible, with liberty and justice for all)."

내가 민주당전국위원회 부의장으로 있으면서 전국의 민주당 행사와 모임에 참석했을 때, 이런 현상을 직접 목격했다. 정치 대회나 연설, 간담회에서 누군가 기도를 하거나 '신, 종교'를 언급하는 일은 거의 없었다. 물론 언급할 수는 있었다. 그러나 실제로 그렇게 하면 모임 분위기가 즉각적으로 싸해지며, 많은 사람이 마치 '신'이라는 단어에 몸을 움츠리는 듯한 반응을 보였다.

처음에는 조용했던 신과 영성, 신앙인에 대한 적대감이 점점 더 노골적으로 드러나기 시작했고, 그들의 그런 태도는 나를 영적으로 깊이 불안하게 만들었다. 이것은 종교의 자유를 위협하는 태도이기 때문이다. 워싱턴 D.C.의 제퍼슨 기념관 벽면에는 강렬한 문구가 새겨져 있다. "우리에게 생명을 주신 신께서 자유도 주셨다. 이 자유가 신의 선물이라는 확신이 사라진 나라에서 자유가 안전할 수 있는가?" 서로를 신의 자녀로 인정한다는 것은 우리가 신께 속한 존재임을 깨닫는 것이며, 그 누구도 (정부든 개인이든) 신이 우리에게 주신 자유를 빼앗을 권리가 없다는 것을 아는 일이다.

코로나19 팬데믹 초기 몇 달 동안, 민주당 지도자들은 교회, 사찰, 모스크에 문을 닫으라고 명령하면서도 대형 유통업체, 스트립 클럽, 카지노, 주류 판매점은 운영을 계속 허용했다. 이 업체들은 '필수 사업체'로 간주되었지만, 종교 시설은 그렇지 않았다. 오리건에서는 예배당에서 많은 인원이 모여도 거리두기만 하면 운동 수업을 열 수 있도록 허용했지만, 같은 공간에서 25명이 모여 예배를 하면 벌금과 징역형을 내릴 것이라고 경고했다. 미시시피주 그린빌시는 자동차에 앉아 라디오로 설교를 듣는 드라이브-인 예배조차 금지했고, 경찰을 동원해 교회 주차장에 있던 신도들에게 1인당 500달러의 벌금을 부과했다. 테네시, 미시간 등 다른 주들도 같은 조치를 취했지만, 드라이브-인 음식점들은 아무런 방해나 위협도 받지 않았다. 정기 예배를 강행한 목회자들은 체포되거나 위협을 당했으며, 언론으로부터는 '할머니 살인자(grandma killer)'*, '종교 광신자'라는 낙인이 찍혔다.

정부가 어디를 '필수 시설'로 지정하고 어디를 그렇지 않다고 판단했는지를 보면, 정부의 우선순위가 얼마나 왜곡되었는지 드러난다. 교회보다 주류 판매점에, 야외 예배보다 카지노에 더 가치를 두었다. 물질주의에 사로잡혀 국민과 국가의 영적 복지에는 전혀 관심이 없으며 신앙인에 대한 적대감은 끝이 없었다.

명백한 이중 잣대가 존재했다. 주류 언론과 정부 관료는 모든 사람에게 동일한 기준을 적용하지 않았다. 코로나19 봉쇄 조치는 '흑인 생명은 소중하다(Black Lives Matter)' 시위대에게는 적용되지 않았다. 무리를 지어 상점을 약탈하고 경찰 본부를 불태운 그들에게는 그 어떤 책임도 묻지 않았고 기소되지도 않았다. 심지어 신앙인들에게는 함께 모여 예배하는 것조차 금지하며 집에 머물라고 했으면서도 조지 플로이드 사망 사건 이후 수십만 명이 모여 행진하는 것은 공중 보건 당국이 오히려 장려했다. 공중 보건 당국자들은

---

\* 팬데믹 기간 마스크를 쓰지 않거나, 방역 규칙을 따르지 않고 예배 등 모임을 강행한 사람들을 향해 "당신 같은 사람 때문에 고령자(특히 할머니, 할아버지)가 감염되어 죽게 된다"며 붙인 멸칭이다.

우리에게 집 밖에 나가지 말고 교회에도 가지 말라고 했으면서, 정작 자신들은 시위에 참여하며 다른 사람에게도 함께 하자고 권했다. 그들은 '사회정의'를 위한 행진이 코로나19로 인한 공중 보건 위험보다 더 중요하다고 주장했다. 그러나 팬데믹은 우리를 집에 억류시키고, 예배를 드린 목회자들을 감옥에 보내는 데 사용된 명분일 뿐이었다.

신앙인을 향한 편견은 여기에 그치지 않는다.

바이든 행정부는 역사상 그 어떤 대통령보다도 신앙인을 향한 공격 수위를 높였다. '가톨릭 리그(Catholic League)'는 미국 최대의 가톨릭 시민권 단체인데, '가톨릭 신자의 종교의 자유와 표현의 자유가 위협받는 어느 곳에서든 이를 수호하기 위해' 활동하고 있다. 가톨릭 리그 회장이며, 공군 참전 용사이자 오랜 시민 자유 운동가인 빌 도너휴(Bill Donohue) 회장은 "처음 활동을 시작했을 땐 대부분의 반가톨릭주의는 언론, 대중문화, 예술, 교육 분야에서 비롯됐는데 지금은 달라졌다. 이제는 500대 기업과 미국 정부, 그리고 일부 주 및 지방정부에서 더 심하게 나타난다"[5]고 말했다.

2011년 오바마케어(Obamacare)*가 통과되면서 모든 고용주가 피임약, 심지어 사후 피임약까지도 무료로 제공해야 한다는 연방명령이 시행됐다. 종교적 예외 조항은 극히 제한적이었고, 오바

---

\* 공식 명칭은 환자보호 및 부담적정보험법(The Patient Protection and Affordable Care Act, ACA). 2010년 3월 버락 오바마 대통령이 서명한 건강보험 개혁법으로, 더 많은 미국인이 의료보험에 가입할 수 있도록 하고, 의료 비용 부담을 낮추며, 보험회사의 규제를 강화하는 것을 목표로 한다.

마 행정부의 보건복지부는 이 조항이 '가난한 자들의 수녀회(Little Sisters of the Poor)'*와 같은 종교 비영리단체에는 적용되지 않는다고 판단했다. 이 수녀회는 종교적 신념 때문에 해당 규정을 따를 수 없었다. 오바마 행정부는 엑손, 펩시, 비자와 같은 거대 기업의 후원자들에게는 예외를 허용했지만, '가난한 자들의 수녀회'의 요청은 거절하면서 이 규정을 지키지 않을 경우, 수천만 달러의 벌금을 부과하겠다고 협박했다.[6]

'가난한 자들의 수녀회'를 노골적으로 겨냥해 해를 가하려는 권력 남용 앞에서, 수녀들은 종교의 자유를 침해당했다며 연방정부를 상대로 용기 있게 소송을 제기했다. 오바마 행정부는 신앙인을 향한 혐오와 경멸을 드러내며 강하게 반격했고, 이로 인해 수년에 걸친 막대한 법정 투쟁이 시작되었다. 그러나 수녀들은 한 치도 물러서지 않았고, 마침내 이 싸움은 대법원까지 올라갔다. 대법원은 수녀들의 손을 들어주며, 모든 미국인은 삶의 모든 영역에서 신앙을 자유롭게 실천할 권리가 있고, 정부는 개인에게 종교적 신념을 어기도록 강요할 권한이 없다는 원칙을 재확인했다.

2023년 1월 23일, FBI 리치먼드 지부의 한 정보 분석관이 작성한 메모의 제목은 다음과 같다. '인종적 또는 민족적 동기를 가

---

\* '가난한 자들의 수녀회'를 배제했다는 의미는 단순히 행정 절차상의 문제가 아니라, 종교적 신념을 가진 단체를 존중하지 않고 오히려 탄압했다는 상징적 의미를 담고 있다. '가난한 자들의 수녀회'는 가톨릭 신앙에 따라 피임이나 낙태를 반대했고, 그 신념은 오바마 행정부의 규정(오바마케어의 피임약 제공 의무)과 충돌했다.

진 폭력 성향의 급진적 전통주의 가톨릭 이념 신봉자들은, 거의 확실하게 FBI가 새로운 대응 및 완화 전략을 마련할 기회를 제공한다.' 나는 이 문서를 읽고 '급진적 전통주의 가톨릭 신자(radical traditionalist Catholic)'란 과연 누구를 말하는지 의문이 들었다. 우리 아버지는 하와이의 세인트 주드 성당에서 독서자로 봉사하는 가톨릭 신자인데, 이제 미사에 간다고 표적이 되는 걸까? 메모에는 이들이 전통 라틴어 미사를 선호한다는 점이 언급되어 있었고, 이 위협을 '완화'하기 위한 대응책으로 FBI가 교회 내부에 정보원을 심어 신도들을 감시하자는 제안까지 포함돼 있었다. 이 문건이 공개적으로 유출되자 FBI는 "기준에 부합하지 않는다(does not meet the exacting standards of the FBI)"*고 해명했지만, 이는 해당 내용을 분명하게 부정하거나, 그 안에 담긴 위험한 종교적 편견에 대한 책임 있는 사과나 대응이라고 보기는 어려웠다.[7] 이 사건이 드러낸 진짜 위협은 독실한 가톨릭 신자들에게서 비롯된 것이 아니다. 위협의 진원지는 오히려 바이든 행정부와 FBI 같은 정부 기관이었다. 이들은 독실한 신앙인(어떤 종교를 믿든 간에)을 국가의 위협으로 몰아가며, 그들을 감시하고 탄압의 대상으로 삼는 문화를 조장하고 있다.

2019년 트럼프 행정부는 '종교적 자유 및 자유로운 표현 규칙

---

\* FBI의 내부 보고서 작성과 정보 수집·분석에 관한 절차적 기준(예: 정확성, 신뢰성, 필요성 등)을 의미한다. 공식적으로는 해당 문건이 FBI의 승인된 지침이나 정책에 따라 작성된 것이 아니며, 내부 규정을 따르지 않았다는 뜻으로 해명한 것이다.

(Religious Liberty and Free Inquiry rule)'을 시행했다. 이는 종교적 학생 단체가 다른 학생 단체들과 동일하게 수정헌법 제1조에 따른 권리를 보장받지 못할 경우, 해당 고등교육기관의 연방 지원금을 중단하겠다는 내용을 담고 있었다. 실제로 기독교 학생 단체들은 클럽의 종교적 신념에 동의하지 않는 학생이 임원으로 활동하는 것을 제한했다는 이유로 대학 당국에 의해 정지되거나 전면 금지되곤 했다. 그러나 이는 상식적인 규칙이다. 체스를 싫어하는 사람이 체스 동아리의 회장을 맡아야 할 이유는 없고, 육식주의자가 비건 동아리를 이끌 이유도 없다. 마찬가지로 무신론자가 기독교 단체의 대표가 되어야 할 이유도, 기독교인이 무신론 동아리를 이끌 이유도 없는 것이다.

하지만 바이든 행정부는 이러한 상식적 규칙이 학생들의 수정헌법 제1조 권리를 보호하는 데 왜 중요한지를 인정하지 않았으며, 교육부를 통해 해당 종교적 자유 규칙을 철회하려는 움직임을 보이고 있다. 그 이유로는 이 규칙이 교육부에 '과도한 부담'을 준다는 것과, 학생들이 종교적 차별을 받았을 경우 법원에 직접 소송을 제기할 수 있기 때문에 이 규칙이 '필요하지 않다'는 것이다. 즉 종교의 자유를 침해당한 학생에게 헌법적 권리를 지키기 위해 고등교육기관을 상대로 직접 싸우라고 책임을 떠넘기고 있는 셈이다.[8]

이러한 사례들은 민주당 지도부가 헌법을 얼마나 무시하고 신앙인을 얼마나 경멸하는지를 보여주는 몇 가지 예에 불과하다. 그들은 단지 종교의 자유만 훼손하는 것이 아니라, 헌법에 명시된 신으로부터 부여된 우리의 근본적 권리 자체를 무너뜨리고 있다. 그들의 오만함과 권력욕은 너무도 커져서, 마치 자신들이 신보다 더 높은 권위를 가진 존재인 양 착각하고 있다. 그래서 그들은 신께서 주신 권리를 제멋대로 주었다가 빼앗을 수 있다고 믿었고, 우리가 그들의 신성모독적인 오만에 무릎 꿇기를 거부하면 마침내 총구로 위협하는 지경에까지 이르렀다.

## 종교적 자격 심사 금지

2018년 트럼프 대통령은 네브래스카 출신 검사 브라이언 부셔(Brian Buescher)를 연방 판사로 지명했다. 조지타운대 로스쿨을 졸업하고 농업법 분야의 전문가인 부셔는 자격면에서 충분했다. 그러나 민주당은 스스로를 '저항 세력'이라 자처하며 트럼프 대통령이 추진하는 모든 일을 정당성과 무관하게 무조건 막으려 했다. 트럼프가 지명했다는 이유 하나만으로 민주당 상원의원 누구도 부셔의 인준에 찬성할 생각이 없었다. 초당적 협력이 사라진 의회를 감안하면 실망스럽지만 놀라운 일은 아니었다. 그러나 부셔를 막기 위해 민주당이 선택한 공격 방식은 그중에서도 가장 비열한 것이었다.

상원 법사위 청문회에서 당시 상원의원이었던 카멀라 해리스는 부셔의 가톨릭 신앙과 그가 가입한 가톨릭 자선단체를 문제 삼으며, 그의 신앙 자체를 의심의 대상으로 몰아갔다. 그녀는 마이크에 대고 속삭이듯 말했다. "1993년부터 당신은 주로 가톨릭 남성으로 구성된 남성 전용 단체, '콜럼버스 기사단(Knights of Columbus)'*의 회원이었습니다." 마치 뭔가 부도덕한 비밀을 폭로하는 듯한 태도였다.⁹

민주당 엘리트의 익숙한 전술을 아는 사람이라면 해리스의 의도가 뻔히 보였을 것이다. '남성 전용', '가톨릭' 등의 단어를 이용해 부서를 성차별적이고 광신적인 종교인으로 몰아가는 전형적인 프레임이었다. 그녀가 굳이 인종 카드까지 꺼내 들지 않고, 민주당의 '깨어 있는' 사람들의 혐오 3중주를 완성하는 '백인(인종), 가톨릭(종교), 남성(성별)'이라는 말을 하지 않은 것이 오히려 의외일 정도였다.

하지만 해리스는 편리한 대로 다음과 같은 사실들은 전혀 언급하지 않았다. 콜럼버스 기사단은 존 F. 케네디 전 대통령도 소속되어 있었으며, KKK에 맞서 시민권을 위해 싸웠고, 스페셜 올림픽을 비롯한 다양한 비영리단체를 오랫동안 지원해왔다는 점이다. 그녀의 질문을 들으면서 나는 이런 생각이 들었다. '과연 해리스는 가톨릭 미사에 가 본 적은 있을까?' '그녀가 비난한 바로 그 신자들과 함께 기도해본 적은 있었을까?' '캘리포니아를 대표하는 상원의원으로서, 소수자 지역사회에서 도움을 제공하는 콜럼버스

---

* 1882년 미국 코네티컷주 뉴헤이븐에서 가톨릭 사제 마이클 맥기브니(Michael McGivney)에 의해 설립된 국제 가톨릭 자선 단체로서 가톨릭 신자 남성들의 기사단 조직이다. 가톨릭 교리를 수호하고 신앙 공동체를 섬기기 위한 연대 조직으로서 자선(Charity), 단결(Unity), 형제애(Fraternity), 애국심(Patriotism)을 4대 원칙으로 한다.

기사단의 지역 봉사활동에 참여한 적은 있었을까?' 그녀는 현실과 완전히 동떨어져 있었고, 이 단체에 대해 아는 것도 없었다. 내 아버지도 콜럼버스 기사단의 오랜 회원이며, 그의 교회는 대부분 필리핀계와 폴리네시아계 남성으로 구성돼 있다. 나도 그들과 함께 예배드렸고, 그들이 지역사회와 스페셜 올림픽 단체를 위해 헌신하는 모습을 직접 봐왔다. 내 이모도 오랜 시간 스페셜 올림픽 선수로 뛰어왔고, 그녀가 결승선을 향해 달려가며 웃는 얼굴은 어떤 것보다도 감동적이었다. 그녀의 웃음은 주변 모든 사람에게 기쁨을 주었다.

그러나 이 모든 것은 카멀라 해리스에겐 아무런 의미도 없었다. 그녀의 질문은 순전히 악의적이었으며, 신앙을 이유로 한 사람을 공격하고 파괴하기 위해 상원의원이라는 지위를 이용한 것이었다. 해리스는 부셔에게, 1990년대 초 기사단에 가입할 당시 '여성의 선택권(a woman's right to choose)*에 반대한다'는 단체의 입장을 알고 있었느냐고 물었다. 콜럼버스 기사단이 생명의 존엄성을 지지하고 종교적 신념으로 낙태에 반대하는 입장을 가진 가톨릭 단체라는 점에서, 그의 대답은 당연할 수밖에 없었다. 하지만 해리스는 상원 법사위 소속 상원의원으로서 이런 사실을 반드시 알고 있어야만 했다. 미국 헌법에 따르면 공직 임용 시 개인의 종교 신념을 이유로 자격을 제한하는 것은 명백히 금지되어 있으며, 이른바 '종교적 자격 심사'는 허용되지 않기 때문이다.

---

\* 여성의 임신과 출산에 관한 자기 결정권, 특히 낙태를 선택할 권리를 의미한다.

카멀라 해리스도 모든 연방 의원과 마찬가지로 "국내외 모든 적으로부터 미국 헌법을 지지하고 방어하겠으며, 이에 대해 진실된 충성과 신의를 바치겠다"고 선서했다. 미국 헌법에는 정부 직책에 종교적 리트머스 시험을 적용하는 것을 금지하는 명확하고 간결한 문구가 포함되어 있다. 헌법 제6조 3항에는 이렇게 명시되어 있다.

> 상원의원과 하원의원, 그리고 여러 주 입법부 의원, 모든 연방 및 주의 행정부와 사법부 공직자는 헌법을 지지하겠다는 선서나 확약을 해야 한다. 그러나 어떠한 종교적 자격 심사도 연방의 공직이나 공적 신임직에 요구돼서는 안 된다.

이 조항으로 인해 그동안 상원의원들은 특히 청문회가 생중계되는 상황에서는 공직 후보자에게 종교 단체 탈퇴를 요구하는 발언을 피하려 조심해왔다. 하지만 이제는 그렇지 않다. 카멀라 해리스 의원의 질문이 끝난 직후, 내 고향 하와이를 대표하는 민주당 상원의원 메이지 히로노(Mazie Hirono)가 부셔에게 "콜럼버스 기사단은 여러 극단적인 입장을 취해온 단체"라며 직접적인 질문을 했다. 히로노는 이 단체가 동성 결혼에 반대해온 점을 지적하며 "당신이 연방 판사로 인준된다면, 편향적으로 보이지 않기 위해 이 단체에서 탈퇴할 의향이 있습니까"[10]라고 물었다.

수십 명의 헌법학자는 이 질문이 헌법 위반 수준의 종교적 리트머스 테스트에 해당한다고 지적했다. 그러나 민주당이나 상원 지도부 중 히로노 의원이나 해리스 의원의 위법 행위에 대해 누구 하나 비판하거나 책임을 묻지 않았다. 그 어떤 징계도, 그들이 했던 행위에 대한 해명도 없었다. 오히려 급진적 성향의 민주당과 그들의 언론 선전 기관들은 히로노와 해리스를 '용감한 인물'이라 치켜세우며, 반트럼프 저항 세력의 선봉장으로 칭송했다. 그들이 전한 메시지는 분명했다. "당신이 만약 민주당 소속이고, '백인 중심'의 종교인 기독교를 믿는 백인을 공격한다면, 그것이 아무리 터무니없고 헌법에 위배되는 종교적 편견이라 할지라도 정당화될 뿐만 아니라, 오히려 찬사를 받는다."

2017년 에이미 코니 배럿이 제7연방 순회항소법원의 판사로 지명되었을 때, 다이앤 파인스타인(Dianne Feinstein) 상원의원은 그녀를 강하게 몰아붙였다. 논란과 정치색이 짙은 인준 청문회에서 파인스타인은 배럿의 주간 신앙 활동, 가톨릭 교리에 대한 신념, 심지어 그녀가 입양한 자녀들에 대해서까지 집요하게 물었다. 청문회 말미에 그녀는 충격적인 말을 남겼다. "당신의 연설문을 읽다 보면 내리는 결론은 단 하나입니다. '당신 안에 도그마(dogma)*가 시끄럽게 살아 숨 쉬고 있다'는 점입니다. 그리고 이러한 점은 수년간 미국에서 수많은 이들이 싸워온 중대한 사안들을 다룰 때 문제가 될 수 있습니다."[11]

그리 오래되지 않은 과거에 존 F. 케네디도 가톨릭 신앙을 이유로 차별을 받았다. 당시까지 미국은 가톨릭 신자를 대통령으로 뽑은 적이 없었고, 케네디의 반대파들은 유권자들의 마음속에 '그가

---

\* 의심이나 논쟁 없이 받아들이는 절대적 믿음.

로마 교황의 지시를 받을 것'이라는 종교적 편견과 의심을 심어 종교적 비방을 선동했다. 이에 대해 케네디는 1960년 텍사스 휴스턴에서 개신교 목회자들 앞에서 한 연설을 통해 정면으로 반박했다. 그 연설은 당시에 강력한 메시지를 던졌으며, 지금 이 순간에도 여전히 유효하다.

나는 미국이 공식적으로 가톨릭도, 개신교도, 유대교도 아닌 나라라고 믿는다. 공직자가 교황이나 국가교회협의회 또는 그 어떤 종교 기관으로부터 공공 정책에 대한 지시를 받거나 이를 받아들여서는 안 되며, 어떠한 종교 단체도 국민 전체나 공직자의 행위에 대해 직간접적으로 의지를 강요해서는 안 된다. 종교의 자유는 너무나도 불가분한 것이기에, 서로 긴밀하게 연결되어 있다. 한 교회가 공격받으면 그것은 그 교회만의 문제가 아니라 모든 종교 공동체에 대한 공격으로 보아야 한다.

올해는 비난의 손가락이 가톨릭을 향하고 있지만, 지난 시절에는 유대인이나, 퀘이커, 유니테리언, 침례교도들이 그 대상이 되었고, 언젠가 또다시 그렇게 될 수 있다. 예컨대 버지니아에서 침례교 목사들을 괴롭혔던 일은 '제퍼슨의 종교 자유 법령(Jefferson's statute of religious freedom)'*을 이끌어낸 계기가 되었다. 오늘은

---

\* 정부가 특정 종교를 강요하거나 지원할 수 없으며, 모든 개인에게는 자신의 종교를 자유롭게 선택하고 실천할 권리가 있다는 것을 선언했다.

내가 피해자일지 모르지만, 내일은 당신이 될 수 있다. 이 나라의 조화롭고 자유로운 사회 구조는 국가적 위기가 닥치면 그렇게 쉽게 무너지고 찢겨 나가게 되는 것이다.[12]

그의 메시지는 명확하다. 우리는 모두 종교의 자유를 지키기 위해, 그리고 편견과 증오에 맞서 함께 일어서야 한다. 오늘 당신이나 당신의 가족, 친구, 신앙 공동체가 공격받고 있지 않다고 해도, 내일은 당신이 그 대상이 될 수 있다. 한 사람에 대한 공격은 결국 우리 모두에 대한 공격이다.

브라이언 부서 청문회 며칠 후, 나는 모든 미국인이 종교나 정치 성향을 떠나 분노해야 한다는 내용의 칼럼을 썼다. 상원의원들의 행동은 미국 헌법의 핵심인 수정헌법이 제1조가 보장하는 종교의 자유를 위협하는 위험한 선례를 남겼기 때문이다. 나는 이렇게 썼다.

> 너무 오랫동안 정치인들은 종교를 자신의 이익을 위한 무기로 삼아왔다. 그들은 정치적 반대자의 신앙, 종교, 영적 실천을 빌미로 편견과 공포, 의심을 조장해왔다.
>
> 우리가 스스로를 기독교인, 힌두교도, 무슬림, 시크교도, 불교도, 유대교도, 무신론자, 불가지론자 또는 그 무엇이라 생각하든 간에, 종교의 자유와 안전하게 종교를 믿거나 믿지 않을 수 있는 권리를 지키기 위해 함께 일어서야 한다. 그리고 그 자유는 보복에 대한 두려움 없이 보장되어야 한다.
>
> 종교를 미끼로 정치적 이익을 추구하는 지도자들은 불을 가지

고 노는 것이며, 그들은 이 나라의 평화와 조화를 자신의 정치적 야욕을 위해 희생시키고 있다.

우리는 함께 일어나 종교적 편견을 직시하고 단호히 거부하며, 미국인으로서 우리를 하나로 묶는 자유와 원칙을 지켜내야 한다.[13]

이 문제는 사적인 사안이기도 하다. 아버지가 정치적 동기로 가득한 편견의 표적이 되었을 뿐 아니라, 나 또한 같은 일을 직접 겪었기 때문이다. 2012년과 2014년 연방 하원의원 선거에 출마했을 당시, 상대였던 공화당 후보는 "힌두교도는 미 의회에서 봉사해서는 안 되며, 힌두교는 미국 헌법과 양립할 수 없다"고 공개적으로 말했다.[14] 2016년 재선 캠페인 때는 "털시 개버드에게 투표하는 것은 악마에게 투표하는 것"이라는 말까지 들었다.[15] 2020년 대선 캠페인에서는 주류 언론과 소위 진보 민주당 인사들로부터 직간접적으로 종교적 공격을 받았다. 한 유명 잡지는 내 신앙에 대해 공정하고 편견 없이 다루겠다며 장문의 인터뷰를 요청했지만, 기자는 내 정책이나 신념, 영적 여정에는 관심조차 없었다. 그들은 나라는 사람, 나의 마음, 나의 영적 실천에 대해 아무것도 모른 채, 내가 신과의 개인적인 관계에 대해 진심으로 들려준 답변은 외면하고, 힌두교 혐오적 공격과 루머, 인신공격에 지면 대부분을 할애했다.

미국인의 세금으로 운영되는 내셔널퍼블릭라디오(NPR) 역시 같은 방식으로 나를 인터뷰했다. 진행자는 오프닝 멘트부터 내가 인터넷상에서 받았던 온갖 근거 없는 편견과 루머를 늘어놓기 시작했는데, 대부분은 내 종교와 관련된 내용이었다. 그 순간 나는 인터뷰가 진정성 있는 대화가 아니라는 것을 바로 알 수 있었다. 그녀의 목표는 대화가 아니라 의심을 부추기고 정치적으로 나를 공격하며, 상처를 입히는 것이었다. 결국 나는 자리를 박차고 나왔다. 대화에 관심이 없는 사람과는 진정성 있는 대화를 할 수 없기 때문이다. CNN의 대통령 타운홀 방송에서도 마찬가지였다. 진행자 다나 배시(Dana Bash)는 마치 힌두교에 대한 편견을 자극하려는 듯한 질문을 던지며, 유권자들에게 "털시 개버드는 종교적으로 의심스러운 인물"이라는 '도그 휘슬(a dog whistle)'*을 던졌다.

민주당 엘리트와 그들의 언론 선전 매체가 보여주는 이중 잣대는 분명하다. 그들은 종교적 편견이 정치적 또는 경제적으로 유리할 때는 소리치며 비난하지만, 정작 그 편견이 그들의 이익에 부합할 땐 아무런 거리낌 없이 부추긴다.

## 은혜가 나를 고향으로 인도하리라

2015년 6월 18일 아침, 우리는 전날 밤 사우스캐롤라이나 찰스턴의 한 역사적인 교회에서 벌어진 끔찍한 총기 난사 사건 소식을 들

---

\* 표면적으로는 중립적으로 들리지만, 특정 집단만 알아들을 수 있도록 암시적으로 전달하는 메시지를 뜻한다.

고 충격에 빠졌다. 한 괴한이 찰스턴에 있는 마더이매뉴얼아프리카감리교교회(Mother Emanuel AME Church)의 지하실로 들어가, 아홉 명을 살해한 것이다. 이 교회는 1800년대 초부터 이어져 내려온 흑인 감리교 전통의 유서 깊은 성지였다.

범인은 자칭 네오나치(neo-Nazi)*였던 21세 백인 우월주의자 딜런 루프(Dylann Roof)였다. 그는 이 교회를 공격 대상으로 삼은 이유에 대해 "이곳은 과거 노예였던 흑인들과 자유를 얻은 흑인들이 함께 예배하며 아직 해방되지 못한 이들을 구원할 계획을 세웠던 장소이기 때문"이라고 밝혔다. 찰스턴 곳곳에는 수많은 역사 기념물이 있었지만 그가 이 교회를 선택한 이유는 단 하나였다. 이 끔찍한 총격이 인종 전쟁의 도화선이 되길 바랐기 때문이었다.

2015년 6월 17일 저녁, 루프는 성경 공부 모임이 열리는 시간에 맞춰 마더이매뉴얼교회의 지하실로 들어왔다. 교인들은 낯선 방문자였던 그를 환대하며 자리에 앉게 했다. 그런데 루프는 돌연 권총을 꺼내 무차별적으로 총격을 가하기 시작했다. 그 와중에 젊은 남성 타이완자 샌더스가 일어나 주변 사람들을 보호하려 애쓰며 루프에게 왜 이런 짓을 하는 건지 물었다. 그러자 루프는 "너희는 우리 여자를 강간하고, 세상을 장악하려고 하기 때문"이라고 답했다. 그리고는 타이완자를 향해 총을 다섯 발 쏘고, 그가 마지막 숨을

---

\*   '신(新) 나치.' 2차 세계대전 이후에도 나치즘(히틀러의 전체주의, 인종주의, 반유대주의 등)을 계승하거나 지지하는 극우 성향의 정치 집단이나 인물을 뜻한다.

거두는 모습을 지켜보았다.

딜런 루프는 그날 아홉 명을 살해하고, 한 명에게 중상을 입힌 후 도주했다. 다음 날 아침, 그는 찰스턴에서 북쪽으로 약 400킬로미터 떨어진 곳에서 경찰에 체포되었다. 그의 차 안에는 다음 목표로 삼은 여러 교회의 리스트가 있었다.

하지만 그다음에 일어난 일은 신의 은혜와 사랑의 능력 없이는 불가능했을 기적과도 같은 일이었다. 총기 난사 사건 이틀 후, 루프의 첫 번째 법정 출두가 있었고 피해자 유족들이 법정에 참석했다. 나는 그 자리에서 눈물과 절망, 분노가 가득할 것이라 예상했다. 사랑하는 이를 한순간에 잃게 한 낯선 살인자에게 쏟아질 원망과 격렬한 저주를 떠올렸기 때문이다.

하지만 전혀 다른 일이 벌어졌다.

일흔의 나이에 세상을 떠난 희생자인 에설 랜스는 다섯 자녀와 일곱 명의 손주, 네 명의 증손주를 남겼다. 그녀의 딸은 법정에서 용기를 내 딜런 루프에게 직접 말했다. "나는 다시는 어머니를 안을 수 없어요. 하지만 당신을 용서합니다. 당신의 영혼에 신의 자비가 있기를 바랍니다. 이 일은 나를 너무도 아프게 했고, 많은 사람을 고통스럽게 했지만, 신께서 당신을 용서하셨고, 나도 당신을 용서합니다."

그날 성경 공부에 참석했던 타이완자 샌더스의 어머니도 자기 아들이 가까운 거리에서 총에 맞는 장면을 목격했다. 그녀는 자리에서 일어나 말했다. "수요일 밤, 우리는 당신을 성경 공부 모임에서 두 팔 벌려 맞이했어요. 하지만 당신은 내가 아는 가장 아름다운 사람들을 죽였어요. 타이완자는 내 아들이었지만, 그는 동시에 나의 영웅이기도 했습니다. 성경 공부 중에 나눴듯이, 우리는 당신과 함께한 그 짧은 시간조차 나름대로 소중히 여겼습니다. 그런데… 신께서 당신의 영혼에 자비를 베푸시길 바랍니다."[16]

이 용서와 사랑의 깊고도 강렬한 표현은 그 자리를 짓눌렀던 슬픔을 꿰뚫고, 어둠 속에 빛을 비추었으며, 그 법정만이 아니라 미국 전역의 어둠 속에도 빛을 선사했다. 이루 말할 수 없는 이 비극이 벌어진 지 단 이틀 만에 (대부분의 사람이 그 정도의 상실을 겪었다면 아예 집 밖을 나서기도 어려웠을 그 시기에) 이들은 법정에 와서, 불과 48시간 전 증오로 가득 차 성경 공부 모임에 참석해 아홉 명을 무참히 살해했던 살인자를 향해 마음의 문을 열고 용서의 말을 건넸다. 그들은 마틴 루서 킹 주니어 목사가 설교했던 내용을 삶으로 실천하는 살아 있는 본보기였다.

> 증오로 증오를 되갚으면, 증오만 더욱 커져서 별빛조차 없는 밤을 더욱 어둡게 만들 뿐이다. 어둠은 어둠을 몰아낼 수 없고, 오직 빛만이 어둠을 몰아낼 수 있다. 증오는 증오를 몰아낼 수 없다. 오직 사랑만이 그것을 이길 수 있다.[17]

나는 믿을 수 없는 강렬한 사랑의 표현을 보면서 감정이 벅차올라 눈물을 주체할 수가 없었다. 피해자 유가족들의 눈에 고인 눈물과, 이루 말할 수 없는 끝없는 고통 속에서도, 나는 그들의 마음에서 흘러나오는 사랑의 물결을 느꼈다. 그렇게 용서할 수 없는 사람을 용서할 힘을 주는 존재는 단 하나, 오직 자비롭고 친절하며 사랑이 충만하신 신뿐이었다. 오직 신의 무한한 자비와 은혜, 그리고 사랑의 힘으로만 그토록 극악무도하고 증오로 가득 찬 범죄를 저지른 사람을 용서할 길을 찾을 수 있었다.

사건 발생 9일 후, 나는 친구인 트레이 가우디(Trey Gowdy) 의원과 함께 사우스캐롤라이나에서 열린 추모식에 참석했다. 우리는 추모식이 열릴 TD 아레나로 향하면서 찰스턴의 자갈길을 따라 걸었다. 트레이는 곳곳을 가리키며, 이 도시 곳곳에 아직도 생생히 남아 있는 노예무역의 상처에 대해 이야기해주었다. 그는 챌머스 거리 6번지에 있는 옛 노예시장 이야기를 들려주었다. 그곳은 남녀노소 할 것 없이 쇠사슬에 묶여 끌려와 90센티미터 높이의 탁자 위에 물건처럼 올려져 경매에 부쳐졌던 자리였다. 아레나에 도착한 나는 트레이, 팀 스콧 상원의원과 함께 잠시 어둑한 휴게실에 들려 손을 맞잡고 조용히 기도했다. 그 순간, 마더이매뉴얼교회 합창단의 아름다운 찬양 소리가 복도 너머에서 들려왔다. 어둑한 휴게실 안에서 우리는 서로 감사의 마음을 나누었다. 무조건적인 신의 사랑과 자비, 그리고 며칠 전 살해당한 이들의 생명을 기리기 위해 전국 각지에서 모인 수많은 영혼을 하나로 묶어주신 그 은혜에 대한 감사였다.

온 나라가 함께 애도했고, 신의 사랑 안에서 평화를 찾았다. 경기장 안으로 들어가 자리를 잡았을 때는 이미 수천 명의 사람들이 신을 찬양하며 예배하고 있었다. 합창단의 부름에 응답하는 찬양의 목소리는 경기장의 모든 벽을 울렸고, 그 힘은 오직 신을 찬양하는 마음이 하나로 모일 때만 느낄 수 있는 거룩한 영적 에너지였다. 그 순간 나는 아버지가 어머니와 결혼할 때, 어머니에게 불러줬던 〈웨딩 송(The Wedding Song)〉의 가사가 떠올랐다.

> 이곳에 모인 당신들의 영혼이 하나 되어 그분을 머무르게 했네. 두 사람, 아니 그 이상이 그분의 이름으로 함께할 때마다 그곳에는 언제나 사랑이 있네.[18]

신의 무조건적인 사랑이 담긴 따스한 포옹이 우리 모두를 감싸안았다. 그날 그 자리에 모인 사람들에게는 인종도, 성별도, 정치 성향도 전혀 중요하지 않았다. 우리는 한마음, 한 가족, 친구이자 국민, 신의 자녀로서 함께 섰고, 그분의 은혜와 사랑 앞에 마음을 활짝 열었다.

추모식은 수천 명의 목소리가 하나로 모여 힘차게 부른 〈어메이징 그레이스(Amazing Grace)〉로 장엄하게 마무리되었다.

> 놀라운 은혜, 그 얼마나 감미로운 소리인가 나 같은 죄인을 구원하셨네. 한때는 길을 잃었으나 이제는 다시 찾았고, 보지 못했으나 이제는 보게 되었네.

> 은혜가 내 마음에 경외심을 가르쳤고 그 은혜가 나의 두려움을 덜어주셨네. 처음 믿음을 가진 그 순간, 그 은혜가 얼마나 귀하게 다가왔는지!

수많은 위험과 고난과 올가미를 지나 나는 이미 여기까지 왔네.
그 은혜가 지금껏 나를 안전하게 인도했고, 그 은혜가 나를 마침
내 집으로 이끌리라.

만 년이 지나도록 이곳에 있어도 태양처럼 밝게 빛나며, 우리는
처음 시작할 때와 다름없이 끝없이 신의 찬양을 부를 터이니.

내 양옆에 누가 서 있었는지는 기억나지 않는다. 우리는 손을 맞잡았고, 나는 눈을 감은 채 노래를 불렀다. 그러자 눈물이 내 얼굴을 타고 흘러내렸다.

  이 끔찍한 비극의 어둠 한가운데서도, 신의 놀라운 사랑의 힘은 눈부시게 빛났다. 그 사랑은 민주당원이든 공화당원이든, 흑인이든 백인이든 황인이든, 기독교인이건 힌두교인이건, 남성이든 여성이든 상관없이 우리 모두에게 이 나라를 하나로 묶는 길을 보여주었다. 우리는 모두 신의 자녀이다. 이 단순한 진리를 인식하는 것이야말로, 우리가 '한 나라, 신 아래에서' 존재할 수 있게 해주는 본질적인 접착제다. 만약 이 보이지 않는, 초월적인 영적 사랑의 힘을 제거한다면, 증오와 탐욕, 부패라는 어둠의 세력이 우리 공동체의 결속을 산산조각낼 것이다. 그리고 불행히도, 그 붕괴는 이미 시작되고 있다.

## 결론

미국은 지금 영적인 위기에 직면해 있으며, 그 위기는 우리를 분열시키고 있다. 미국의 건국이념은 독립선언서의 핵심에 깊이 새겨져 있다.

> 우리는 다음의 진리를 자명한 것으로 믿는다. 모든 인간은 평등하게 창조되었으며, 창조주로부터 생명과 자유, 그리고 행복을 추구할 권리라는 양도할 수 없는 권리를 부여받았다.

이것이 바로 우리 헌법의 영적 토대이며, 미국의 도덕적 기반이다. 이 영적 기반이 무너진다면, 국가의 몰락도 피할 수 없다. 수정헌법 제1조는 우리가 신과의 사적 관계를 선택하고, 그 신앙을 어떠한 방식으로든 자유롭게 표현할 수 있는 권리를 국가가 존중하고 보호할 것을 요구한다. 이는 국가가 뒷받침하는 보복이나 검열, 차별에 대한 두려움 없이 누려야 할 신께서 우리에게 부여하신 권리이며, 동시에 어떤 신앙이나 종교, 영적 실천도 갖지 않을 자유 또한 포함된다.

그러나 오늘날의 민주당은 이러한 자유를 믿지 않는다. 그들은 권리가 정부가 아닌 신으로부터 온다는 헌법의 근본정신을 부정하고 있다.

우리의 권리가 인간이나 정부, 그 어떤 제도보다 초월적인 존재로부터 부여되었다는 사실을 인정하는 것은, 그 어떤 인간도 정부도 제도도 그러한 권리를 빼앗을 자격이 없음을 인정하는 것이다. 우리의 권리가 더 높은 존재에게서 온 것임을 깨닫는다면 누구든 그 권리를 침해하려 할 때 당연히 저항할 것이다. 그들이 그럴 권한이 없다는 것을 우리는 너무도 잘 알고 있기 때문이다.

국민 위에 군림하려는 자들은 이 장애물을 극복하기 위해 가장 먼저 우리의 신에 대한 사랑과 믿음, 그리고 신뢰를 약화시키려 한다. 당근과 채찍을 동원해 우리가 신이 아닌 오직 그들만을 믿고 따르도록 회유하거나 강요하려 한다. 결국 우리의 권리가 '양도할 수 없는 것'이라는 개념 자체는 그 권리가 초월적 존재로부터 부여되었기에 누구도 빼앗을 수 없다는 뜻이며, 이는 곧 그러한 초월적 존재의 실재를 전제로 한다. 그 믿음이 사라지면, 그 위에 쌓여 있던 자유의 구조 전체가 무너진다.

이것이 바로 민주당 엘리트가 우리의 삶에서 신을 지우려 안간힘을 쓰는 이유다. 자유를 위협하는 가장 위험한 존재는 스스로 신보다 더 강력해지기를 원하는 정당의 지도자들이다. 그들은 신을 질투하며, 자신들이 궁극의 지배자가 되기를 열망하는 욕망 속에서 신을 가장 큰 경쟁자로 여긴다. 이 병든 사고 속에서 그들은 다른 사람들을 그들의 의지대로 지배하고, 복종시키는 데서 쾌감을 느낀다. 결국 그들은 우리가 그들을 신처럼 여기고 숭배하며, 사랑하고, 복종하길 원한다.

이것이 바로 민주당 엘리트가 우리의 공적 삶에서 신에 대한 모든 언급을 지우려는 데 혈안이 된 이유다. 그들은 스스로 신이 되기를 원하기 때문에, 신을 밀어내야만 한다. 그들은 우리가 오직 그들의 말만 듣기를 원하며 통제와 권력을 쥐기 위한 탐욕 속에서, 사람들이 신으로부터 온 자신의 양심에 따라 움직이는 것을 결코 용납할 수 없다.

민주당 엘리트가 인정하든 아니든, 그들이 신을 두려워하는 이유는 신이 곧 사랑이기 때문이다. 그리고 사랑보다 강한 힘은 이 세상에 존재하지 않는다. 신과 관계를 맺는 이들은 그분의 사랑 안에서 참된 행복과 내면의 힘, 그리고 흔들리지 않는 확신을 얻는다. 그러나 민주당 엘리트는 우리 국민이 강하고, 확신에 차 있으며, 두려움 없이 살아가는 것을 바라지 않는다. 약하고 두려움에 사로잡힌 사람일수록 통제하기가 훨씬 쉽기 때문이다. 그들은 신으로부터 비롯된 내면의 영적 힘을 가진 사람들을 두려워한다. 그런 사람들은 정의 앞에 당당히 설 용기와 진실을 말할 의지, 그리고 지배하려는 권력자들을 거부할 힘을 가지고 있기 때문이다.

진정한 행복은 신과의 관계 속에서 신을 사랑하는 데 있다는 사실을 아는 사람들은 그들이 흔드는 유혹의 장난감이나 억압의 채찍에도 결코 흔들리지 않는다. 그들이 신을 부정하라며 어떤 방식으로든 우리를 압박하더라도, 결코 성공할 수 없다. 신을 기쁘게 하려는 우리의 마음은 세상이 주는 상벌보다 훨씬 크고 깊다.

신과 영성, 그리고 신앙인을 적대시하는 것은 결국, 헌법이 보장한 자유의 뿌리를 부정하는 행위다. 이러한 적대성을 품은 개인이나 정당은 헌법이 보장한 불가침의 권리를 지킬 자격이 없다. 그들은 권력을 가질 자격도 없다.

나는 양심상 더 이상 그런 정당에 속할 수 없다. 그래서 나는 이제 민주당원이 아니다.

# 5장
# 전쟁광 엘리트 카르텔

나는 더 이상 오늘날의 민주당에 남아 있을 수 없다. 지금의 민주당은 깨어 있는 척하는 전쟁광 엘리트 집단에 완전히 장악당했으며, 이들은 우리를 핵전쟁의 벼랑 끝으로 몰아가고 있다.

지금 인류는 역사상 그 어느 때보다 핵 참사에 가까워져 있다.

어쩌다 이렇게 되었을까?

근본 원인은 힐러리 클린턴과 민주당 엘리트가 끝없는 권력욕에 사로잡혀 질주한 데 있다. 이들은 2016년 대선에서 이기기 위해 미국 국민은 물론 전 세계의 안보와 안전, 복지를 기꺼이 희생했다. 그들의 전략은 단순했다. 선전 언론과 국가 안보 기관을 총동원해 러시아와의 신냉전을 부추기고 격화시킨 뒤, 푸틴을 새로운 히틀러로 몰아갔다. 그리고 트럼프를 푸틴과 연관 지어 파괴하려 했다.

힐러리 클린턴, "도널드 트럼프는 푸틴의 '꼭두각시'가 될 것이다."
— CNN[1]

도널드 트럼프는 2016년 대선 출마 때부터 친러시아적 행보를 보여왔다.
— MSNBC[2]

> 트럼프가 러시아의 첩자일 가능성이 있다.
> — 앤드루 매케이브, 전 FBI 국장대행[3]

> 도널드 트럼프는 푸틴이 꿈꿔온 모든 것을 완벽하게 갖춘 인물이다.
> —《뉴 리퍼블릭》[4]

나는 더 이상 민주당 엘리트와 함께할 수 없다. 이들은 자신의 야망을 채우기 위해 신냉전의 불길에 기름을 붓고, 그 결과로 우리의 자유와 번영, 미국 국민과 국가, 나아가 전 세계의 존립까지도 위험에 빠뜨리는 데 서슴지 않는다. 그들의 행동은 나를 역겹게 만든다.

## 훈련이 아니다

2018년 1월 13일 아침, 오전 7시쯤 하와이에 해가 떠올랐다. 부드러운 오렌지빛 햇살이 텅 빈 거리를 물들였고, 이른 아침 서퍼들은 노를 저어 반짝이는 바다로 나가 보드 위에 앉아서 고요히 다가올 파도를 기다리고 있었다. 해변에서는 호텔 직원들이 호텔에서 막 나오는 관광객을 위해 모래 위에 하얀 의자들을 줄지어 배치하고 있었다. 몇 분 동안은 그저 평화롭고 한가로운 하와이의 주말 아침처럼 보였다.

하지만 아니었다. 그날은 결코 잊을 수 없는 날이 될 운명이었다.

당시 나는 하원의원으로 활동한 지 5년 정도 되었고, 호놀룰루 도심을 제외한 하와이 전역을 포함하는 제2선거구를 대표하고 있었다. 주말이면 종종 워싱턴에서 하와이로 돌아가 지역구 활동을 했지만, 그 주말만큼은 예외적으로 워싱턴 D.C.에 머물고 있었다. 나는 집 소파에 앉아 노트북을 열고, 김이 모락모락 나는 된장 라면을 앞에 두고 조용한 오후를 독서와 업무로 보내려던 참이었다.

그때 휴대전화 진동음이 울렸다. 언론 담당 비서인 에밀리에게서 온 문자였다. 그 주에 그녀는 하와이 지역 사무실에서 일하고 있었다.

"방금 이런 걸 받았어요."

문자에는 그 내용뿐이었다. 가슴 깊은 곳에서 뭔가 심상치 않다는 불안감이 밀려왔다. 나는 곧장 전화를 걸었지만 그녀는 받지 않았다. 트위터를 열어 속보를 확인했지만 아무것도 없었다. 《뉴욕타임스》, 《워싱턴포스트》 등 주요 언론사 헤드라인을 훑어봐도 눈에 띄는 것은 없었다. 다시 에밀리에게 전화를 걸었다. 이번에는 받았지만, 그녀는 말을 거의 잇지 못했다.

"봤어요?"

에밀리의 목소리는 거의 공황 상태였다. 나는 스피커폰으로 전환한 뒤 문자 스레드를 다시 열었다. 그제야 그녀가 보낸 스크린샷이 도착했다. 숨이 멎을 것 같은 충격이 밀려왔다.

"하와이로 탄도미사일이 접근 중입니다. 즉시 대피소를 찾으십시오. 실제 상황입니다."

나는 온몸이 얼어붙는 듯한 충격을 받았다. 하와이였다. 하원 군사위원회 위원으로 활동하던 나는, 줄곧 북한의 미사일과 핵무기 능력이 지속적으로 고도화되고 있다고 경고해왔다. 더 효과적인 미사일 방어 체계가 필요하며, 긴장을 완화하고 한반도를 비핵화하기 위한 협상이 필요하다고 주장해왔다. 그 목표는 당시만 해도 여전히 가능해 보였다. 하지만 휴대전화 화면에 뜬 그 경고문을 보는 순간, 숨이 멎었다. 핵 버섯구름, 무너지는 건물들, 뜨겁고 하얀 섬광이 내 가족을 삼켜버리는 장면, 수천 가지 재앙의 이미지가 머릿속을 스쳐 갔다. 막 일어나 아침 기도를 드리고 있을 부모님이 떠올랐다. 8,000킬로미터나 떨어져 있는 하와이의 친구들과 가족들이 생각났다.

경고문에는 이렇게 적혀 있었다. "즉시 대피소를 찾으십시오."

하지만 치명적인 문제가 있었다. 누구라도 피할 수 있는 대피소가 없었다. 부모님이 달려가 몸을 숨길 수 있는 곳도 없었다. 하와이 전역에는 (어쩌면 주지사나 최고위 관리들을 제외하고는) 그 어떤 대피소도 없었다. 지하 벙커 같은 것이 있었다고 해도, 뒤따를 핵 공격의 충격파나 방사능 낙진, 핵겨울로부터 사람들을 지킬 수 있는 수준은 아니었다.

"즉시 대피소를 찾으십시오. 이것은 훈련이 아닙니다."

수많은 감정이 한꺼번에 몰려왔지만, 그중 가장 큰 것은 완전한 무력감과 극도의 공포였다. 상상조차 할 수 없었던 일이 실제로 벌어지고 있었다. 어쩌면 단 몇 분밖에 남지 않은 상황에 북한에서 날아오는 미사일에 내가 가장 사랑하는 사람들이 곧 사라질 텐데, 나는 지금 그들과 함께할 수도 없었다. 과연 그들에게 마지막으로

5장 전쟁광 엘리트 카르텔 175

사랑한다고 말할 수 있을까?

에밀리는 여전히 전화를 붙잡은 채, 한 발자국도 움직이지 못했다. 그녀는 욕조 속에 몸을 웅크린 채 떨리는 목소리로 말했다. "지금… 내가 뭘 해야 할지 모르겠어요."

나는 의회에서 점점 커지는 북한의 위협에 대해 계속 경고해왔지만, 동료 의원 대부분은 이를 심각하게 받아들이지 않았다. 민주당은 트럼프 대통령이 러시아 요원이자 협력자라며 공격하기에 바빴고, 많은 공화당 의원과 TV 전문가는 북한의 위협이 중요하지도 않고 신경 쓸 가치도 없는 문제라며 가볍게 치부했다. 북한의 미사일과 핵무기 능력이 점점 강화되고 있다는 보고서가 의회에 계속 올라왔지만 아무도 관심을 갖지 않았다. 도저히 믿기지 않았다. 어떻게 이런 중대한 위협을 알아보지 못할 수 있단 말인가? 그럼에도 나는 포기하지 않고 끝까지 밀어붙였다. 결국 동료 의원들을 설득해 하와이를 방어하기 위한 국토방위레이더(HDR) 시스템 설치를 추진하는 데 성공했다.

하지만 그날 아침, 경보가 울린 순간에는 어떠한 방어 체계도 작동하지 않았다. 하와이 전역은 순식간에 패닉과 공포에 휩싸였다. 관광객이든 주민이든 모두 다 같은 메시지를 보고, 듣고 있었다.

"하와이로 탄도미사일 위협 접근 중. 즉시 대피소를 찾으십시오. 실제 상황입니다."

독자 여러분, 당신이 지금 있는 그 자리에서 잠시 생각해보자. 당신은 지금 집 소파에 앉아 이 책을 읽고 있거나, 운전 중이거나, 설거지를 하고 있을지도 모른다. 그런데 그 순간, 휴대전화에서 경고음이 울려 화면을 확인했는데 위와 같은 메시지가 떠 있다면 당신은 어떤 감정을 느끼게 될까? 가장 먼저 무슨 생각이 떠오를까? 아이들은 어디에 있지? 배우자는? 부모님은? 시간은 얼마나 남아 있지? 가족과 제때 연락할 수는 있을까? 미사일 타격까지 남은 시간이 15분에서 20분밖에 없을지도 모르는 상황에서 당신은 어디로 향하겠는가? 지하실? 욕조? 주민센터? 그 어떤 곳도 당신과 당신이 사랑하는 사람들을 지켜주지 못할 것이다.

그 토요일 아침, 모든 하와이 사람은 끔찍한 현실과 마주해야 했다. CCTV 영상에는 하와이대학교 학생들이 캠퍼스를 전속력으로 달리면서 잠긴 도서관 문과 학생회관, 콘크리트 건물의 문들을 필사적으로 열려고 애쓰는 모습이 담겼다. 그들은 숨을 곳을 필사적으로 찾고 있었지만, 어디에도 피할 공간은 없었다.

가족들은 아이들을 데리고 욕조 안에 몸을 웅크리거나 어두운 벽장에 쭈그리고 숨었다. 내 친구 제이슨은 아내와 일곱 명의 자녀를 미니밴에 태우고 오아후섬 서쪽의 와이아나에에 있는 동굴로 피신하겠다는 메시지를 남겼다. 나중에 또 다른 한 아버지에게 들은 이야기다. 경보가 울렸을 때 그는 섬 중앙 근처에 있었는데 한 아이는 섬 서쪽 20분 거리, 다른 아이는 동쪽 20분 거리에 있었다고 한다. 그는 그 자리에서 얼어붙은 채, 인생의 마지막 순간을 함께할 아이를 한 명만 선택해야 하는 참담한 딜레마에 직면했다고 했다. 트위터에는 호놀룰루의 한 아버지가 일곱 살 난 딸을 열린 맨홀 안으로 내려보내며 "무슨 일이 있어도 여기서 나오지 마. 다시 만날 수 있기를 바라"라고 말하는 영상이 올라왔다.

5장 전쟁광 엘리트 카르텔 177

나는 에밀리와의 통화를 끊고 즉시 주 방위군 총사령관이자 주민방위 국장인 조 로건 소장에게 전화를 걸었다. 그는 곧장 전화를 받았다. 내가 "지금 무슨 일이 벌어지고 있는 거죠?"라고 묻자 그는 간단히 대답했다. "오경보입니다. 누군가 버튼을 잘못 눌렀습니다." 나는 다시 한번 확인했다. "미사일이 실제로 날아오고 있는 건 아니죠?" 그는 "맞습니다. 미사일은 없습니다"라고 답했다. 사람들에게 이 사실을 즉시 알려야 했다. 나는 휴대전화를 집어 들고 경보 이미지를 포함해 빠르게 트윗을 작성했다.

하와이 — 이것은 잘못된 경보입니다.
하와이에 미사일은 날아오고 있지 않습니다.
관계 당국과 확인한 결과 미사일은 없습니다.[5]

그러고는 아버지에게 전화를 걸었다. 그는 다급한 목소리로 "여보세요?!"라며 전화를 받았고 어머니도 스피커폰 옆에 계셨다. "공격은 없어요. 누가 버튼을 잘못 눌렀대요. 공격 아닙니다. 사랑해요. 이제 다른 사람들에게도 알려야 해서 끊을게요." 나는 전화를 끊고 다시 번호를 눌렀다.

내 트윗은 하와이 주민들에게 실제 공격이 아니라는 사실을 알리는 첫 번째 공식적인 알림이었다. 당국자들은 이미 이 사실을 알고 있었지만, 주지사가 트위터 비밀번호를 잊어버리는 바람에 즉시 공지하지 못했다. 소식이 퍼지자 사람들은 안도의 한숨을 내쉬었고, 단순한 오경보였다는 사실에 위안을 느꼈다. 하지만 중요한 사실은 변하지 않았다. 우리가 이런 반응을 보인 이유는 핵전쟁의 위협이 현실이며, 지금은 그 위협이 훨씬 더 커졌기 때문이다. 이 사건은 하와이 주민뿐만 아니라 미국 전체가 깨달아야 할 경고였어야 했다. 그러나 안타깝게도 실제로 깨어난 사람은 거의 없었다.

지금 우리는 러시아와 중국이라는 두 핵무장 국가들과의 냉전이 점점 격화되는 가운데, 단 하나의 불씨만으로도(의도적인 것이든 오판에 의한 것이든) 핵전쟁이 촉발될 수 있다는 냉혹한 현실과 마주하고 있다. 우리 지도자들도 이 사실을 잘 알고 있다. 원자력 과학자회가 매년 조정하는 '지구 종말 시계(Doomsday Clock)'는 현재 자정 90초 전으로 설정되어 있는데, 이는 인류의 대재앙에 가장 가까워진 수치다.[6]

미국 전역의 도시들과 지역사회는 하와이에서 울려 퍼졌던 것과 유사한 '즉시 대피소를 찾으십시오'라는 내용의 사전 작성된 민방위 경보 메시지를 언제든지 발송할 수 있도록 준비해두고 있다. 하지만 그 메시지는 어디로 대피해야 할지는 알려주지 않는다.

믿어도 좋다. 전 세계의 정치·경제 엘리트들은 핵폭발과 그로 인한 낙진으로부터 자신과 가족을 보호할 지하 벙커에 접근할 수 있는 권한을 가지고 있다. 또한 정치인들은 그러한 공격이 발생할 경우, 지하에서 핵전쟁을 계속 수행할 수 있는 계획까지 마련해두고 있다.

하지만 우리는 어떠한가? 우리는 대피할 곳조차 없다. 우리의 지도자들은 우리를 존재적 위기로 내몰고도 우리를 보호하기 위한 그 어떤 준비도 하지 않고 있다. 그들은 국민에게 핵 공격과 그 여파로부터 최소한의 보호라도 제공하는 시설을 마련하기 위해 수백조 달러를 투자하지 않았다. 그들은 우리를 신경 쓰지 않는다. 우리는 그저 상상조차 할 수 없는 백열의 핵폭발 속에서 재로 사라지도록 버려진 존재일 뿐이다. 만에 하나 기적적으로 그 폭발과 낙진 속에서 우리가 살아남는다 해도 방사능으로 인한 고통, 식량과 물 부족, 그리고 핵겨울이라는 끔찍한 고통을 견뎌야만 한다. 모든 생명이 사라지고 폐허가 된 풍경 속에서 말이다.

이러한 현실의 실존적 위협은 지도자들로 하여금 핵무장 국가들과의 긴장을 완화하고, 핵전쟁의 벼랑 끝에서 돌아서야겠다는 강한 동기를 불러일으켜야 한다. 사람에 대한 최소한의 관심과 연민이 있다면 당연히 그렇게 해야 한다. 하지만 워싱턴의 전쟁광들과 양당의 정치인들, 그들과 한통속인 선전 언론, 그리고 군산복합체의 후원자들은 핵전쟁의 위협을 마치 아무 일도 아닌 것처럼 치부하며 뻔뻔스럽게 외면하고 있다. 이것은 정말로 미친 짓이다.

그들은 TV에 나와 핵전쟁을 그저 또 다른 전투처럼, 이 폭탄이든 저 미사일이든 써서 이기고 넘어가기만 하면 되는 문제처럼 이야기한다. 그들은 우리에게 거짓말하고 있다. 자신들의 전쟁광적 행동이 초래할 결과를 숨기고, 핵 공격이 발생하더라도 자신들만 안전한 곳으로 피신할 계획을 세워둔 채, 나머지 국민은 불에 타 사라지도록 내버려둘 준비가 되어 있다는 진실을 감춘다.

우리 지도자들의 거짓말과 광기가 드러난 대표 사례 중 하나는 2022년 7월, 뉴욕시 비상관리국(New York City Emergency Management Department)이 공개한 공익 광고였다. 매력적인 여성 배우가 명랑한 목소리로 내레이션을 맡은 이 영상은 이렇게 시작된다. "핵 공격이 발생했습니다. 어떻게, 왜 일어났는지는 묻지 마세요. 그냥 대형 사건이 터졌다는 것만 아세요. 자, 그럼 어떻게 해야 할까요?" 그녀는 웃는 얼굴로 말한다. "꼭 기억해야 할 세 가지 중요한 단계를 알려드릴게요."

세 가지 단계는 이렇다. "실내로 들어가세요. 실내에 머무르면서, 계속 소식을 들으세요." 그녀는 마치 핵 공격이 겨울 폭풍 정도로 평범한 일상인 양, 각 단계를 하나하나 상세히 설명하면서 계속 미소를 짓는다. 그리고 뉴욕 시민들에게 비상관리국 소셜 미디어를 팔로우해서 최신 정보를 받으라고 권한다. 정말로 도시 전체가 파괴된 핵폭발 이후 그녀가 인스타그램에 셀카 영상을 올리며 "모두 괜찮아요! 이제 밖으로 나가셔도 돼요!"라고 말하겠다는 건가?

영상 말미에서 그녀는 또 한번 미소를 지으며 낙천적인 말투로 마무리한다. "알겠죠? 당신은 할 수 있어요!"

솔직히 이 영상을 보고 나는 웃어야 할지 울어야 할지 몰랐다. 이토록 사람들이 현실과 동떨어져서, 이런 메시지를 조금이라도 합리적이고 좋은 아이디어라고 믿었던 것일까. 슬프게도, 이는 우리 지도자들의 정신적 광기를 적나라하게 보여준다. 그들은 의도적으로 국민을 오도하며, 핵 공격 속에서도 어떻게든 살아남을 수 있다는 거짓 안전감을 심어주고 있다.

1985년 당시, 소련의 미하일 고르바초프 서기장과 함께 핵전쟁 위험을 줄이기 위해 협력하던 로널드 레이건은 "핵전쟁에서는 결코 승리할 수 없으며, 절대로 일어나서도 안 된다"[7]라고 말했다.

그러나 민주당 지배 엘리트는 그렇게 생각하지 않는 듯하다. 그들은 핵전쟁에서 승리할 수 있다고 진심으로 믿을 만큼 무지하거나, 아니면 국민을 의도적으로 속일 만큼 냉혹하고 이기적이거나 둘 중 하나다. 그들은 지금 새로운 냉전과 핵 군비 경쟁이라는 위험한 길을 무책임하게 걷고 있으며, 그 길의 끝에 기다리고 있는 것은 단 하나, 인류와 모든 생명, 그리고 우리가 알고 있는 이 세계의 완전한 파괴다.

정말 우리의 지도자들은 과거로부터 아무것도 배우지 못한 것일까? 소련과의 냉전이 한창이던 시절, 단순한 오해 하나로 핵 공격이 발발할 뻔했던 수많은 순간으로부터 도대체 무엇을 배운 걸까? 한 학자의 표현대로 "인류가 역사상 가장 완전한 멸망에 가까이 다가갔던 순간"이었던 쿠바 미사일 위기에서조차 아무 교훈을 얻지 못한 것인가?[8]

1962년 10월, 소련 서기장 니키타 흐루쇼프는 핵미사일 여러 기를 쿠바로 반입하라고 명령했다. 쿠바는 미국 플로리다 해안에서 겨우 145킬로미터 떨어진 섬이다. 이 조치는 미국 시민의 안전과 미국의 주권을 심각하게 위협하는 것이었기에 당시 존 F. 케네디 대통령은 이를 긴장 완화와 위협 제거 없이는 방치할 수 없다고 판단했다. 그 상황에서 핵미사일이 단 하나라도 발사되었거나, 심지어 어느 한쪽이 발사 위협만 했더라도, 상대방은 즉시 같은 방법으로 보복 공격에 나섰을 것이며, 이는 인류 절멸로 이어지는 되돌릴 수 없는 연쇄 반응을 초래했을 것이다.

궁극적으로 쿠바 미사일 위기는 케네디 대통령의 용기 있는 리더십 덕분에 극적으로 피할 수 있었다. 그와 흐루쇼프 모두 핵전쟁이 초래할 상호 파괴적 결과를 인식하고 있었기에, 비공개 직접 협상을 통해 다음과 같은 합의에 이르렀다. 소련이 쿠바에 배치한 핵무기를 해체하고 철수하는 대신, 미국은 소련과 국경을 접하고 있던 튀르키예에 배치된 미국의 핵무기를 철수하고, 쿠바를 침공하지 않겠다는 두 가지 약속을 해야 했다. 이렇게 해서 세계는 절멸 직전의 벼랑 끝에서 가까스로 돌아올 수 있었다.

하지만 상황이 얼마나 쉽게 파국으로 치달을 수도 있었는지 우리는 충분히 상상할 수 있다. 예를 들어, 만약 로버트 케네디가 소련 대사와의 막판 회담에서 단 한 마디라도 잘못했더라면, 또는 군사 공격만이 유일한 해결책이라는 커티스 르메이(Curtis LeMay)* 장군의 주장을 케네디가 믿고 따랐더라면, 세계는 지금과는 전혀 다른 모습이 되었을지도 모른다.

오늘날의 전쟁광들은 케네디를 마치 흐루쇼프와 맞서 눈싸움을 벌이다가 결국 흐루쇼프가 겁먹고 물러나 승리한 강한 영웅처럼 묘사하려 한다. 마치 흐루쇼프가 케네디의 강경함에 겁먹고 후퇴한 것처럼 말이다. 그러나 사실은 전혀 다르다. 존 F. 케네디 대통령

---

\* 미국 공군 장군으로 20세기 중반 미국 군사전략의 핵심 인물 중 한 명이다. 1962년 쿠바 미사일 위기 당시 합참차장이었다. 그는 특히 2차 세계대전 당시 일본 본토에 대한 대규모 소이탄 폭격(도쿄 대공습)을 지휘했고(일본을 석기시대로 되돌리겠다는 표현으로 유명) 소련과의 핵전쟁을 가정한 선제 핵 공격 전략을 세웠다. 냉전 시기에 핵무기를 포함한 공군 전략의 중심에 있었다.

은 흐루쇼프와 조용히 비공식 대화를 이어가며, 핵전쟁을 피하고 평화를 지켜야 한다는 공동의 인식 아래 협상을 이어갔다. 그들의 성공은 진정한 외교, 즉 상호 간에 주고받는 외교의 산물이었다.

외교 없이는 평화도 없다. 평화 없이는 진정한 자유와 번영도 존재할 수 없다.

강력하고 준비된 군사력을 유지하는 것은 미국의 안보와 자유를 지키는 데 필수적이다. 나는 20년 동안 군인으로 복무했고, 8년 가까이 미 하원 군사위원회에서 활동하며 이것이 얼마나 중요한지 직접 경험했다.

1782년에 제정된 미국의 국새(The Great Seal of the United States)*에는 이러한 균형의 상징이 담겨 있다. 국새 속 독수리는 왼발로 13개의 화살 다발을 쥐고 있는데 이는 미국의 군사력을 상징한다. 오른발에 쥔 올리브 가지는 군사력을 사용하기 전에 모든 외교적 노력을 다해 평화를 추구하겠다는 국가의 의지를 나타낸다. 미 국무부는 이를 이렇게 설명한다. "독수리는 항상 올리브 가지를 바라보고 있는데, 이는 미국이 평화를 추구하면서도 스스로를 방어할 준비가 되어 있음을 의미한다."[9]

하지만 오늘날의 민주당 엘리트 전쟁광과 네오콘 세력은 평화를 말하는 이들을 '배신자' 또는 '적의 대변인'이라 매도한다. 그러나 건국의 아버지들이 지녀온 가치와 진정한 애국심을 배신한 자

---

* 미국 정부의 공식 문서에 사용되는 국가 상징이며, 미국의 주권과 정통성을 상징하는 가장 중요한 문장(紋章)이다.

는 바로 전쟁광들이다.

존 F. 케네디 대통령이 쿠바 미사일 위기 당시 보여준 결단은 힘과 진정성 있는 외교의 균형이 왜 중요한지를 잘 보여주는 사례다. 그는 평화를 위한 타협을 두려워하지 않았고, 미국 국민의 안전과 자유를 지키기 위해 외교적 해법을 선택했다. 쿠바 미사일 위기 직후, 케네디는 아메리칸대학교 졸업식 연설에서 미국의 대외 정책은 무엇보다 평화를 우선시해야 한다고 역설했다.

> 무엇보다도 우리의 핵심 이익을 지킴에 있어, 핵보유국들은 상대방에게 굴욕적인 후퇴나 핵전쟁 중 하나를 선택하도록 몰아넣는 대결을 반드시 피해야 한다. 핵무기 시대에 그런 길을 선택하는 것은 외교정책의 파산이자 전 세계를 향한 집단적 자살 충동의 증거일 뿐이다.[10]

나는 이 연설을 수없이 반복해서 읽고 들었다. 케네디가 졸업생들뿐 아니라 미국 국민과 전 세계를 향해 보낸 진심 어린 외침을 들을 때마다 소름이 돋는다. 수십 년 전, 그의 외침은 오늘날 우리 모두에게 보내는 시대의 경고로 여전히 울려 퍼지고 있다. 우리는 또다시 핵전쟁의 문턱에 서 있다.

안타깝게도 오늘날 민주당 지도자들은 겉으로는 케네디를 상징적 리더로 찬양하지만, 실제로는 평화에 전혀 헌신하지 않고 있다. 그들은 오히려 평화를 위한 외교 대신, 자신들의 사적인 정치·경제적 이익을 위한 전쟁의 길을 선택했다. 전쟁 상태는 국민에 대한 통제를 강화할 기회를 제공하며, 통제가 강해질수록 권력은 더 커진다. 그리고 그들이 진정으로 원하는 것은 오직 권력뿐이다.

## 거대한 거짓말

힐러리 클린턴이 트럼프가 러시아와 공모해 '선거를 훔쳤다'는 거짓 이야기를 만들어내자, 민주당과 일부 공화당 인사들, 그리고 주류 언론의 선동가들은 이 이야기를 듣자마자 아무런 의심도 없이 맹목적으로 따랐다. 이때부터 사실상 트럼프를 겨냥한 수년간의 쿠데타에 준하는 정치적 음모가 시작되었다. 이 움직임은 2016년 대선 캠페인 때부터 트럼프 대통령 임기 내내 이어졌으며, 그의 재선을 막기 위해 계속되었다.

 2016년 트럼프의 인기가 급상승하자 민주당은 트럼프를 악당과 연관 지을 필요가 있다고 느꼈고, 블라디미르 푸틴이야말로 완벽한 적이었다. 러시아를 적으로 삼으면 과거 냉전 시기의 공포와 의심을 다시 불러일으켜 유권자를 조종하고, 트럼프에 대한 의혹을 부풀릴 수 있었다.

 당시 하원 정보위원회 민주당 간사였던 아담 시프(Adam Schiff) 의원은 전국 방송에서 트럼프와 그의 측근들이 미국 선거에 개입하려고 러시아와 공모했다면서 '정황 증거를 넘는 명백한 증거'를 보았다고 주장했다. 다른 민주당 의원들도 이에 동조하며 더 강하게 밀어붙였다. 그러나 진실은, 그런 증거는 전혀 없었고 시프 본

인도 그것을 알고 있었다. 그들은 트럼프를 외국 독재자의 꼭두각시, 즉 '만주 후보(Manchurian Candidate)*'로 몰아가며 '미국 국민을 의도적으로 속였다. 트럼프는 믿을 수 없는 인물이며, 미국 국민에게 충성하지 않는다'는 거짓 서사를 주입하려 한 것이다.

이 과정에서 민주당 내 누구도 이 광기에서 벗어나 민주주의를 위해 목소리를 낸 사람은 없었다. AOC**에서 버니 샌더스에 이르기까지, 이른바 '진보' 의원들 모두 한목소리로 반러시아, 반푸틴 선동에 동참했고, 이는 사실상 전쟁을 선언한 것이나 다름없었다. 그들은 냉전의 불씨를 되살리고, 미국의 민주주의와 안보를 훼손하고 있다는 사실을 알면서도, 멈추지 않았다.

주요 민주당 지도부 대부분은 마크 허틀링(Mark Hertling)*** 퇴역 중장이 《폴리티코(Politico)》 기고문에서 드러낸 위험한 감정에 동조했다. 그는 이렇게 썼다.

> 푸틴의 미국 공격은 우리 세대의 진주만 사태다. 착각하지 말라. 2016년 '선거 해킹'은 전쟁 행위였다. 이제 그에 상응하는 대응을

---

\* 1932년 일본이 만주를 침략한 후 세운 괴뢰 국가 만주국의 후보라는 뜻으로, 원래 1959년 출간된 리처드 콘돈(Richard Condon)의 소설 제목에서 비롯된 용어다. 적국이나 정보기관 등에 의해 세뇌·조종된 지도자를 뜻한다.

\*\* 알렉산드리아 오카시오-코르테스(Alexandria Ocasio-Cortez)는 미국 내 대표적인 진보·좌파 성향 정치인으로, 민주당 내 반러시아·반푸틴 노선에 적극 동참한 인물 중 한 명이다.

\*\*\* 미국 육군 중장 출신으로 유럽 주둔 미 육군 사령관을 역임했다. 퇴역 후 CNN 등 주요 매체에서 군사·안보 관련 해설자로 활동했다.

할 때다.[11]

'그에 상응하는 대응'이라는 게 정확히 무슨 뜻일까. 미국은 1941년 12월 8일, 진주만 공격에 대응해 일본에 선전포고를 했고, 이 전쟁은 수년간 막대한 희생을 치르며 이어지다 1945년 8월, 미국이 일본에 두 차례 핵폭탄을 투하한 뒤에야 끝났다. 당시 일본은 핵무기를 보유하고 있지 않아 대응할 수 없었고, 결국 항복할 수밖에 없었다. 그러나 러시아는 다르다. 러시아는 현재 세계에서 가장 많은 약 5,977기의 핵무기를 보유하고 있으며, 그 위력은 2차 세계대전 당시 일본에 투하된 핵폭탄보다 수배 이상 강력하다. 이 무기들에는 한 나라 전체를 잿더미로 만들 수 있는 전략 핵무기뿐 아니라, 히로시마와 나가사키에 투하된 폭탄과 맞먹는 위력을 가진 소형 전술핵무기까지 포함된다. 소형화된 전술 핵무기는 이동이 가능하면서 막대한 파괴력을 지니고 있다.

힐러리 클린턴과 워싱턴 기득권 세력이 트럼프를 무너뜨리고 '전쟁광 여왕'을 백악관에 들여보내려는 총공세에도 불구하고, 유권자들은 트럼프에 대한 거짓 선전을 간파하고 2016년 트럼프를 대통령으로 선택했다. 그럼에도 불구하고 국가 안보 기관과 선전 언론을 포함한 워싱턴 기득권 세력은 결코 좌절하지 않았다. 그들은 트럼프를 자신들의 권력을 위협하는 존재로 간주했고, 대통령으로서 트럼프가 정책을 실행하고 책무를 다하지 못하도록 끈질기게 방해할 결의를 다졌다.

대통령의 권위를 무너뜨린다는 것은 곧 대통령에게 권한을 위임한 미국 국민의 힘을 빼앗는 것과 다름없다. 이는 사실상 서서히 진행된 쿠데타였다. 민주당전국위원회, 선전 언론, 빅테크, FBI, CIA, 그리고 정부 최고위층에 포진한 불법 정보기관 및 사법기관 요원들까지, 이른바 전체 워싱턴 기득권 세력이 이러한 쿠데타를 실행하기 위해 총동원되었다. 사람들이 말하는 '딥 스테이트'란 바로 이 집단들을 가리킨다. 이들은 국민의 의사나 이익은 아랑곳하지 않고, 오직 권력을 유지하기 위해 서로 공모하며 음모를 꾸민다.

2016년에 시작되어 2024년 대선까지 이어진 이 사태의 심각성은 아무리 강조해도 지나치지 않다. 워싱턴 기득권 세력은 유권자가 누구를 대통령으로 선택할지 결정할 기회를 원천 차단하려고 한다. 트럼프 전 대통령은 여전히 바이든 대통령의 재선을 위협하는 공화당의 선두 주자다. 민주당 엘리트는 권력욕과 트럼프에 대한 증오에 사로잡혀 공화국의 뿌리를 무너뜨리고, 우리의 민주주의를 눈앞에서 빼앗고 있다.

특별검사 존 더럼은 트럼프-러시아 공모 의혹을 2년 넘게 수사했다. 2023년 5월 15일 발표된 그의 보고서에는 FBI가 도널드 트럼프를 기소하려는 과정과, 반대로 힐러리 클린턴과 그녀의 캠프를 보호하려 한 과정을 철저히 밝혀냈다. 이 보고서는 FBI에 엄청난 타격을 주었다. 보고서가 폭로된 후, 심지어 부패한 FBI 고위 간부들조차 잘못을 인정할 수밖에 없었다. "트럼프가 러시아와 연루되었다는 사실이 곧 밝혀질 것"이라고 보도하던 CNN의 제이크 태퍼(Jake Tapper)조차 "이 보고서는 도널드 트럼프의 결백을 입증한다"고 시인했다.

보고서 발표 직후, 더럼 특검은 의회에 출석해 증언했다. 그는 힐러리 클린턴과 그녀의 선거 캠프가 트럼프-러시아 공모라는 거짓 서사를 어떻게 만들어 퍼뜨렸는지, 그리고 그것이 거짓임을 처음부터 알고 있었음에도 국민을 어떻게 속였는지를 상세히 밝혔다.

2016년 여름 미국 정부가 "힐러리 클린턴이 트럼프를 러시아와 연관 지으려는 계획을 승인했다는 정보를 받은 적이 있습니까"라고 짐 조던 하원의원에게 질문했을 때, 그는 "그렇습니다"라고 답했다. 또한 더럼은 당시 제임스 코미 FBI 국장이 이 중요한 정보를 트럼프-러시아 연계 수사 작전인 '크로스파이어 허리케인'에 참여했던 FBI 요원들과 공유하지 않았다고 증언했다.

더럼 보고서는 많은 사람이 이미 직감하고 있었던 사실을 공식적으로 확인해주었다. 즉 '트럼프-러시아 내통'이라는 거짓 서사는 민주당이 트럼프를 파괴하고 권력을 장악하기 위해 벌인 신냉전 전략의 연장선이었다는 것이다.

2018년 트럼프 대통령은 "러시아와 사이좋게 지내는 것은 좋은 일"이라고 말했다.[12] 예상대로 민주당과 워싱턴 기득권 세력은 격분했다. 어떻게 그런 '반역적' 발언을 할 수 있느냐며 힐난했다. 이는 그들이 추진하고 있었던 신냉전 전략과 정면으로 충돌하는 발언이었다. 만약 트럼프가 외교를 통해 갈등을 해결한다면, 민주당은 누구를 악당으로 삼겠는가? 유럽과 미국의 공포심을 자극해 신냉전의 불을 지피며 군산복합체가 수조 달러의 이익을 챙길 기회는 어디에서 나올 것인가?

이처럼 민주당과 워싱턴 기득권 세력이 트럼프를 증오하는 이유는 수도 없이 많다. 트럼프는 이들의 전쟁 계획에 동조하지 않았고, 이들이 평화에는 전혀 관심이 없으며 오직 탐욕과 권력욕에 의해 움직인다는 본질을 폭로했다. 그래서 워싱턴 기득권 세력은 갈등을 고조시키고, 충돌을 부추기며, 정권 교체를 유도하고, 신냉전을 뜨거운 대리전으로 확대하는 전략을 선택했다. 우크라이나 국민은 이 전쟁에서 총알받이로 이용되고 있으며, 바이든 행정부는 이 전쟁을 끝내기 위한 협상조차 지지하지 않는다. 그들에게는 우크라이나 국민도, 미국 국민의 안전과 자유도 중요하지 않기 때문이다.

트럼프는 그들의 극악무도한 계획을 가로막는 존재다. 그래서 수단을 가리지 않고 트럼프를 파괴하려 한다. 그 과정에서 미국의 민주주의와 자유, 나아가 국민의 생존 자체를 위험에 빠뜨리고 있다.

## 전쟁에 관한 한 일당체제

워싱턴은 극단적인 정파성과 분열로 가득차 있지만, 공화당과 민주당이 항상 한목소리를 내는 사안이 하나 있다. 바로 '전쟁'이다. 네오콘과 신자유주의자(neolibs)*가 손잡고 '워싱턴의 전쟁에 관

---

\* 정치 및 경제 이념으로서의 신자유주의(Neoliberalism)를 지지하거나 실천하는 사람을 말한다. 신자유주의는 1970년대 이후 등장한 시장 중심주의적 이념으로, 국가 개입을 최소화하고 자유시장, 민영화, 규제 완화, 경쟁 강화를 통해 경제를 성장시키겠다는 철학이다. 미국의 로널드 레이건과 영국의 마거릿 대처 정부가 대표적으로 이를 실현했다.

한 한 일당체제(the Washington war uniparty)'를 형성하고 있는 것이다.

1961년 1월 17일, 퇴임 연설에서 5성 장군 출신 드와이트 아이젠하워 대통령은 의회, 행정부, 그리고 군산복합체 간의 밀착 관계가 불러올 위험을 경고했다. 그는 "정부 회의체에서는 군산복합체의 부당한 영향력 확장을 경계해야 한다. 원하든 원하지 않든, 그 잠재적 위험은 실제이며 앞으로도 지속될 것이다"라고 말했다.[13]

아이젠하워의 경고는 현실이 되었다. 이후 60여 년 동안 군산복합체와 국가안보체제의 영향력은 점점 더 위험하고 막대한 비용을 초래하는 수준으로 팽창했다. 최근 한 연구에 따르면 9·11 이후 국방부가 집행한 14조 달러 가운데 절반이 방산업체의 주머니로 들어갔다.[14]

민간인의 생명이나 납세자의 혈세에는 아랑곳없이, 민주당과 공화당의 지도자들은 수십 년간 끊임없이 '체제 전복 작전'을 벌여왔다. 이제 그들의 표적은 러시아와 중국이다. 러시아에서 체제 전복이 일어난다면, 국가가 극도로 불안정해지고 세계 식량 및 에너지 공급망이 큰 타격을 받을 뿐 아니라, 무엇보다 수천 기에 달하는 핵무기가 통제 불능 상태에 빠질 수 있다. 그 핵무기가 누구 손에 들어가고 어떻게 사용될지는 아무도 예측할 수 없다.

또한 그들은 중국을 대상으로 한 체제 전복 작전이 미국과 세계 경제에 치명적인 타격을 주고, 아시아-태평양 지역의 안정을 무너뜨릴 뿐 아니라, 중국 내 지방 군벌들이 다시 부상하면서 핵무기를 보유한 세력들이 혼란 속에서 권력을 장악하게 될 위험성에 대해서도 전혀 신경 쓰지 않거나 전혀 인식하지 못하고 있다. 이것은 미국은 물론 인접국과 전 세계에 실존적 위협을 초래할 수 있다.

하와이에서 발생한 핵 경보 사건 이후, 나는 핵전쟁의 위협에 대해 경종을 울릴 수 있는 모든 기회를 활용했다. 방송, 라디오, 연설을 통해 북한의 핵 위협이 어떻게 미국의 체제 전복 정책과 직접적으로 연결되어 있는지를 설명했고, 그에 따라 대외 정책의 근본적 전환이 필요하다고 주장했다.

또 사람들이 반드시 기억해야 한다고 강조했다. 김정은이 권력을 잡은 해는 힐러리 클린턴 전 국무장관이 리비아의 무아마르 카다피(Muammar Gaddafi)를 축출한 해와 같다. 북한 지도자들은 카다피가 결국에는 어떠한 결과를 맞이했는지를 똑똑히 지켜봤다. 미국은 이라크 침공 이후 카다피 정권이 핵무기 개발을 포기하면 정권을 보장하겠다고 약속했고, 카다피도 이를 믿었다. 하지만 미국이 카다피에게 준 '보상'은 다음과 같다. 오바마 행정부는 (특히 힐러리 클린턴의 강력한 추진 아래) 리비아 군사 공격을 감행했고, 카다피를 권좌에서 끌어내려 피투성이가 된 채 거리에서 끌려다니다 결국 살해당하게 만든 것이었다. 힐러리는 그의 죽음을 전해 듣고, CBS 기자와 농담을 주고받으며 "우리가 왔다, 우리가 봤다, 그는 죽었다!(We came, we saw, he died!)"*라고 말하며 섬뜩한 웃음

---

\*  이 말은 원래 고대 로마의 율리우스 카이사르(시저)가 폰투스 왕국을 정복한 뒤 한 유명한 말 "Veni, vidi, vici(왔노라, 보았노라, 이겼노라)"을 패러디 한 것이다.

을 터뜨렸다. 그 결과, 리비아는 결국 무너졌고, 노예 시장이 공개적으로 열렸으며, 이슬람 극단주의자들이 국토의 광범위한 지역을 장악하게 됐다.

이 모든 사실을 보면, 외교정책 전문가가 아니더라도 미국의 지속적인 체제 전복 정책이 어떻게 국가 안보를 약화시키고 핵무기 확산 방지 노력에 정면으로 배치되는 것인지를 쉽게 알 수 있다. 김정은은 카다피처럼 죽고 싶지 않았다. 그는 핵무기를 미국 주도의 체제 전복을 막기 위한 최후의 억제 수단으로 보았다. 북한은 핵을 포기하면 미국이 정권을 전복하지 않겠다는 그 어떤 약속도 결코 받아들이지 않을 것이었다. 리비아의 정권 붕괴를 실시간으로 지켜본 북한의 외교관은 익명으로 말했다. "리비아 사태는 국제사회에 중대한 교훈을 주고 있다." 그는 리비아와 미국 간의 비핵화 협정을 '국가를 무장 해제시키기 위한 침략 전술'이라고 지적했다.

2019년 2월 2일, 나는 대선 출마를 선언하면서 내가 만약 통수권자가 된다면 최우선 과제는 체제 전복 작전, 신냉전, 그리고 핵무기 경쟁을 끝내고 핵전쟁의 위협을 줄이는 것임을 분명히 밝혔다. 동맹국은 물론 적성국과도 직접 대화해 긴장을 완화하고 집단 안보조약을 협상하며 평화를 촉진하겠다고 약속했다. 캠페인 기간 나는 거의 매일 하와이에서의 미사일 경보 사건을 이야기했다. 전국 타운홀 미팅에서는 참석자들에게 다음 질문을 던졌다. "지금 이 순간 휴대전화에 '미사일 접근 중, 즉시 대피하라'는 경고가 뜨고, 당신에게 남은 시간이 단 15분뿐이라면 어디로 갈 것인가요? 어느 곳으로 대피할 것인가요?" 미국 전역의 도시와 마을을 돌며 이 질문을 했는데 매번 대답 대신 깊은 정적만 흘렀다. '매번.' 그들은 우리 하와이 주민들처럼 결국 피할 곳이 없다는 사실을 깨달았기 때문이다.

나는 외교를 통해 진정한 평화를 실현하고, 워싱턴 기득권 세력이 핵보유국들과의 긴장을 고조시키는 것을 막기 위한 진정한 리더십의 필요성을 강조했다. 혹시 이런 비전이 순진하게 들리거나, 우리가 살고 있는 이 냉혹한 국제 현실을 외면한다고 느껴진다면 1963년 6월 10일, 존 F. 케네디 대통령이 아메리칸대학교 졸업식에서 한 연설을 떠올려 보길 바란다.

> 평화란 무엇인가? 우리가 추구하는 평화란 어떤 것인가? 그것은 미국이 전쟁 무기로 세계에 강요하는 팍스 아메리카나(Pax Americana)*가 아니다. 죽은 자에게나 가능한 절대적 침묵과 안정인 무덤의 평화(peace of the grave)도 아니고, 주체성을 잃은 억압 속에 주어진 노예의 안보(security of the slave)도 아니다. 내가 말하는 평화는 진정한 평화, 이 땅 위의 삶을 살 가치가 있게 만드는 평화다. 그것은 국가와 국민이 성장하고 희망을 품으며, 자녀를 위한 더 나은 삶을 건설할 수 있게 하는 평화다. 단지 미국인만을 위한 평화가 아니라 모든 인류를 위한 평화이며, 오늘만의 평

---

\* 라틴어로 '미국의 평화'라는 뜻이며, 2차 세계대전 이후 미국이 주도한 세계 질서와 안정 상태를 가리키는 개념이다. 냉전기와 탈냉전기 모두 포함되며, 특히 소련 붕괴 이후 단극체제로서의 미국 주도 세계 질서를 강조할 때 사용한다.

화가 아니라 영원한 평화다.

내가 평화를 말하는 이유는 전쟁의 양상이 달라졌기 때문이다. 오늘날처럼 강대국들이 대규모에 상대적으로 방어하기 어려운 핵무기를 보유한 시대에, 그 무기를 쓰지 않고서는 절대 항복하지 않을 시대에, 전면전은 아무런 의미가 없다. 2차 세계대전 때 연합군 전체가 투하한 폭탄의 위력을 핵무기 한 기가 열 배 이상 능가하는 시대에, 전쟁은 더더욱 의미가 없다. 핵전쟁에서 발생한 치명적인 독성 물질은 바람과 물, 흙과 씨앗을 따라 지구 구석구석으로 퍼져나가며, 아직 태어나지도 않은 미래 세대까지 파괴할 것이다.

첫째, 우리는 평화에 대한 우리의 태도를 다시 돌아봐야 한다. 많은 사람이 평화를 불가능하다고 생각하고, 많은 사람이 그것을 비현실적인 것으로 치부한다. 그러나 이런 생각은 위험하고 패배주의적이다. 이런 태도는 결국 전쟁이 불가피하다는 결론으로 이어지고, 인류를 통제할 수 없는 운명에 굴복하게 만든다.

우리는 그런 관점을 받아들일 필요가 없다. 우리의 문제는 인간이 만든 것이기에 인간이 해결할 수 있다. 그리고 인간은 자신이 원하는 만큼 위대해질 수 있다. 인류의 운명을 결정하는 그 어떤 문제도 인간의 능력 밖에 있지 않다. 인간의 이성과 정신은 불가능해 보였던 문제들을 여러 차례 해결해왔고, 우리는 그것이 다시 가능하다고 믿는다.

나는 일부 몽상가나 광신자가 꿈꾸는 절대적이고 무한한 개념의 평화와 선의를 말하는 것이 아니다. 희망과 꿈의 가치를 부정하는 것은 아니지만, 그것만을 유일하고 즉각적인 목표로 삼는다면 오히려 좌절과 불신만 초래할 뿐이다.

우리는 좀 더 실현 가능한, 실용적인 평화에 집중해야 한다. 그것은 인간 본성의 갑작스러운 혁명이 아니라, 인간 제도의 점진적인 진화를 바탕으로 한 평화이며 모든 당사자의 이익에 부합하는 구체적 행동과 실질적인 합의를 통해 이루어지는 평화다. 이 평화에 이르는 열쇠는 단 하나가 아니며, 한두 나라가 채택할 수 있는 거대한 공식이나 마법 같은 해법도 존재하지 않는다. 진정한 평화는 수많은 나라의 노력의 총합이며, 수많은 행동이 쌓여 이루어진 결과다. 그것은 정적인 것이 아니라 역동적인 것이며, 세대마다 새로운 도전에 맞춰 끊임없이 변화해야 한다. 평화란 곧 문제를 해결해나가는 과정이기 때문이다.

이러한 평화가 이루어진다고 해도 여전히 다툼과 이해 충돌은 존재할 것이다. 그것은 가정과 국가 내부에서도 마찬가지이다. 세계 평화는 지역사회의 평화처럼, 모든 사람이 서로를 사랑할 것을 요구하지 않는다. 서로를 관용하며, 갈등을 공정하고 평화로운 방식으로 해결하도록 맡기면 되는 것이다. 역사는 우리에게 국가 간의 적대감 역시 개인 간의 적대감처럼 영원하지 않다는 사실을 가르쳐준다. 아무리 우리의 호불호가 굳건해 보여도, 시간의 흐름과 사건의 물결은 종종 국가와 이웃 간의 관계에 놀라운 변화를 불러온다. 그러니 우리는 포기하지 말고 계속 나아가야 한다.

평화는 결코 실현 불가능한 이상이 아니며, 전쟁은 결코 피할 수 없는 운명이 아니다. 우리의 목표를 더 명확히 정의하고, 더 가까이 손에 잡히고 실현 가능한 것으로 보이도록 한다면, 우리는 모든 사람이 그 평화를 인식하고, 그 속에서 희망을 얻으며, 결국에는 누구도 막을 수 없는 힘으로 그 평화를 향해 나아가도록 할 수 있을 것이다.[15]

2020년 민주당 대선 경선 기간, 러시아와의 신냉전이 초래할 결과를 언급한 후보는 나뿐이었다. 어느 후보도 통수권자로서 이러한 위협에 어떻게 대응하고, 세계적 긴장을 완화하며, 평화를 위해 무엇을 할지 말하지 않았다. 어느 케이블 방송 진행자나 토론 사회자도 핵전쟁이 발생할 경우 우리가 맞닥뜨리게 될 파국적인 결과에 집중하지 않았으며, 그들은 그 문제를 전혀 언급하고 싶어 하지 않았다. 내 캠페인을 취재하던 기자들은 내가 이 문제를 계속 꺼낼 때마다 눈을 굴리며 비웃었다. 나는 뉴햄프셔에서 타운홀 미팅을 마치고 무대에서 내려오던 순간을 지금도 기억한다. 그때 한 기자가 내게 다가와 이렇게 물었다. "왜 이렇게 그 문제에만 '집착'하나요? 당신은 그런 얘기만 하는 것 같네요."

대선 토론 중에 모든 후보에게 '미국이 직면한 가장 큰 위협'을 한 문장으로 말하라는 질문이 주어졌을 때, 나만이 "우리가 직면한 가장 큰 위협은 인류 역사상 그 어느 때보다도 핵전쟁 위험이 높아졌다는 사실입니다"라고 답했다. 2020년 대선 후보 경선 당시, 내가 외쳤던 경고는 안타깝게도 지금 모두 현실이 되어가고 있다.

## 신냉전

대선 후보직을 내려놓고 약 2년이 지난 후, 조 바이든 대통령은 민주당 후원 행사에서 "쿠바 미사일 위기 이후 처음으로 지금과 같은 상황이 계속된다면, 우리는 핵무기 사용의 직접적인 위협에 직면하게 될 것"[16]이라는 충격적인 선언을 했다. 하지만 이는 현실을 축소한 표현에 불과했다.

2022년 10월, 바이든 대통령은 국민을 상대로 한 공식 연설이 아니라, 고액 민주당 기부자들이 모인 비공개 모금 행사에서 즉흥적으로 핵전쟁 가능성을 언급했다. 그 시점까지 우크라이나 전쟁은 약 8개월 만에 10만 명 이상의 목숨을 앗아갔다. 푸틴 대통령은 '필요한 모든 수단으로' 국가를 방어하겠다고 여러 차례 강조했으며, 이는 그가 보유한 5,977기의 핵탄두와 그것을 실제로 사용할 수도 있다는 의지를 분명히 드러낸 것이었다.

도대체 우리는 어쩌다 이런 상황까지 오게 되었을까? 바이든 대통령과 그의 행정부, 그리고 워싱턴의 전쟁 일당체제는 아무리 부정하려 해도 평화에도, 우크라이나 국민에게도, 민주주의에도 관심이 없다. 그들은 러시아-우크라이나 전쟁의 평화적 해결에는 전혀 관심이 없으며, 오직 러시아의 체제 전복이라는 목표에만 집착하고 있다. 힐러리 클린턴이 퍼뜨린 트럼프-러시아 공모라는 근거 없는 거짓말에서부터, 바이든 대통령이 수천억 달러를 들여 우크라이나를 통해 러시아와 대리전을 벌이는 데 이르기까지, 민주당 엘리트는 국민의 안보와 평화, 자유와 번영보다 자신의 권력과 이해관계를 앞세우며 세계를 더 위험한 방향으로 내몰고 있다.

바이든 대통령이 핵전쟁의 현실적 위협에 대해 이야기했다면, 마땅히 따라야 할 질문은 이렇다. "대통령님, 그게 사실이라면 전쟁을 멈추고 평화 협상을 지원하기 위해 무엇을 하고 있습니까? 3차 세계대전을 막기 위해 무엇을 하고 있습니까? 미국 국민이 핵전쟁으로 멸망하는 것을 막기 위해 무엇을 하고 있습니까?"

하지만 그 자리에서 누구도 이런 질문을 하지 않았다. 언론 역시 이 질문을 던지지 않았다. 그때도, 그리고 지금도 마찬가지다. 의회 내 민주당 의원들 역시 감히 이 문제를 바이든 행정부에 제기하지 않는다.

전쟁 초기 몇 주, 나아가 몇 달 동안만 해도 외교는 실현 가능한 선택지였고 절박한 과제였다. 너무 많은 생명이 희생되고 도시가 파괴되기 전에, 이 갈등을 조기에 끝내기 위한 외교적 노력이 필요했다. 2022년 3월, 튀르키예 정부의 중재로 러시아와 우크라이나 정부 간 회담이 시작되었다. 양국 대표들은 만나 대화를 시작했고, 이 갈등이 외교적으로 해결될 수 있을 것이라는 희망이 보였다.

그런데 바이든 행정부가 갑자기 협상을 중단시켰다. 이스라엘 전 총리 나프탈리 베네트(Naftali Bennett)의 최근 폭로에 따르면, '푸틴을 계속 압박하기 위해' 평화 협상을 중단하라는 서방 강대국들의 요구 때문이었다.[17]

같은 달, 브뤼셀에서 열린 NATO 긴급 정상회담 이후 바이든 대통령은 폴란드 바르샤바로 날아가 즉흥 연설을 했다. 이 연설에서 바이든은 푸틴에 대해 "그는 권력을 유지해서는 안 된다"고 발언

했다.[18]

2022년 4월 25일, 로이드 오스틴(Lloyd Austin) 미 국방장관은 "미국은 러시아가 우크라이나를 침공할 때와 같은 행동을 할 수 없을 정도로 약화되기를 원한다"고 발언하며, 바이든 행정부의 입장을 명확히 했다.[19]

그해 초, 미 의회는 우크라이나를 위한 400억 달러 규모의 지원 법안을 통과시켰고, 그 이후에도 수십억 달러 규모의 지원 법안을 표결에 부쳤다.[20] 그러나 그 막대한 자금 사용에 대한 어떠한 조건도 없었다. 하원에서는 57명의 공화당 의원이, 상원에서는 11명의 공화당 의원이 이에 반대했지만, 민주당 의원들 가운데 반대한 사람은 단 한 명도 없었다.[21] 단 한 명도 이의를 제기하지 않았다. 세계에서 가장 많은 핵무기를 보유한 국가를 상대로 미국이 대리전을 벌이려는 순간에, 단 한 사람도 잠시 멈추고 신중하게 생각해보자는 말을 하지 않았다. 정말이지 믿을 수가 없었다.

몇 달 뒤인 2022년 10월 22일, 대리전이 계속되는 가운데 민주당 내 진보 코커스(Progressive Caucus)* 소속 의원 30명이 프라밀라 자야팔(Pramila Jayapal) 하원의원의 주도로 바이든 대통령에게 우크라이나 전쟁을 외교적으로 해결할 것을 촉구하는 공개서한을 발표했다. 그 소식을 들었을 때, 나는 '그래도 민주당 안에 평화를

---

\* 미국 연방의회 내 진보 성향 의원들의 모임을 의미하며, 공식 명칭은 'Congressional Progressive Caucus(CPC)'다. 대표 인물로 버니 샌더스(초기 멤버), 프라밀라 자야팔(현 의장), 알렉산드리아 오카시오-코르테스(AOC), 일한 오마르 등이 있다.

위한 목소리가 아직 남아 있구나' 하는 작은 희망을 품었다.

서한에는 이렇게 쓰여 있었다. '이 전쟁이 우크라이나와 전 세계에 초래한 파괴, 그리고 파국적인 확전 위험을 고려할 때, 우리는 장기적 분쟁을 피하는 것이 우크라이나, 미국, 그리고 전 세계의 이익에 부합한다고 믿는다. 따라서 미국이 제공한 군사 및 경제적 지원에 더해, 현실적인 휴전 틀을 모색하기 위한 적극적인 외교적 노력을 병행할 것을 촉구한다.'

또한 이들은 '핵무기 사용 위험이 냉전 시기 이후 가장 높은 수준이라는 평가가 있다'며, '이 전쟁이 길어질수록 잘못된 판단과 핵 확전의 파국적 가능성이 높아지는 상황에서, 직접적인 군사 충돌을 피하는 것이 미국의 최우선 국가 안보 과제라는 귀하(조 바이든)의 목표에 동의한다'고 밝혔다.

이 서한은 바이든 대통령에게 다음과 같은 활발한 외교적 노력을 요청했다. '러시아와의 직접 협상을 통한 해결과 휴전 노력', '모든 당사국이 수용 가능한 새로운 유럽 안보 질서 모색', '우크라이나의 주권과 독립을 보장하는 틀 안에서의 평화 정착', 그리고 '우크라이나 측 파트너와의 조율하에 분쟁의 신속한 종식을 미국의 최우선 외교 목표로 삼을 것'을 촉구했다.[22] 이 서한은 민주당 의원 30명의 서명으로 마무리됐다.

나는 생각했다. '와, 그래도 민주당 안에 평화를 위해 용기를 내는 사람들이 있었구나.' 그러나 그 희망은 하루도 지나지 않아 산산이 무너졌다. 워싱턴 기득권의 반응은 즉각적이었고, 격렬했으며, 일방적이었다. 물론 전쟁을 지지하는 쪽으로. 《폴리티코》를 비롯한 여러 언론은 이 서한을 '매우 논란의 여지가 있다'며 몰아세웠고, 진보 코커스는 서한을 발송한 지 단 24시간 만에 이를 철회했다. 그러고는 의원 본인의 승인 없이 보좌관이 보낸 것이라며 책임을 떠넘겼다.[23] 정말이지 역겨웠다. 정치인이 잘못을 저지르고도 책임지기 싫을 때마다 항상 써먹는 그 익숙한 핑계, '보좌관 탓'이었다.

진실은, 그 일이 '보좌관 탓'이 아니라는 것이었다. 보좌관과는 아무런 상관이 없었다. 바이든 행정부와 민주당 지도부가 채찍을 들고 위협을 가한 것이었다. '이 서한을 철회하지 않으면 그에 상응하는 대가를 치르게 될 것이다.' 그러자 이른바 '진보' 정치인들은 즉각 무릎을 꿇고, 시키는 대로 비겁하게 따르며 구석에 숨어버렸다. 그 순간, 그들의 민낯이 여실히 드러났다. 하원 연단에서 아무리 정의로운 척 연설을 하고 군산복합체를 성토한다고 한들, 막상 현실 앞에서는 평화도, 우크라이나 국민의 고통을 끝내는 일도, 핵전쟁을 막는 일도 뒷전이었다. 그들에게 더 중요한 것은 자신의 정치적 출세와 민주당 주류의 비위를 맞추는 일이었다.

이제 민주당은 완전히 군산복합체와 전쟁광 엘리트 카르텔의 손에 들어갔다. 그들은 절대복종을 요구했고, 그에 따르지 않으면 정치생명이 끝나는 것이다. 대담하게 평화를 요구하고 전쟁을 멈추자고 주장하는 사람은 즉각 푸틴의 대변인, 꼭두각시, 반역자로 몰린다. 외교·안보 기득권층은 그들에게 도전하는 그 누구라도 매도하여 신뢰를 떨어뜨리려 한다. 워싱턴의 전쟁광들과 주류 언론의 선동가들은 이 전쟁의 결과에 대해 진실을 묻는 우리의 질문에 위협을 느낀다. 그들은 그들의 전쟁 명분이 얼마나 허약한지를 드러내는 진실이 두렵기 때문이다. 그래서 진실을 말하는 이들과 진지하게 대화하거나 논쟁하려 하지 않고, 즉각적인 모욕과 비난, 음해로 짓누른다. 그들은 진실을, 그리고 자유롭게 생각하는 시민을 두려워한다. 그래서 어떤 수단을 써서라도 우리를 침묵시키고 파괴하려는 것이다.

소련 붕괴는 핵무기를 가진 이전 적국과의 관계를 개선할 명백한 기회였다. 빌 클린턴 대통령 시절 국방장관이던 윌리엄 페리(William Perry)는 러시아 국방장관 파벨 그라초프(Pavel Grachev)와 협력해 냉전 시기에 남겨진 방대한 핵무기 재고 대부분을 감축했다. 이 협력을 회고하며 윌리엄 페리는 이렇게 적었다.

> 세계에서 가장 많은 핵무기를 보유한 두 국가로서, 우리는 핵무기 관리를 공동의 책무로 인식했다. 이 책임의 일환으로, 양국은 함께 약 9,000기의 핵무기를 해체했다. 냉전에서 비롯된 앙금이 여전히 남아 있었음에도 불구하고, 미국 정부는 자국의 안보 이익을 위해 비핵화 노력을 재정적으로 지원하는 것이 최선이라는 점을 인식했다.[24]

이러한 노력은 곧 NATO의 '평화를 위한 동반자 관계(Partnership for Peace)'로 이어졌다. 이 프로그램은 러시아를 포함한 유럽 국가들이 NATO 회원국이 아니더라도 NATO와 협력할 수 있도록 했다. 여기에는 동유럽 군대와 NATO 군대가 공동으로 평화 유지 작전을 수행하는 내용도 포함됐다.²⁵ 그러나 이 사명은 오래 지속되지 못했다. 클린턴 대통령은 러시아의 반대와 국방장관 윌리엄 페리의 경고*를 무시하고 NATO 확장을 추진했다. 폴란드, 헝가리, 체코 공화국이 NATO에 가입하자, '소련 봉쇄 정책'의 설계자이자 미국 외교의 거장으로 불린 조지 캐넌(George Kennan)은 이를 강력히 경고했다. 캐넌은 이 결정을 '냉전 이후 미국 외교정책에서 가장 중대한 실수'라고 《뉴욕타임스》 지면에 기고했다.²⁶ 그는 이렇게 썼다.

> 이 결정은 러시아 내 민족주의, 반서방 정서, 군사주의적 경향을 자극하고, 러시아 민주주의 발전에 악영향을 미칠 것이다. 동서관계에 냉전적 분위기를 되살리고 러시아의 외교정책을 미국의 이익과 정반대 방향으로 몰고 갈 것이다. 그리고 가장 중요한 것은 이 결정이 러시아 의회(두마)가 START II 협정**을 비준하는 것을 매우 어렵거나 사실상 불가능하게 만들 것이며, 추가적인 핵무기 감축 협상마저도 더욱 어렵게 만들 것이라는 점이다.²⁷

---

\* 윌리엄 페리는 빌 클린턴 행정부 시절 국방장관으로, 러시아의 강한 반발과 냉전 구도 재발 가능성을 이유로 NATO 확장을 반대했다. 그는 NATO 확장이 러시아 내 민족주의와 반서방 정서를 자극하고, 러시아 민주주의 발전을 저해하며, 궁극적으로는 미국과 러시아 간 새로운 군비 경쟁과 핵 확산 위험을 초래할 것이라고 경고했다.

\*\* 스타트 II 또는 제2차 전략무기감축협정(Strategic Arms Reduction Treaty II)은 1993년 미국과 러시아간에 조인된 군축 협정이다. 다탄두 개별 재진입 미사일 금지가 주된 내용이다.

캐넌의 경고는 옳았다. 그러나 바이든 행정부와 언론 동조자들은 러시아가 여전히 핵무기 강국이라는 사실을 제대로 인식하지 못하고 있다. 우크라이나와 러시아 간 전쟁 초기,《뉴욕타임스》는 블라디미르 푸틴의 핵무기 보유 현황에 대한 충격적인 특집 기사를 실었다.

해당 기사의 어조는 기이할 정도였다. 미국과 러시아의 핵무기 보유 수량을 마치 양국이 옷장에 몇 켤레의 신발을 가지고 있는지를 비교하듯 다루었고, 단 하나의 핵미사일이 지닌 파괴력에 대해서는 전혀 언급하지 않았다. 핵전쟁이라는 위협의 심각성을 고려한다면, 상식적으로는 러시아와의 평화적 공존을 추구하는 외교 전략이 필요할 것이다. 그러나 '영구 권력'으로 불리는 워싱턴의 호전적 외교정책은 러시아를 쓸데없이 자극하고, 국제적 긴장을 고조시켜 미국 국민은 물론 전 세계의 안전과 안보를 해치는 결과를 낳고 있다.

## 전쟁의 대가

2005년, 나는 이라크 전쟁이 한창이던 시기 하와이 주방위군 제29여단 전투단 소속으로 이라크에 파병되어, 바그다드 북쪽 약 64킬로미터 떨어진 캠프의 야전 의무부대에서 복무했다. 우리의 경계 순찰은 거의 매일 매복 공격과 도로변 폭탄 공격에 직면했고, 캠프를 향한 박격포 공격도 일상적으로 이어졌다.

나는 여단 외과 작전반(Brigade Surgeon Operations Section)을 이끌었으며, 그곳에서 매일 아침 첫 번째로 해야 했던 일은 전날 24시간 동안 전투 중 부상당한 미군 병사들의 명단을 검토하는 일이었다.

내가 매일 그 명단의 이름을 읽을 때마다 한 일은 우리 여단 소속 약 3,000명의 병사들 중 부상자가 있는지 확인하고, 그들이 어디에 있는지 파악한 뒤, 이라크 현지에서 계속 복무할 수 있도록 필요한 치료를 받고 있는지, 혹은 우리가 제공할 수 없는 더 높은 수준의 치료를 받을 수 있도록 가능한 한 빨리 후송되고 있는지를 확인하는 것이었다. 그들의 첫 번째 후송지는 대개 독일의 람슈타인 또는 란트슈툴 미군 병원이었고, 그 뒤로는 미국의 월터 리드 육군병원이나 다른 군 병원으로 옮겨졌다.

매일 아침 노트북을 열고 그 명단을 확인할 때마다 속이 뒤틀리는 듯한 기분이었다. 오늘은 내가 아는 이름이 있을까? 개인적으로 알든 모르든, 그 명단에 있는 이름 하나하나마다 집에서 간절히 걱정하며 기다리는 남편이나 아내, 엄마나 아빠를 그리워하며 하루하루를 버티는 아이들, 혹은 전화를 끌어안고 사망이나 중상을 알리는 전화를 받지 않기를 기도하며 기다리는 부모님이 있을 것임을 알고 있었다.

어느 날, 우리 대원 중 한 명이 전사했다는 소식을 들었다. 프랭크 티아이(Frank Tiai) 병장은 아메리칸 사모아 출신으로 100대대, 제442보병연대 소속이었다. 이 부대는 2차 세계대전 중 미국에 대한 충성심을 증명하고자 자원입대한 일본계 미국인 병사들만으로 구성된 부대였다. 그들은 자기 가족이 침대에서, 교실에서, 직장에서 끌려가 강제수용소에 갇히는 모습을 지켜본 이들이었다. 미군은 이 부대를 종종 최전선보다 앞서 보내 본대가 투입되기 전에 적의 활동을 정찰하고 적을 제거하도록 했다. 그들의 생명은 소모품처럼 여겨졌고, 안타깝게도 많은 사람 전사했다. 그들 중에는 놀라운 용기를 발휘한 이들도 많았다. 이 부대 출신 일본계 미국인 병사 21명이 명예훈장을 받았고, 오늘날까지도 제100대대, 제442보병연대는 미 육군 역사상 가장 많은 훈장을 받은 보병 부대로 남아 있다.

2005년 7월 17일, 프랭크 티아이 병장은 2주간 휴가를 위해 고향으로 돌아가기 단 하루 전, 경계 및 순찰 임무 중 도로에 설치된 급조폭발물(IED)이 터지면서 즉사했다.

프랭크가 전사했다는 소식을 들었을 때, 나는 감정이 북받쳐 주저앉아 울었다. 그를 잘 알지는 못했지만 상실감은 너무도 현실적이고 깊었다. 전날 밤, 우리가 임시 체육관으로 쓰던 천막에서 나오는 그의 모습이 그를 본 마지막 모습이었다. 그는 내게 고개를 끄덕이며 빠르게 웃어 보였고 그렇게 자리를 떴다. 그리고 이제 그는 사라졌다. 순식간에.

우리는 전쟁 중이었다. 죽음은 우리에게 언제든지 닥칠 수 있는 현실이었다. 나는 그 사실을 잘 알고 있었고, 어느 정도는 우리 모두가 알고 있었다. 하지만 누구도 자기 차례가 언제 올지는 알 수 없었다. 나는 집을 떠나기 전에 이미 그 현실을 받아들이고 마음의 준비를 마쳤다. 가족들에게 마지막 편지를 쓰고, 혹시 다시는 못

보게 되더라도 전하고 싶은 말을 미리 남겨 두었다.

프랭크의 죽음은 가슴 깊이 파고들었다. 작별 인사조차 할 수 없었다. 나는 아메리칸 사모아에 있는 그의 가족을 떠올렸다. 그의 아내와 아이들을 생각하니 마음이 찢어졌다. 그들은 프랭크의 귀국을 손꼽아 기다리며 함께 보낼 짧은 2주의 휴가를 설레며 준비하고 있었을 것이다. 그런데 이제는 갑자기 그의 장례식을 준비해야 한다.

불행하게도 우리 여단에서는 파병 기간 많은 병사가 전사했다. 그리고 수많은 미국 장병이 목숨을 바친 이 전쟁은, 그들이 떠난 후 남겨질 사랑하는 사람들의 아픔조차 전혀 고려하지 않은 정치인들이 시작한 불필요하고 값비싼 전쟁이었다. 그 전쟁은 결국 우리의 안보를 약화시키고, 알카에다를 더 강하게 만들었으며, ISIS 같은 더욱 극단적인 이슬람 테러 조직을 낳는 계기가 되었다. 나는 내 친구 한 명 한 명의 죽음을 슬퍼하면서, 이 모든 것이 도대체 무슨 의미였는지 자문했다. 그리고 동시에, 워싱턴의 호화로운 사무실 안에서 뚱뚱한 모습으로 안전한 곳에 앉아 시가를 피우며, 군산복합체 친구에게서 받은 돈을 들고 은행으로 향하며 웃고 있는 정치인들을 떠올렸다. 그들은 나를 역겹게 한다. 그리고 분노하게 했다.

사담 후세인이 축출되고 그의 정부와 군대가 해체된 뒤, 미군은 바그다드에 있던 그의 궁전들과 이라크의 군사기지들을 접수했다. 우리가 있던 캠프도 그중 하나였는데, 이라크 육군과 공군이 사용하던 옛 기지였다. 기지 한가운데에는 상태가 썩 좋지 않은 오래된 영화관이 하나 있었다. 벽면은 박격포 공격으로 생긴 구멍들로 망

가져 있었지만, 몇백 명이 들어갈 수 있는 유일한 강화 구조물이었다. 우리는 그곳에서 프랭크의 추모식을 열었다. 모두가 천천히 자리를 찾아 앉는 동안, 공기는 슬픔으로 무겁게 가라앉아 있었다. 유일하게 들리는 소리는 우리의 전투화가 바닥을 스치는 소리뿐이었다. 두 명의 병사가 우쿨렐레를 들고 무대 위로 올라갔다. 그들은 조용히 우쿨렐레의 줄을 뜯기 시작하더니, 낮고 감미로운 목소리로 노래를 부르기 시작했다. 영혼을 울리는 듯한 그들의 목소리는 내 눈에 눈물을 흐르게 했는데, 그 노래는 하와이어로 '천상의 아이'를 뜻하는 아름다운 선율의 〈카말라니(Kamalani)〉였다.

그가 너를 부르고 있네, 카말라니(He beckons you, Kamalani)
너희는 다시 함께할 거야(You'll be together again).

그들이 노래를 마치자 제1상사가 굵은 목소리로 병사들에게 차렷을 명령했고, 마지막 점호가 시작되었다. 프랭크의 분대원들 이름이 하나씩 불리자, 각각 자리에서 일어나 "여기 있습니다, 상사님!" 하고 대답했다. 긴 침묵 뒤, 제1상사가 외쳤다. "하사 프랭크 티아이!" 대답이 없었다.
다시 외쳤다. "하사 프랭크 티아이!"
또다시 침묵.
마지막으로, 세 번째 외침.
"하사 프랭크 티아이!"
정적은 귀를 찢을 듯했다.

아무리 불러도 프랭크는 없었다.

그 순간, 극장 한쪽 구석의 문이 열리며 햇살이 쏟아져 들어왔다. 곧이어 침묵을 가르듯, 바깥에서 세 발의 예포가 차례로 날카롭게 울렸다.

한 발, 또 한 발, 그리고 다시 한 발. 우리의 형제는 떠나갔다.

무대 앞에는 임시로 마련한 추모 공간이 있었다. 간이 접이식 테이블 위에는 프랭크의 사진이 액자에 담겨 있었고, 그는 살짝 미소 지으며 우리를 바라보고 있었다. 그 옆에는 그의 전투화 한 켤레와 총구가 아래를 향한 소총 한 자루, 그 위에 얹힌 헬멧, 그리고 총기 옆에 걸린 군번줄이 놓여 있었다. 우리는 줄을 서서, 한 사람씩 차례로 프랭크에게 마지막 경례를 올렸다. 그의 위대한 희생을 기리며 마지막 인사를 전하고 말했다. "알로하, 그리고 아 후이 호(A hui hou, 형제여 다시 만날 때까지)." 줄은 길었고, 가장 강인했던 전우들조차 뺨에 뜨거운 눈물을 흘리고 있었다.

극장을 나선 우리는 각자의 자리로 흩어져 임무를 수행하러 돌아갔다. 우리는 각자의 방식으로, 각자의 시간 속에서 슬퍼할 것이었다. 지금 이 글을 쓰며 다시 그 순간을 떠올리니 눈가가 촉촉해진다. 집으로 돌아오지 못한 형제자매에 대한 기억은 결코 내 곁을 떠난 적이 없다. 그들은 우리의 기억과 가슴 속에 살아 있다. 그들과 그들의 가족이 감당한 희생은 그 어떤 것으로도 측정할 수 없다.

나는 오늘도, 살아 있는 하루하루에 감사하며 그들의 생과 희생을 기리기 위해 최선을 다해 살아간다. 나는 타락하고 이기적인 정치인들이 우리 군인들의 희생을 모욕하지 못하도록, 그들이 국가

안보와는 무관한 전쟁에 병사들을 보내 쓸데없이 목숨을 위태롭게 하지 않도록 있는 힘을 다해 싸운다.

우리는 누구나 군대에 자원해 오른손을 들어 맹세할 때, 자기 목숨을 국가와 국민의 안전, 안보와 자유를 위해 기꺼이 바칠 것을 선택한다. 그 부름이 닿을 경우, 우리는 약속을 이행할 준비가 되어 있다. 그러나 우리는 군산복합체의 이윤을 채우기 위한 총알받이가 되고자 자원한 것은 아니다. 자기 과시를 위해, 강하거나 단호해 보이고 싶다는 이유로 전쟁을 일으켜 우리를 위험에 빠뜨리는 불안정한 정치인들의 도구가 되려고 입대한 것이 아니다. 그들은 미국 국민과 조국, 그리고 헌법에는 관심이 없다. 우리는 권력과 세계 지배에 대한 그들의 끝없는 탐욕을 채우기 위해 소모품처럼 쓰이려고 자원한 것이 아니다.

정치인들은 뻔뻔스럽게도 '군 장병들을 위로 방문한다'며 국민 세금으로 운영되는 전용기를 타고 이라크, 아프가니스탄, 그리고 지금은 폴란드와 우크라이나까지 날아가서 몇몇 군인들과 잠깐 악수를 나눈 후, 웃으며 사진을 찍는다. 그리고 워싱턴으로 돌아오면 방송에 나와 근엄한 얼굴로 "방금 전쟁터에 다녀왔다"고 말한다. 웃기지 마라. 그들이 이라크에 있는 우리 부대에 왔을 때, 나는 그들의 손을 잡아주지 않았고, 그들의 가식적인 쇼에 동참하지 않았다. 그들은 나를 혐오하고 분노하게 만든다. 그들은 우리 장병들을 진심으로 위하지 않고, 우리 가족들을 걱정하지도 않는다. 그들의 말은 모두 허울뿐이다. 진실은 그들의 행동이 말해주고 있다.

이런 정치인들이야말로 이라크 전쟁이라는 외교정책 재앙의 주범이다. 그 결과 미국은 수조 달러를 잃었고, 약 4,500명이 목숨을 잃었으며, 3만 2,000명이 부상을 입었다. 여론조사 기관 '오피니언 리서치 비즈니스'가 2008년에 발표한 연구에 따르면 이라크 전쟁으로 그해까지 100만 명이 넘는 이라크인이 목숨을 잃은 것으로 추정된다.[28] 그 이후에도 수많은 희생이 계속됐다. 이 수치는 아프가니스탄에서의 희생자는 포함되지 않은 것이다. 하지만 정치인들은 신경 쓰지 않는다. 그들은 '그럴 만한 가치가 있었다'고 여길 뿐이다.

매들린 올브라이트(Madeleine Albright)는 빌 클린턴 대통령이 임명한 유엔 주재 미국 대사였으며 이후 국무장관이 되었다. 민주당과 주류 언론은 그녀를 영웅으로 떠받들며, 어떤 잘못도 눈감아 주었다.

올브라이트는 유엔 대사 시절, 1991년 걸프전 이후 이라크에 대해 유엔 안전보장이사회가 강력한 제재를 가하도록 설득했다. 그 목적은 쿠웨이트를 침공한 사담 후세인을 처벌하기 위해서였다. 이 제재는 이라크군이 쿠웨이트에서 철수한 뒤에도 전쟁 배상금을 지불하고 유엔 무기 사찰에 협조하도록 강제하기 위해 유지되었다. 하지만 언제나 그렇듯, 제재로 가장 고통받은 사람들은 권력자가 아니었다. 사담 후세인과 그의 측근들은 거의 영향을 받지 않았다. 진짜 대가를 치른 것은 이라크의 무고한 국민이었다.

CBS 프로그램 〈60분(60 Minutes)〉에서 언론인 레슬리 스탈(Lesley Stahl)은 매들린 올브라이트에게 "이라크에서 50만 명의 어린이가 죽었다고 들었습니다. 히로시마에서 죽은 어린이보다 많은 숫자인데, 그런 대가를 치를 만한 가치가 있었나요?"라고 물었다. 올브라이트는 "그건 매우 힘든 선택이었지만, 우리는 그런 대가를 치를 가치가 있다고 생각합니다"라고 답했다.[29]

오랫동안 미국의 외교정책은 '자유와 민주주의를 수호한다'라는 명분 아래 제재와 체제 전복 작전을 반복해왔다. 이는 인도주의라는 가면을 쓴 폭력이었고, 민주당의 빌 클린턴, 공화당의 조지 W. 부시, 민주당의 버락 오바마 모두 예외가 아니었다. 그리고 조 바이든 대통령 역시 '전 세계의 독재에 맞서는 민주주의 수호 전쟁'을 외교정책의 핵심으로 내세우고 있다.[30]

그러나 이 세계관은 선과 악이라는 허위의 대립 구도를 퍼뜨리며 전쟁에 관한 한 일당체제의 권력과 돈에 대한 탐욕을 정당화하는 도구에 불과하다. 그들은 미국 국민은 물론 스스로에게 자신들의 목표가 너무도 숭고하고 위대하므로 그 어떤 수단도 정당화될 수 있다고 말한다. 수백만 명을 죽이는 것이 그 나라를 '구하기' 위해 필요하다면 마땅히 해야 할 일이라고 믿는다. 매들린 올브라이트가 말했듯, "그럴 만한 가치가 있다"는 것이다. 그리고 이제 전쟁광들은 "미국을, 아니 세계를 구하기 위해 그들은 파괴해야 한다면 기꺼이 그렇게 하겠다"라고 말한다.

문제는 바이든 대통령과 그의 참모들이 어떤 민주주의는 돕고, 어떤 독재국가는 모른 척할지를 선택하면서 스스로의 위선을 드러낸다는 점이다. 튀르키예, 사우디아라비아, 요르단 같은 나라들 앞에서는 자신들이 그토록 강조하던 민주주의를 내세운 개입이나 문화적 간섭을 하지 않는다. 미국 정부는 어느 기준으로 봐도 민주주의 국가가 아닌 이 나라들을 독재 정권 블랙리스트에 올리지 않는다.

이런 정치인들에게 중요한 것은 '민주주의 대 독재'가 아니다. 그들에게 중요한 진짜 기준은 그 나라가 미국의 외교정책 명령에 순응하느냐, 아니면 무릎 꿇기를 거부하느냐에 달려 있다. 말을 듣지 않으면 그 나라는 '규칙 기반 질서(rules-based order)'를 거부한 나라로 낙인찍힌다.[31] 여기에서 말하는 '규칙'이란 결국 미국이 만든 규칙이며, 그 규칙을 따르면 '좋은 나라', 따르지 않으면 '나쁜 나라'가 되는 것이다.

그런데 왜 아무도 다음과 같이 묻지 않을까? 만약 다른 나라들이 '규칙 기반 질서'를 똑같이 내세우며 "우리의 주권을 존중하라. 우리는 미국식 민주주의나 급진적인 LGBTQ+ 각성 의제를 강제로 받아들이고 싶지 않다"라고 외친다면 어떻게 될까? 결과는 뻔하다. 이런 나라들은 곧바로 '적국'이나 '위협 세력'으로 낙인찍히고, 굴복할 때까지 경제 제재나 군사적 압박으로 괴롭힘을 당한다.

이들은 국내 정치에서도 같은 전략을 쓴다. 2016년과 2020년에 트럼프 대통령에게 저지른 짓, 그리고 2024년 대선을 앞두고 벌어진 일들을 보라. 다른 나라의 체제를 전복하듯, 미국 대선에서도 특정 후보에게 유리하거나 불리하도록 여론을 조작한다. 선전 매체와 소셜 미디어까지 총동원해 정치적 반대 세력을 '민주주의에 대한 실존적 위협'으로 몰아붙이고, 국가 안보 기관의 힘을 동원해 이른바 '국내의 적들'을 제거하려 한다.[32]

이건 전적으로 민주당전국위원회가 짜 놓은 시나리오다. 2020

년에는 나에게, 2024년에는 로버트 F. 케네디 주니어에게 그대로 사용하고 있다. 그들은 자신들에게 줄 서기를 거부한 후보를 공격하고자 세 단계 전략을 사용한다.

첫 번째 단계는 무시하기다. 당신의 출마 사실을 철저히 숨기고, 마치 존재하지 않는 사람처럼 취급한다. 유권자가 당신이 대선에 나섰다는 사실조차 모르게 만드는 것이 목표다.

두 번째 단계는 작동 불능이다. 언론과 결탁해 명예를 훼손하고 괴짜나 극단주의자로 몰아가며, 당신이 자신을 설명할 기회조차 얻기 전에 이미 대중에게 왜곡된 인식을 주입한다.

그것마저 실패하면 마지막 단계는 완전한 제거다. 그동안 가지고 있던 모든 수단을 총동원해서 당신을 철저히 파괴하려 든다. 힐러리 클린턴이 나를 '러시아의 자산'이라고 몰아붙이며 조국을 배신한 반역자로 낙인찍었던 것처럼, 근거 없는 거짓말을 반복해 결국 사람들이 믿게 만든다.

전형적인 사례가 도널드 트럼프다. 하지만 그에겐 훨씬 더 극단적인 방식이 쓰이고 있다. 그들은 '총구의 힘(법 집행과 정보기관의 권력)'을 총동원해 트럼프를 제거하려 한다. 그가 아예 후보로 나서지 못하도록 만들려는 것이다. 바이든 행정부는 대선 한복판에서 연방, 주, 지방 차원의 사법 권력을 총동원해 자신들의 주요 정치적 경쟁자를 제거하고 유권자들에게 선택의 기회조차 주지 않으려 하고 있다.

이건 '바나나 공화국'에서나 벌어질 일이다. 자유의 나라, 용기의 땅 미국에서 벌어져서는 안 되는 일이다. 그들은 스스로 민주주의의 수호자라고 자처하지만, 실제로는 민주주의를 파괴하며 '자유를 지킨다'는 명분 아래 우리의 자유를 빼앗고 있다.

그들은 우리를 '보호'한다는 명분으로 정보를 검열한다. 그리고 자신들의 권력에 맞서는 자들에게는 표적을 붙여 '국내 테러리스트'[33]라는 낙인을 찍은 뒤 끝내 파멸시킨다.

## 귀환

이라크에서 1년간의 파병을 마친 우리는 바그다드를 떠나 쿠웨이트를 거쳐 아일랜드에서 잠시 급유를 한 뒤 텍사스로 향했다. 텍사스 포트후드 기지에 도착한 우리는 장비를 반납하고 끝없이 이어지는 파워포인트 복귀 교육을 받은 후, 마침내 하와이행 마지막 비행기에 올랐다. 비행기가 새벽 어스름에 하와이 히캄 공군기지에 착륙하자 기내는 흥분으로 가득 찼다. 드디어 집이었다. 문이 열리고 계단으로 내려가기 시작하던 순간, 나는 잠시 걸음을 멈추고 눈을 감았다. 하와이의 달콤한 무역풍이 얼굴을 스쳤고, 새벽 공기 속 막 깨어난 새들의 지저귐이 들려왔다.

우리는 차례로 비행기에서 내려 귀가 전 마지막 절차를 밟았다. 수하물 담당 팀은 군용 녹색 더플백을 하나씩 꺼내 나르고, 우리는 지난 18개월간 늘 지니고 다녔던 소총을 반납했다. 해가 떠오르기 시작할 무렵, 우리는 줄을 맞춰 대형을 갖췄다. 정면을 응시한 채 차렷 자세로 서서 우리를 간절히 기다리는 가족이 있는 격납고 안으로 행진하기 시작했다. 전율이 일어나는 흥분이 공기를 가득 채웠다. 그 자리에 선 우리는 군기가 흐트러지지 않도록 앞을 주시하며 단 한 번도 움직이지 않았다. 뒤에서는 가족들이 환호하며 '집에 돌아온 것을 환영해'라는 팻말을 힘껏 흔들고 있었다. 지휘관이 짧은 연설을 했지만, 무슨 말을 했는지는 하나도 기억나지 않는다. 단지 마지막에 힘차게 외친 "해산!"만이 또렷하게 귀에 남았다. 나는 이미 가족이 서 있는 곳을 확인해두었기에 곧장 달려가 아버지의 따뜻한 품에 안겼다.

　아버지를 그 어느 때보다 힘껏 안았다. 그러자 아버지의 얼굴을 타고 눈물이 흐르는 것이 느껴졌다. 아버지가 울고 계셨다. 태어나서 처음 본 광경이었다. 곧 어머니도 다가와 우리 둘을 껴안았다. 기쁨의 눈물이 주르륵 흘러내렸다. 그 순간, 나는 부모님이 내가 없는 동안 얼마나 극심한 스트레스와 불안 속에서 살고 계셨는지를 비로소 실감했다. 매일 저녁 뉴스에서 이라크 전쟁 소식과 또 다른 미군의 전사 소식을 들을 때마다 부모님의 가슴은 조마조마하며 졸아들었을 것이다. 이제야 안도의 한숨을 쉴 수 있게 된 것이다. 나는 집에 돌아왔다.

　그토록 기다리던 귀환이었다. 거의 18개월 만이었다. 당장이라도 바닷물에 뛰어들고 싶었고, 어떤 삶이건 내 삶으로 돌아가고 싶었다. 하지만 그 행복감 뒤에는 말로 다 표현할 수 없는 깊고 무거운 슬픔이 함께 자리하고 있었다. 나는 이 감정을 가족과 솔직하게 나눴지만, 그들은 쉽게 이해하지 못했다. 어떻게 행복과 슬픔을 동시에 느낄 수 있느냐는 것이다. 하지만 그건 분명한 사실이었다.

귀국 비행기 안에는 빈 좌석이 있었다. 결코 다시 집으로 돌아올 수 없게 된 전우들의 자리였다.

그 파병은 내 삶을 송두리째 바꿔놓았다. 세상을 바라보는 눈도 완전히 달라졌다. 나는 전쟁의 잔인하고도 무자비한 대가를 몸소 경험했다. 음식부터 세탁, 연료, 이동식 화장실까지 우리가 사용하는 거의 모든 물건에는 KBR과 할리버튼 로고가 찍혀 있었고, 전쟁이 길어질수록 이 회사들은 수천억, 아니 조 단위에 이르는 막대한 이익을 챙기고 있었다. 나는 그제야 깨달았다. 우리가 얼마나 철저하게 우리의 지도자들에게 속고 배신당했는지를. 그 대가는 이루 말할 수 없이 컸다. 전우를 잃은 슬픔, 그들이 떠난 자리에는 사랑하는 이들의 가슴속에 결코 메워지지 않을 깊은 상처만이 남았다. 머나먼 나라의 전쟁터에 자식을 내어준 부모의 고통, 그리고 긴 파병의 무게를 이기지 못하고 무너진 수많은 가정들. 내 첫 번째 결혼도 결국 이 전쟁의 통계이자 희생이 되고 말았다.

## 또 다른 전쟁은 안 된다

이라크 파병을 마치고 귀국하자, 하와이 주의회에서 함께 일했던 많은 친구와 전 동료들은 내가 예전처럼 지역구에 출마해 정계로 복귀하리라 생각했다. 하지만 그럴 수 없었다. 모든 것이 변해 있었고, 나 자신도 달라져 있었다.

나는 내 경험을 바탕으로 미국의 외교 안보 정책에 영향을 미치고, 자기 이익만을 좇는 정치인들이 무의미하고 막대한 희생만 부르는 체제 전복 작전을 더는 벌이지 못하게 막고 싶었다. 진정한 평화와 국가 안보를 위한 힘이 되고 싶었다.

그런 사명감이 나를 2012년 미연방 하원의원 선거에 출마하게 했다. 많은 사람은 내가 당선되기 힘들 거라 예상했지만 치열한 경쟁 끝에 승리했고, 미국 역사상 최초의 여성 전투 참전 용사 의원 중 한 명이 되었다. 그 후 8년간 나는 군사위원회와 외교위원회 소속 의원으로 활동했다.

취임 7개월 뒤, 오바마 대통령은 시리아를 상대로 체제 전복 작전의 신호탄이 될 군사 공격을 추진하겠다고 발표했다. 당시 의회는 휴회 중이었고 나는 하와이에 머물고 있었다. 그날 주유소에서 자동차에 기름을 넣고 있는데 한 여성이 다가왔다. 그녀는 떨리는 목소리로 말을 건넸고, 그 눈빛에는 뚜렷한 불안이 담겨 있었다. 그녀는 내 팔에 손을 얹고 말했다. 최근 이라크 파병을 마치고 귀환한 아들이 제대로 적응하지 못하고 있으며, 외상 후 스트레스 장애로 고통받고 있다고 했다. 그런 아들이 또다시 이해할 수 없는 전쟁터로 끌려갈까 봐 너무도 두렵다고 했다. 혹시나 이번에는 아들을 영영 잃게 될까 봐, 그 불안은 이루 말할 수 없다고 했다. 그녀는 눈물을 글썽이며 내 팔을 꼭 붙잡고 간절히 말했다. "부탁이에요, 털시. 당신은 전쟁의 참혹함을 누구보다 잘 알잖아요. 우리 아들이 겪는 고통도 이해할 수 있을 거예요. 제발… 다시는 그 아이를 전쟁터로 보내지 않게 해줘요. 그 아이가 무사히 돌아오지 못할까 봐 두려워요. 제발 부탁드려요." 그녀의 얼굴은 지금도 잊히

지 않는다. 아들을 지키려는 엄마의 본능과, 사랑하는 이를 영영 잃을지도 모른다는 두려움이 뒤섞인 표정이었다. 그건 군인을 위험 속으로 내보내려는 정치인이라면 누구나 반드시 마주해야 할 얼굴이었다.

그녀의 간절한 호소를 들은 후, 나는 오바마 행정부가 시리아 개입을 정당화하기 위해 제시한 모든 자료와 주장을 이미 자세히 검토한 상태였기에 공개적으로 그 체제 전복 작전에 반대 의사를 밝혔다. 그런 전쟁은 미국의 안보와 국민의 안전, 이익을 오히려 해칠 뿐이라는 사실을 지적했다.

다음 날, 미셸 오바마 여사의 비서실장이던 티나 첸(Tina Tchen)에게서 전화가 걸려 왔다. 그녀와는 예전에 한 번 만난 적이 있었지만 개인적인 친분은 없었다. 백악관이 왜 하필 그녀를 통해 연락하게 했는지는 알 수 없었다. 그녀의 목소리는 긴장으로 굳어 있었고 분노에 차 있었다. 전하려는 메시지는 명확했다. "감히 당신이? 당신이 뭔데요? 겨우 초선 의원 주제에, 어떻게 같은 당 대통령에게 반기를 드나요? 게다가 같은 하와이 출신인데도 말이에요! 참 어이가 없네요."

그녀는 내가 왜 시리아 공격을 반대하는지는 묻지도 않았다. 오바마 대통령도, 백악관의 그 누구도 내 입장을 알고 싶어하지 않았다. 이라크 전쟁에서 내가 겪은 경험, 그 경험이 내 생각에 어떤 영향을 미쳤는지는 전혀 중요하지 않았다. 그들에게 중요한 것은 국가나 전우에 대한 충성심이 아니라, 오직 민주당에 대한 충성과 무엇보다도 오바마 개인에 대한 복종뿐이었다. 티나 첸이 분노한 이유는 내가 오바마 대통령을 지지하지 않았기 때문이었다. 나는 그들의 '팀 플레이어'가 아니었던 것이다.

## 결론

오늘날 민주당 엘리트는 국민의 안전, 안보, 자유, 경제적 복지를 기꺼이 희생하면서까지 자신들의 이익을 추구한다. 이들은 권력을 유지하고 강화하기 위해 평화와 번영조차 희생시킬 수 있다고 여긴다. 내가 더 이상 민주당에 남아 있을 수 없었던 가장 큰 이유가 바로 여기에 있다. 그들은 내가 사랑하는 이 나라와 미국 국민, 그리고 세계를 전쟁이라는 제단 위에 올려놓을 준비가 되어 있다.

지금 우리에게 필요한 것은 미국 국민의 이익을 기준으로 판단하고, 국가의 안보와 번영, 자유를 지키기 위해 책임 있는 결정을 내릴 수 있는 지도자다. 핵전쟁조차 피해갈 수 있다고 믿는 환상이 아니라, 현실을 있는 그대로 직시하는 지도자 말이다. 이제 우리는 인도주의나 민주주의 확산이라는 미사여구 뒤에 숨어, 세계 곳곳에서 군사적, 경제적, 문화적 전쟁을 정당화해온 낡고 오만한 식민주의 사고방식을 과감히 버릴 수 있는 지도자가 필요하다. 다른 나라 사람들이 원하든 원치 않든 세계를 미국의 방식대로 바꾸겠다는 태도는 끝나야 한다.

우리의 지도자는 미국 국민을 최우선에 두어야 한다. 우리가 다른 나라로부터 주권을 존중받고자 한다면, 우리 역시 그들의 주권을 존중해야 한다. 우리의 외교정책은 고립주의에 근거해서는 안 된다. 진정한 평화는 폭탄이나 제재가 아니라, 다른 나라들과 관계를 쌓고, 상호 평화와 번영이라는 공동의 목표를 추구하는 데서 시작된다. 그 목표는 세계의 많은 지도자가 (비록 그 동기가 자국의 안위 때문이라고 할지라도) 자국민을 위해 진심으로 바라는 것이기도 하다. 물론 갈등과 대립은 불가피하다. 우리를 위협하는 세력에 맞설 준비도 돼 있어야 한다. 하지만 전쟁은 언제나 최후의 수단이어야 한다.

이 원칙을 어떻게 현실로 만들 수 있을까? 해답은 시민, 유권자인 우리의 손에 달려 있다. 우리가 국가 지도자로 누구를 선택하느냐에 따라 전쟁과 평화의 갈림길에 직접적인 영향을 미친다. 우리의 목소리와 투표를 통해 우리는 부패하고 이기적인 정치인들에게 책임을 물어야 한다. 그리고 분명하게 보여줘야 한다. 그들이 우리 자신과 사랑하는 아들, 그리고 이 나라를 파괴하도록 우리는 결코 내버려두지 않겠다고. 케네디 대통령은 "평화는 실현 불가능한 것이 아니며, 전쟁은 피할 수 없는 운명이 아니다"라고 말했다. 전쟁을 부추기는 정치인들이 이 진실을 흐리게 만들도록 두지 말라. 평화는 단순히 갈등이 없는 상태가 아니라, 매일 끊임없이 노력해야 비로소 이루어지는 것이다.

우리에겐 앞을 내다볼 줄 아는 지도자가 필요하다. 세계에서 벌어지는 사건에 감정적이고 충동적으로 대응하는 것이 아니라, 외교와 대화를 중심에 두고 해법을 만들어가는 환경을 조성할 수 있는 지도자 말이다. 즉흥적 대응은 늘 큰 피해와 고통을 불러오고,

결국 우리의 경제와 안보마저 해치게 된다. 우리는 친구뿐 아니라, 나아가 적과도 기꺼이 마주 앉을 수 있는 용기 있는 지도자가 필요하다. 오늘날의 기득권 정치 세력이 믿는 것과는 달리, 외교는 결코 나약함의 표시가 아니다. 제대로 된 외교는 갈등을 풀어내는 가장 효과적인 수단이며, 강하고 자신감 있는 나라의 상징이다.

이러한 목표를 현실로 만들기 위해 우리는 '개인보다 공동체를 우선하는 정신(국내 정책이든 외교정책이든)'을 받아들여야 한다. 그리고 그 정신을 일상에서 실천하는 이들을 지지하고 선거에서 뽑아야 한다. 단기적인 정치적 이득이나 개인의 영광보다 국민과 국가, 그리고 지구 전체의 안녕을 먼저 생각하는 것이다. 연민, 사랑, 이해의 정신인 알로하 정신으로 세상을 이끌어야 한다. 그리고 의회, 선전 언론, 국가 안보 기구, 군산복합체 등 전쟁을 갈망하는 세력에 두려움 없이 맞설 수 있는 용기를 가져야 한다.

우리가 국가의 정체성과 나라를 이끌 지도자를 선택하는 방식을 바꿀 때, 비로소 갈등과 대립의 시대에서 평화와 번영의 시대로 나아가는 흐름을 만들어낼 수 있을 것이다.

# 6장
# 인종차별을 조장하다

민주당 엘리트는 마틴 루서 킹 목사의 꿈을 모욕하고 있다. 그들은 피부색을 기준으로 우리를 갈라놓고, 모든 문제를 인종의 틀로 바라보며, 분리주의를 부추기고, 반백인 인종차별을 조장한다.

나는 1981년 4월 12일, 미시간 출신의 푸른 눈을 가진 백인 어머니와 사모아 출신 갈색 피부를 지닌 폴리네시아계 아버지 사이에서 태어났다. 태평양과 아시아 그리고 전 세계의 다양한 민족과 문화가 어우러진 하와이에서 자란 내게 인종차별은 일상의 일부가 아니었다. 물론 하와이가 완벽한 유토피아는 아니다. 그러나 나는 그곳에서 '알로하'의 문화와 정신 속에서 성장할 수 있었던 것을 진심으로 감사하게 생각한다. 알로하란, 우리 모두가 신의 자녀로서 영적으로 연결되어 있다는 인식이며, 그 인식은 인종이나 민족, 사회적 지위, 겉으로 드러나는 그 어떤 차이와 무관하게 타인을 사랑과 존중, 연민으로 대하도록 우리를 이끈다.

이러한 환경에서 자랐지만, 나는 단순히 피부색이 다르다는 이유로 누군가를 증오할 때 벌어지는 인종차별의 잔혹한 결과를 결코 순진하게 받아들이지는 않았다. 어린 시절, 나는 노예제도의 참혹함을 다룬 책들을 수도 없이 읽었고, 단지 인종이 다르다는 이유만으로 사람들이 짐승이나 물건처럼 취급받을 수 있다는 사실이

도무지 이해되지 않았다. 나는 해리엇 터브먼(Harriet Tubman)*, 로자 파크스(Rosa Parks)**, 마틴 루서 킹 목사 등 목숨을 걸고 노예제와 인종차별, 편견에 맞서 목숨을 걸고 싸운 이들의 용기와 영웅적인 행동을 깊이 존경했다.

그러나 과거의 영웅들에 관한 이야기를 책으로 읽는 것과, 아버지가 직접 들려준 자신의 어린 시절 이야기를 듣는 것은 전혀 다른 일이었다. 아버지는 갈색 피부를 가진 폴리네시아계 아이로 1955년 플로리다 팬핸들 지역의 한 학교에 다녔다. 당시 외할아버지가 에글린 공군기지에 배치되면서 가족이 그곳으로 이사하게 된 것이었다. 아버지는 3학년 첫날 수업에서 있었던 일을 들려주었다. 선생님은 모든 아이들에게 자기소개를 시켰다. 아버지 차례가 되었을 때, 그는 "제 이름은 마이크고, 사모아에서 왔어요."라고 말했다. 그러자 선생님은 "사모아가 아프리카에 있는 나라니?"라고 되물었고, 교실에 있던 아이들은 웃음을 터뜨렸다. 아버지는 그 반에서 유일하게 백인이 아닌 아이였다. 그날 이후로 그는 '깜둥이(nigger

---

\*   해리엇 터브먼(1820~1913)은 미국의 흑인 여성 인권 운동가이자 노예제 폐지 운동의 상징적 인물이다. 노예로 태어났으나 탈출에 성공한 뒤, '지하 철도(Underground Railroad)'라는 비밀망을 통해 수많은 노예를 남부에서 북부로 탈출시키는 데 기여했다. 남북전쟁 중에는 북군의 정찰병과 간호사로도 활약했다.

\*\* 로자 파크스(1913~2005)는 흑인 민권운동의 상징적 인물이다. 1955년 앨라배마주 몽고메리에서 흑인이 백인에게 자리를 양보하지 않았다는 이유로 버스에서 체포되었다. 조사를 받고 풀려난 파크스는 교통 시설의 인종 분리에 반대하며 '버스 보이콧 운동'을 시작해 성공시켰다.

boy)'라 불렸고, '백인 전용'이라고 적힌 공중 음수대나 화장실에서는 쫓겨났으며, 길을 걷다 침을 뱉는 사람들도 있었다. 아버지는 당황스러웠다. 플로리다에 오기 전에 그는 사모아, 하와이, 매사추세츠, 캘리포니아 등 여러 곳에서 살았지만 그런 대접을 받아본 적이 없었기 때문이다.

1966년 고등학교를 졸업한 아버지는 기타 하나만 들고 플로리다에서 캘리포니아까지 히치하이크를 시작했다. 노래하고 연주하며 길 위에서 숙식을 해결해보려는 생각이었다. 어느 일요일, 그는 루이지애나주 슈리브포트의 햇살이 내리쬐는 도심 한복판에서 오후를 보내게 되었다. 그는 오랜 시간 서 있었다. 누구도 자신을 태워주지 않는 이유를 곱씹으며, 그 자리에 그대로 멈춰 서 있었다. 그때 아버지는 거리 건너편에 세워진 광고판 하나를 보았다. 그 광고판에는 마틴 루서 킹 주니어의 얼굴 사진이 있었고, 그 아래에는 이렇게 쓰여 있었다. '마틴 루서 킹, 공산주의 훈련소에서.' 누군가 킹 목사의 얼굴 위에 붉은색 과녁을 그려놓은 것이다. 그리고 2년 뒤, 마틴 루서 킹 주니어는 테네시에서 암살당했다.

아버지가 남부에서 겪었던 일을 들려줄 때, 나는 깊은 충격을 받았다. 그건 책 속 과거 인물의 전기도, 오래전 이야기의 한 장면도 아니었다. 너무도 가까운 현실이었다. 군 복무 중인 할아버지를 따라 남부에 머물게 된 미국령 사모아 출신의 내 아버지. 그분의 실제 경험이었다. 그는 단지 아이였고 아무것도 몰랐다. 무슨 일이 벌어지고 있는지, 왜 갈색이나 검은 피부를 가진 사람들이 기껏해야 2등 시민으로, 최악의 경우 동물처럼 취급받는 게 '당연한 일'처럼 여겨지는지 이해할 수 없었다.

20여 년 전 내가 민주당에 입당했을 때, 이런 문제는 내 마음 깊은 곳에 무겁게 자리 잡고 있었다. 당시 나는 민주당 지도자들 가운데 마틴 루서 킹 목사의 꿈을 실현하려는 진심 어린 의지를 지닌 민주당 지도자들을 분명히 보았다. 즉 피부색이 아닌 인격으로 인간을 평가하는 나라를 만들고자 하는 이들이었다.

안타깝게도 오늘날 민주당 엘리트는 킹 목사의 기억과 희생, 그리고 그가 품었던 꿈을 배신했다. 그들은 우리를 다시 피부색이라는 잣대로 갈라놓는다. '정체성 정치(identity politics)*'를 이용해 국민을 분열시키며 그 혼란 속에서 정치적 이익을 챙기고 있다. 그들은 아이들에게 '너는 태어날 때부터 특권층이거나 피해자다. 억압하는 자이거나 억압받는 자다. 그것은 바꿀 수 없는 고정된 정체성이며 오직 피부색으로 결정된다'라고 가르치는 프로그램을 지지한다. 그들은 '반인종주의'를 외친다. 하지만 정작 그들이야말로 자신들이 가장 혐오한다고 말했던 인종차별주의자가 돼 버렸다. 나는 더 이상 민주당원이 아니다. 권력에 눈이 먼 채 킹 목사의 꿈을 짓밟으며 이 나라를 분열시키고 인종주의를 선동하며 국민을 갈라놓는 사람들과 나 자신을 동일시할 수 없기 때문이다.

---

\* 인종, 성별, 성적 지향, 종교, 장애, 계급, 국적 등 특정 사회적 정체성을 중심으로 정치적 요구를 제기하고 연대하는 정치 활동이나 사상을 의미한다.

## 다리를 건너며

2019년 3월, 나는 전직 동료였던 존 루이스(John Lewis) 하원의원과 다른 연방의원들과 함께 앨라배마주 셀마를 방문했다. 이 여행은 '신앙과 정치 연구소(Faith & Politics Institute)'가 주관한 연례 순례 행사로 민주당과 공화당, 다양한 인종과 배경을 지닌 사람들이 함께 모여 시민권 운동 당시 큰 희생을 감수했던 이들의 발자취를 따라 걸으며 그들의 정신에서 영감을 받고, 모든 미국인이 피부색이 아니라 인격으로 평가받는 미래를 향해 나아가자는 취지로 진행되었다.

내가 민주당전국위원회 부위원장이었을 때, 나는 미국 전역에서 모인 민주당 주당 위원장들과 함께 어느 평범한 호텔 회의실에 앉아 있었다. 그 자리에는 존 루이스 의원도 참석해 격려의 말을 전했다. 그는 발언을 마치며 살짝 웃고는 이렇게 말했다. "자, 이제 가서 착한 말썽(good trouble)을 좀 일으켜보세요." 나는 웃으며 루이스의 트레이드 마크이기도 한 그 말을 노트에 받아 적었다. '착한 말썽.' 우리가 타인을 위해 봉사하고, 고장난 사회를 고치며, 더 나은 세상을 만들기 위해 행동하면서 착한 말썽을 일으키지 않는다면, 우리는 과연 진정한 변화를 만들어내고 있는 걸까?

1955년 가을, 열다섯 살의 존 루이스는 라디오에서 한 젊은 설교자의 목소리를 들었다. 바로 마틴 루서 킹 주니어였다. 그 순간 존은 자신도 킹 목사처럼 설교자가 되기를 결심했다. 몇 년 뒤, 그는 앨라배마의 작은 고향을 떠나 '프리덤 라이더스(Freedom Riders)'의

지도자가 되었다. 프리덤 라이더스는 로자 파크스가 백인 승객에게 자리를 양보하지 않아 체포된 사건 이후 만들어진 젊은이들의 모임으로, 인종 분리에 평화적으로 항의하기 위해 헌신한 사람들이었다. 이들은 마하트마 간디와 넬슨 만델라와 같은 인물들의 비폭력 저항 전략을 연구하며 어떻게 체제를 변화시킬 수 있는지를 깊이 배우고 실천했다. 프리덤 라이더스는 자신들의 신념에 철저히 헌신했고, 최악의 언어폭력과 신체 공격 앞에서도 비폭력 원칙을 지키기 위해 밤낮으로 훈련하며 준비했다.

우리가 앨라배마를 지나며 여러 민권운동의 역사적 장소들을 차례로 들렀던 버스 안에서, 존 루이스와 몇몇 프리덤 라이더스는 자신들이 직접 겪었던 일을 생생하게 들려주었다. 우리는 존 루이스와 그의 동지들이 과거에 침묵 연좌 농성(sit-in)을 벌였던 울워스(Woolworth's)* 매장을 방문했다. 그곳은 흑인은 출입조차 허락되지 않았던 식당이었다. 존은 그 시위를 위해 자신들이 어떻게 훈련했는지 이야기해줬다. 친구들을 일부러 가해자 역할로 세워 얼굴에 욕설을 퍼붓고, 침을 뱉고, 심지어 신체적으로 밀고 때리게 하며 그 모든 모욕과 폭력에 무대응으로 버텨내는 연습을 반복했

---

\* 미국 흑인 민권운동의 상징적 사건 중 하나로, 1960년 미국 사회에 큰 변화를 일으킨 계기가 되었다. 울워스 매장에서 흑인 대학생 4명이 백인만 앉을 수 있는 자리에서 음식을 주문했으나, 직원은 "흑인은 안 된다"며 거부했다. 이들은 끝까지 자리를 지키며 항의했다. 이후 시위대가 점차 늘어나며 전국적인 관심을 끌게 되었고, 몇 개월 후 해당 매장은 공식적으로 인종 분리 정책을 철회했다.

다는 것이다. 프리덤 라이더스는 아무런 말도 하지 않고, 손 하나 까딱하지 않은 채 그 모든 모욕과 폭행을 묵묵히 견뎌냈다.

사우스캐롤라이나 록힐의 한 버스 정류장에서는 한 무리의 남성들이 경찰이 도착하기도 전에 존 루이스를 거의 죽을 때까지 집단 폭행했다. 하지만 경찰은 루이스를 체포해 감옥에 보내고 가해자들은 그대로 풀어주었다. 언론인 데이빗 렘닉(David Remnick)은 이렇게 썼다.

> 그는 자신을 선동꾼이라 부르며 '깜둥이(nigger, coon)'라고 조롱하는 10대들이 그의 목에 불붙인 담배를 던질 때조차 예수, 간디, 소로우, 킹의 격언들을 시위대와 나누었다.… 폭행당하고, 체포되어, 감옥에 가는 것은 그의 일상처럼 반복되었고, 그는 매번 사건이 끝난 뒤에는 마치 하루치 품을 팔고 돌아온 노동자처럼 잠시 쉬곤 했다.[1]

## 피의 일요일

1965년 3월 7일, 그날은 투표권을 요구하는 집회로 시작되었다. 그해 초부터 앨라배마 전역에서는 수많은 집회가 이어졌다. 집회 며칠 전, 마틴 루서 킹 주니어는 한 동료 민권운동가인 지미 리 잭슨(Jimmie Lee Jackson)의 장례식에서 연설했다. 잭슨은 앨라배마 매리언에서 열린 평화 시위 도중 주 방위군의 구타와 총격으로 사망했다. 킹 목사는 친구의 죽음에 분노하고 슬퍼하던 사람들을 격려하며 다음과 같이 말했다.

> 지미 리 잭슨의 죽음은 우리에게 말해준다. 미국의 꿈을 현실로 만들기 위해 우리는 열정을 다해, 멈추지 말고 싸워야 한다고. 그의 죽음을 통해 이유 없는 고통도 결코 헛되지 않다는 사실을 증명해야 한다. 우리는 원한에 사로잡혀서는 안 되며, 폭력으로 보복하겠다는 생각도 품어서는 안 된다. 우리는 백인 형제들에 대한 믿음을 잃어서는 안 된다.[2]

며칠 뒤, 대부분 흑인으로 구성된 약 600명의 사람들이 에드먼드 페터스 다리의 한쪽 끝에 줄지어 섰다. 이 다리는 미국 상원에서 복무한 마지막 남부연합 장군의 이름을 딴 것이었는데, 그는 앨라배마 KKK의 지도자이기도 했다. 시위대는 약 80킬로미터가 넘는 거리를 행진해 몽고메리 주청사에 도달한 뒤, 조지 월리스(George Wallace) 주지사에게 앨라배마에서 흑인 주민들의 투표권을 보장하라고 요구할 계획이었다. 그러나 이 계획을 사전에 파악한 월리스는 "이 행진은 결코 용납될 수 없으며, 용납하지 않겠다"고 선언했고, "우리 주의 시민들과 여행객들의 생명과 재산을 보호하는 것이 나의 책무"라며 이를 정당화했다.[3]

셀마에 서서 다리 건너편을 바라보던 존 루이스와 시위대는 푸른 헬멧과 푸른 제복을 입고 도로 양쪽을 가득 메운 전투태세의 앨라배마주 경찰 병력을 마주했다. 시위대는 경찰과 약 15미터 떨어

진 지점에서 멈춰 섰다.⁴

그때, 경찰 측 지휘관 존 클라우드(John Cloud)가 확성기를 들고 외쳤다. "이 행진을 계속하는 것은 여러분의 안전에 심각한 위협이 됩니다. 이 집회는 불법입니다. 지금 해산하십시오. 집으로 돌아가거나 교회로 가십시오. 이 행진은 더 이상 계속할 수 없습니다."⁵

그 경고가 실제 어떤 위험을 뜻하는지를 직감한 존 루이스와 남부기독교지도자회의(SCLC)의 호시아 윌리엄스(Hosea Williams)는 경찰관과의 대화를 시도했다. 윌리엄스는 "지휘관님, 말씀 좀 나눌 수 있을까요?"라고 말했다.⁶ 그러자 클라우드는 "더 이상 당신에게 할 말은 없습니다"라며 차갑게 거절했고, 시위대가 다리에서 철수할 시간을 단 2분만 주었다. 그 순간 존 루이스는 땅에 무릎을 꿇고 기도했다. 수백 명의 다른 시위대도 그와 함께 무릎을 꿇었다. 존 루이스는 자서전 《바람과 함께 걷다(Walking with the Wind)》에서 그 순간을 이렇게 회상했다.

> 경찰의 무거운 부츠 소리, 백인 구경꾼들의 반항적 외침, 아스팔트 위에 울리는 말발굽 소리, 그리고 한 여자의 외침이 들렸다. "잡아! 저 깜둥이들을 잡아!"⁷

대부분의 사람들은 돌아서서 도망쳤을 것이다. 하지만 존 루이스는 달랐다. 신에 대한 믿음을 굳게 지닌 그는 끝까지 무릎을 꿇은 채 자리를 지켰고, 그날 그와 함께 행진했던 거의 대부분의 사람들도 자리를 지켰다. 그리고 그는 이렇게 썼다.

그들이 우리를 덮쳤다. 가장 먼저 내게 달려든 경찰은 덩치 크고 건장한 체구의 사내였다. 그는 아무 말도 없이 곤봉을 휘둘러 내 왼쪽 머리를 내리쳤다. 통증은 느껴지지 않았다. 들려온 건 단지 '퍽' 하는 소리뿐이었고, 내 다리는 힘없이 풀리며 무너져 내렸다. 나는 반사적으로 팔을 들어 올리며, 몸을 웅크려 '보호 기도' 자세를 취했다. 그러자 같은 경찰이 다시 곤봉을 휘둘렀다. 세상이 빙빙 돌기 시작했다.

총성 같은 소리가 들렸고 곧이어 사방에 연기가 피어올랐다.

최루탄이었다.

나는 그때까지 최루탄을 경험해본 적이 없었다. 나중에야 알게 된 사실이지만 그것은 C-4라 불리는 독성이 강한 최루탄으로, 구토를 유발하도록 만들어진 것이었다.

숨이 막히고 기침이 터져 나왔다. 폐 속으로 공기가 들어오지 않았다. 마치 인생의 마지막 숨을 내쉬는 기분이었다. 내 인생에서 정말 공포를 느꼈던 순간이 있었다면 바로 그때였을 것이다. 하지만 나는 당황하지 않았다. 이상하리만큼 차분한 상태에서 이렇게 생각했다. '이게 끝이구나. 사람들이 여기서 죽겠구나. 나도 여기서 죽겠구나.'[8]

존 루이스는 두개골 골절을 입고 다리에 힘이 풀린 채 간신히 브라운 채플 교회로 피신했다. 그날 밤, 에드먼드 페터스 다리에서 벌어진 참혹한 장면이 방송을 타자 온 국민은 충격과 공포에 휩싸였다. 자유를 위해 싸운 이들을 향한 주 경찰의 잔혹한 탄압은 주지사의 명령 아래 자행되었고, 이는 미국 전역의 시민들을 무관심에서 깨어나게 했다.

'피의 일요일(Bloody Sunday)'로 불리게 된 그날의 사건은 미국 사회에 강력한 각성을 불러일으켰고, 린든 B. 존슨 대통령이 1965년 투표권법(Voting Rights Act)*을 통과시키는 데 필요한 국민적 지지를 얻을 수 있는 계기가 되었다. 그전까지 수년간 이와 유사한 법안들은 남부 출신 민주당 의원들의 반대로 번번이 가로막혔었다. 그러나 피의 일요일 이후 남부 출신의 민주당원이었던 존슨 대통령은 자기 당 내부의 반대에 맞서면서, 모든 미국인이 인종과 관계없이 투표권을 보장받을 수 있도록 강력히 나섰다.

1965년 3월 25일, 피의 일요일로부터 3주도 채 지나지 않아 마틴 루서 킹 주니어는 앨라배마 몽고메리의 주 의사당 계단 위에 서서 이렇게 선언했다.

인종 분리는 이제 사망선고를 받았다.

그러니 오늘 오후, 여러분께 간곡히 부탁드린다. 우리는 앞으로도 비폭력의 길에 헌신해야 한다. 우리의 목표는 백인을 굴복시키거나 모욕을 주는 것이 아니라, 그들의 우정과 이해를 얻는 데 있다. 우리가 추구하는 종착지는 자기 양심과 더불어 살아갈 수 있

---

* 투표에 관한 차별을 엄격하게 금지시킨 미국 역사상 기념비적인 법률이다. 주와 지방정부가 인종이나 피부색 등을 이유로 선거 자격을 제한하거나 투표에 필요한 요건, 표준, 관행, 또는 절차를 요구하는 것을 금지시켰다.

는 평화로운 사회다. 그날은 백인의 날도 흑인의 날도 아닌, 인간의 날이 될 것이다.

나는 여러분이 오늘도 물어볼 것임을 안다. "과연 얼마나 더 걸릴까?"

얼마나 더? 오래 걸리지 않을 것이다. '어떤 거짓도 영원히 살아남을 수 없기 때문이다.'

얼마나 오래? 오래 걸리지 않을 것이다. '도덕의 우주는 길게 휘어 있지만, 정의를 향해 굽어 있기 때문이다(the arc of the moral universe is long, but it bends toward justice).'⁹*

나는 존 루이스, 그리고 수십 명의 연방 의원들과 함께 에드먼드 페터스 다리의 한편에 서 있었다. 그 자리에서 우리보다 먼저 이 길을 걸어간 이들이 견뎌낸 고통과 희생의 무게를 온몸으로 느꼈다. 나는 이 자리에 서서, 폭력과 위협을 피해 도망치기보다는 신께 기도하며 무릎을 꿇는 길을 택했던 이들의 용기와 강인한 인격에 깊은 감동을 받았다.

우리가 천천히 다리 위를 걷기 시작할 때, 벅찬 감정이 밀려왔다. 결코 잊을 수 없는 순간이었다. 백 명이 넘는 사람들이 팔짱을 끼고 함께 걸으며, 다른 사람이 자유롭게 걸을 수 있도록 하기 위

---

* 마틴 루서 킹 주니어가 자주 인용한 문구로, 원래는 19세기 미국의 목사이자 개혁가인 시어도어 파커(Theodore Parker)의 설교에서 나온 말이다. 오랜 시간이 걸리더라도, 결국에는 역사가 정의와 진실의 방향으로 나아갈 것이라는 희망과 확신이 담긴 말이다.

6장 인종차별을 조장하다

해 자신을 희생했던 이들을 기리는 길이었다. 그때 누군가가 자발적으로 "이 작은 빛을, 내가 빛나게 할 거예요(This little light of mine, I'm going to let it shine)"*를 부르기 시작했고, 사람들이 하나둘씩 그 노래를 따라 부르면서 곧 백여 명의 목소리가 공간을 가득 메웠다.

그 다리를 건너며 나는 평화 시위와 시민 불복종이라는 용기 있는 운동을 통해 실질적인 변화를 이끌어낸 나라에서 살고 있다는 사실에 깊은 자부심을 느꼈다. 시민권 시대의 지도자들이 이루어낸 성취뿐 아니라, 그들이 그것을 어떻게 이루었는지에 더욱 감명을 받았다. 그들은 특혜를 바라지 않았다. 그저 동등한 권리를 주장했을 뿐이다. 그들은 미국의 건국자들이나 헌법을 비난하지 않았으며, 오히려 그것을 인용하여 자신들의 권리를 정당화했다. 그들은 미국을 회복 불가능한 절망의 땅으로 보지 않았다. 오히려 이 나라를 더 나은 곳으로 만들기 위해 자신의 삶을 바쳤다. 그들은 미국이 인종차별로 정의된다고 믿지 않았다. 그들은 미국이 '모든 인간은 평등하게 창조되었으며 창조주로부터 양도할 수 없는 권리를 부여받았다'는 이상으로 정의된다고 믿었다. 그들은 동료 시민의 선한 면을 보려 했고, 평화로운 시위가 폭력적인 폭동보다 더 많은 마음을 얻을 수 있다는 것을 알고 있었다. 1963년 8월, 킹 목사는 그의 유명한 '나는 꿈이 있어요(I Have a Dream)' 연설에서 미

---

\* 흑인 민권운동의 대표적 찬가인 미국의 가스펠 곡 〈이 작은 나의 빛(This Little Light of Mine)〉의 가사.

국 독립선언서와 헌법을 "모든 미국인이 상속받아야 할 약속어음"이라고 표현하며, 이 어음이 모든 사람, 흑인과 백인 모두에게 생명과 자유, 행복 추구의 양도할 수 없는 권리를 보장한다고 말했다.[10]

자칭 진보주의자들은 마틴 루서 킹 목사가 표현한 이상을 비웃고, 대수롭지 않게 치부하며 무시해버린다. 그들은 킹 목사의 꿈을 시대에 뒤처진 것으로 간주하며, 우리 모두가 신의 자녀라는 진리조차 부정하거나 외면한다. 인간은 모두 평등하게 창조되었다는 신념도 받아들이지 않는다. 오히려 반백인 인종차별을 노골적으로 옹호하며, 자신들의 분열 조장 계획에 동참하지 않으면 그 사람을 인종차별주의자로 몰아세운다. 그들은 서로를 피부색을 기준으로 판단해야 한다고 주장하며, 미국 사회를 억압자(백인)와 피억압자(유색인종)라는 두 계급으로 나누는 인종 분리주의를 추진하고 있다. 오늘날 민주당 내 영향력 있는 지도자들이 마틴 루서 킹 목사의 이상을 배신하고, 인종을 근거로 증오와 차별, 분열을 조장하는 모습을 보는 것은 실로 충격적이고 참담한 일이다. 이러한 흐름이 계속된다면 미국 사회에서 인종을 매개로 한 폭력이 다시 증가한다고 해도 전혀 놀라운 일이 아닐 것이다.

이들은 이브람 X. 켄디(Ibram X. Kendi)* 같은 인물들을 추앙한

---

\* 미국의 역사학자이자 인종 문제 전문가. '반인종주의 연구소(Center for Antiracist Research)'의 창립자로, 인종차별 해소를 위해 의도적이고 적극적인 정책 개입이 필요하다고 역설했다.

다. 그는 "과거의 차별에 대한 유일한 해법은 현재의 차별"[11]이라고 주장하며 미국이 본질적으로 고칠 수 없는 인종차별주의 국가라고 주장한다. 타네히시 코츠(Ta-Nehisi Coates)* 같은 작가 역시 "'백인 미국'은 우리의 몸을 지배하고 통제하기 위한 권력 독점 집단"이라 규정하고, 9·11 당시 구조에 나섰던 경찰과 소방관들을 '자연의 위협'[12]이라고까지 표현했다. 이들은 '비판적 인종 이론(Critical Race Theory, CRT)'**이라는 미명 아래, 백인 초등학생에게는 태생적으로 억압자라는 죄책감을 주입하고, 흑인 학생에게는 본질적으로 인종차별의 희생자라고 믿도록 가르친다.

## 뒤로 걷기

2018년 말쯤 나는 《백인의 취약성》이라는 책을 접하게 되었다. 이 책은 로빈 디앤젤로(Robin DiAngelo)라는 학자가 쓴 것으로, 민주당 엘리트가 나아가려는 방향과 그들이 미국 사회에 강행하려는

---

* 미국의 작가이자 언론인으로, 《애틀랜틱(The Atlantic)》 등 주요 매체에 인종, 정체성, 미국 역사 등을 주제로 활발히 기고하고 있다.
** 1970년대 미국 법학계에서 시작된 학문적 이론으로, 법과 제도, 문화 전반에 존재하는 구조적 인종차별을 분석하고 비판하는 것을 핵심으로 한다. 이 이론은 인종차별이 단지 개인의 편견이나 차별적 행동이 아니라, 사회 전반에 내재된 권력 구조와 제도 속에 깊이 뿌리내리고 있다는 전제에서 출발한다. 최근 미국에서는 초중등 교육에 CRT 요소가 반영되면서 정치적 논쟁의 중심이 되었다.

인종적 변화가 어떤 것인지를 정확히 요약하고 있었다.

내가 읽은 내용은 몹시 충격적이었다. 로빈 디앤젤로(그녀도 백인 여성이다)에 따르면 모든 백인은 인종차별주의자이며, '반흑인 정서는 백인 정체성의 기초'라고 한다.[13] 그녀는 책에서 '긍정적인 백인 정체성(a positive white identity)은 불가능한 목표'이며 '백인 정체성은 본질적으로 인종차별적이고, 백인은 백인 우월주의 체제 밖에서 존재할 수 없다'고 주장한다.[14] 그녀의 설명에 따르면 백인이 할 수 있는 최선은 '덜 백인처럼 되도록 노력하는 것'이다. 왜냐하면 '덜 백인스럽다는 것은 인종적으로 덜 억압적이라는 뜻'이기 때문이다.[15]

나는 이 책을 읽자마자 전혀 말이 되지 않는, 터무니없는 주장이라는 것을 분명히 알 수 있었다. 그러나 민주당 엘리트는 이 이론을 덥석 받아들였고, 이 책을 지침서로 삼아 인종이 삶의 모든 영역을 규정하는 사회로 미국을 재편하려 들었다. 자기 이익에만 몰두한 민주당 정치인들은 마틴 루서 킹 주니어의 꿈을 짓밟고 값싼 정치적 이익을 얻기 위해 그 이상을 내던졌다. 그들은 "백인성(whiteness)의 폐지"를 외치며 연단에 올라 선동적인 연설을 하고, 백인 구직자를 차별할 수 있도록 허용하는 법안까지 발의한다.

그들은 '인종' 없이는 세상을 바라보지 못한다. 인종을 고려하지 않거나 인종 너머를 보려는 사람은 곧바로 인종차별주의자로 낙인찍힌다. 《백인의 취약성》은 지금까지 약 75만 부가 판매되었고, 저자는 이 책을 교재 삼아 미국의 주요 기업과 학교, 대학 등에서 '다양성 세미나'를 열며 수만 달러의 강연료를 벌어들이고 있다.

이런 세미나에서는 다양한 인종의 직원들이 원형으로 둘러앉아, '백인은 본질적으로 인종차별주의자이며, 그것은 결코 바뀔 수 없다'는 로빈 디앤젤로의 주장을 반복해서 들어야 한다. 만약 누군가 그 주장에 이의를 제기하면, 바로 그 반응 자체가 인종차별의 '증거'로 간주된다. 심지어 그런 주장에 불쾌해하거나 화를 내면, 오히려 더 심각한 인종차별주의자로 몰리게 된다.[16]

수많은 사람이 '다양성, 형평성, 포용(diversity, equity, inclusion, DEI)'이라는 명목으로 상사에게 떠밀려 강제로 자기분열적인 세미나에 참석하며 황당한 주장을 일방적으로 주입받고 있다. 여기에는 분명한 위선이 있다. 만약 디앤젤로가 백인이 아닌 다른 인종을 대상으로 같은 글을 썼다면 그녀는 즉시 사회적 비난과 '캔슬(cancellation)'의 대상이 되었을 것이다. 그러나 그녀가 겨냥한 대상이 '백인'이기 때문에(미국에서 유일하게 인종차별이 허용될 뿐만 아니라, 장려되거나 심지어는 요구되기까지 하는 집단이기 때문에) 그녀는 아무런 비판도 받지 않고 오히려 엄청난 수익을 올리고 있다.

이브람 X. 켄디는 그의 책 《반인종주의자가 되는 법(How to Be an Antiracist)》에서 '나는 인종차별주의자가 아니다'라는 중립적 입장은 존재하지 않는다고 주장한다. 사람은 인종차별주의자이거나, 아니면 '반인종주의자'일 뿐이다. 그는 또한 '과거의 차별에 대한 유일한 해결책은 현재의 차별'이라고 주장하며 인종차별에 대한 유일한 해법은 또 다른 인종차별일 수 있다고 주장한다.[17]

이러한 주장은 오늘날 민주당 엘리트와 정치권, 선전 매체에서 하나의 교리처럼 받아들여지고 있으며 그 결과는 매우 위험하다.

이들은 인종차별을 공공연히 조장할 뿐만 아니라, 누군가를 '인종차별주의자'라고 낙인찍는 기준을 극도로 낮춰버렸다. 그 결과, 인종차별이라는 개념의 무게가 가벼워졌고, 실제 피해자들이 겪는 고통은 외면되기 시작했다.

로빈 디앤젤로는 그 기준을 터무니없이 낮춰버렸다. 단지 백인이라는 이유만으로 인종차별주의자라는 낙인을 찍은 것이다. 그녀와 그녀의 추종자들에게는 피부색이 모든 판단의 기준이다. 백인은 스스로를 변호할 수 없는 반면 백인이 아닌 사람은 (그가 누구든 관계없이) '백인 우월주의'로 인해 자신이 얼마나 피해를 입었는지를 끝없이 이야기할 수 있다.

이런 식의 '피해자 행세(멋져 보이면서 학계, 인사관리, 정치, 예술 분야에서 경력에 유리할 것이라는 기대 아래 마치 인종차별의 희생자인 양 가장하는 행위)'는 마틴 루서 킹 주니어의 기억과 그들이 바친 측정할 수 없는 희생을 모욕하는 것이다. 킹 목사는 모든 사람이 개별적인 존재로 존중받고, 피부색이 아닌 인격으로 평가받는 사회를 만들기 위해 자신의 생명을 걸었다. 그는 인종을 근거로 보상과 처벌, 법적 지위와 시민권을 나누는 관행을 끝내기 위해 싸웠다. 공격 대상이 백인이든, 흑인이든, 다른 어떤 인종이든 상관없이, 그는 오직 '피부색만으로 평가받는 삶'이 얼마나 부당한지를 누구보다 잘 알고 있었기 때문이다.

## 결론

우리는 민주당 엘리트가 미국 사회에 증오와 인종차별을 조장하고, 국민을 분열시키며, 존 루이스와 마틴 루서 킹 주니어 같은 인물들의 희생으로 이루어진 위대한 진보를 허물도록 그냥 내버려두어서는 안 된다.

이미 큰 피해가 발생했지만 희망은 아직 남아 있다. 우리 모두는 미국 시민으로서 이 광기를 멈추고, 신 아래 하나 된 나라로 다시 뭉쳐 킹 목사가 모두를 위해 꿈꾸었던 미래를 실현할 힘과 책임, 기회를 갖고 있다.

1959년 하와이가 미국의 50번째 주로 편입된 지 3주 후, 킹 목사는 하와이를 방문해 주 의회에서 연설했다. 그는 하와이에서 느낀 '알로하 정신'의 힘을 인정하며 '깊은 감사의 마음'을 전했고, 하와이를 "인종 조화와 인종 정의의 고귀한 본보기"라고 말했다. 그는 남부에서 여전히 투쟁이 계속되고 있는 현실을 언급하며, 하와이가 보여준 가능성을 강조한 것이다.[18]

본토로 돌아간 킹 목사는 자신의 교인들에게 하와이에서의 경험에 대해 "저는 다양한 얼굴과 피부색이 바다의 물결처럼 뒤섞인 모습을 바라봤습니다. 그런데 그 속에서 제가 볼 수 있었던 단 하나의 얼굴은 바로 미래의 얼굴이었습니다!"라고 전했다.

우리가 킹 목사와 1960년대 민권운동의 영웅들이 그토록 아름답게 묘사했던 그 꿈을 실현하고자 한다면, 우리는 킹 목사의 핵심 메시지이자 미국 독립선언서 서문에 담긴 다음의 진리를 마음 깊이 새겨야 한다.

> 우리는 다음의 진리를 자명하다고 믿는다. 모든 인간은 평등하게 태어났고, 창조주로부터 생명과 자유, 그리고 행복을 추구할 수 있는 양도할 수 없는 권리를 부여받았다.

당신이 신을 믿든 믿지 않든, 진실은 변하지 않는다. 우리는 피부색이나 민족성, 그 밖의 어떤 외형적 특성으로 정의되는 존재가 아니다. 우리의 진정한 정체성은 우리가 모두 신의 자녀이며 영원한 영적 존재로서, 육체라는 물질적인 몸속에 잠시 머무는 존재라는 것이다. 육체가 죽더라도 우리는 죽지 않는다.

인종차별의 근본 원인은 누군가를 단순히 피부색에 따라 판단하고, 그에 기반해 증오를 품는 데 있다. 하지만 우리의 육신은 일시적인 것이고 진정한 우리의 본질이 아니라는 진실을 받아들이게 되면, 인종을 기준으로 누군가를 판단하는 일은 누군가의 셔츠 색깔을 보고 사람됨을 판단하는 것만큼 어리석은 일이 된다.

우리가 인종차별을 부추기는 무지와 증오, 편견을 진정으로 극복하려면 킹 목사의 모범을 따라야 한다. 증오에 대해 '알로하', 즉 사랑과 연민으로 응답해야 하며, 우리가 진정 누구인지, 우리의 영적 본질에 대한 진실을 다른 사람과 나누어야 한다. 증오를 증오로 대응하는 것은 노예제와 린치, 인종 분리 정책을 낳은 어둠과 악을 더욱 키우는 일일 뿐이다.

진심으로 이 사회의 인종차별과 증오의 악순환을 끝내고자 한다면, 우리는 킹 목사와 존 루이스 그리고 프리덤 라이더스가 보여준 모범에서 영감을 얻어야 한다. 그들은 극단적인 증오와 인종차별, 폭력에 맞서 평화로운 시위와 사랑, 그리고 '알로하'로 살아가는 삶을 통해 가능성의 비전을 제시했다.

물론 그것은 언제나 쉬운 일이 아니다. 우리 혼자 힘으로는 해낼 수 없다. 신의 무조건적이고 영원한 사랑에서 힘과 영감을 얻고, 그 사랑을 다른 이들과 나눔으로써 어둠과 증오, 편견의 세력을 이겨내야 한다.

마틴 루서 킹 주니어는 하와이 주의회에서의 연설을 마치며 '흑인 노예 설교자의 기도'를 인용했다.

> 주여, 우리는 아직 우리가 되고 싶은 사람이 되지 못했습니다.
> 우리는 아직 되어야 할 모습에도 이르지 못했습니다.
> 그러나 주님, 감사합니다.
> 우리는 더 이상 예전의 우리가 아닙니다.

킹 목사의 꿈을 실현하기 위해 여전히 해야 할 일이 남아 있다. 우리는 과거로부터 배워야 한다. 이 나라가 이룩한 위대한 진보를 위해 싸운 영웅들의 숭고한 희생을 기억하며 그 정신을 계승해야 한다. 그리고 자기 이익에만 몰두하는 정치인들, 자칭 진보주의자들, 그리고 그들과 결탁한 주류 언론이 퍼뜨리는 인종차별과 증오의 어둠에 함께 맞서야 한다. 그 어둠을 물리치는 길은 오직 하나, 사랑이다. 우리는 서로를 알로하의 정신으로 대하며, 겉으로 드러난 피부색이나 겉모습을 넘어 우리가 진정 누구인지를 존중해야 한다. 신의 자녀로서 말이다.

# 7장
# 권력자가 결정하는 진실

민주당 엘리트는 객관적 진리와 남녀 간 생물학적 차이의 존재 자체를 부정한다. 이는 여성과 창조주에 대한 가장 극단적인 증오와 적대의 표현으로, 그들은 결국 우리의 존재 자체를 '지우려' 하고 있다.

## 진실

어린 시절을 떠올려보면 내가 처음 배운 것들 중에는 정말 의심할 여지없이 '진실'이라고 여겼던 것들이 있다. 하늘은 파랗고, 끓는 물은 뜨겁고, 바닷물은 짜다. 바닷물에 들어가면 젖고, 햇볕 아래 서 있으면 마른다. 중력의 원리는 몰랐지만 손에서 무언가를 떨어뜨리면 땅으로 떨어진다는 것은 당연히 알고 있었다. 그리고 소년과 소녀의 차이 또한 확실히 알고 있었다. 내가 자란 동네의 아이들은 피부색도 다르고 생김새도, 체형도 저마다 달랐지만, 그들의 성별에 대해서 혼란을 느낀 적은 단 한 번도 없었다.

 나는 오빠가 세 명 있는데, 그중 두 명은 한동안 장발을 고수했던 시기가 있었다. 나 역시 한창 '톰보이(tomboy)'*였던 시절이 있

---

\*  어린 여자아이가 전통적으로 '남자아이의 것'으로 여겨지는 행동이나 스타일을 따르는 시기를 말한다. 예를 들어 짧은 머리를 하고, 바지에 티셔츠 차림으로 다니며, 인형이나 화장보다는 스포츠나 모험, 격한 활동을 더 좋아하는 시기다.

었다. 인형이나 화장품에는 전혀 흥미를 느끼지 못했으며 지루하고 시시하다고 생각했다. 짧은 남자아이 스타일의 머리를 하고 매일 서핑 반바지와 티셔츠를 입었고, 오후마다 무술을 연습하며 나무를 차거나 맨발로 산을 뛰어다니곤 했다. 그래야 강하고 단단해질 수 있다고 믿었기 때문이다. 하지만 그렇다고 해서 단 한 번도 오빠들이 실제로는 여자라고 생각한 적도 없고, 내가 사실은 남자라고 느낀 적도 없었다. 시간이 지나면서 나는 그 시기를 자연스레 지나왔고, 오빠들은 머리를 짧게 잘랐으며(엄마는 무척 기뻐하셨다), 나는 머리를 기르기 시작했다. 지금도 여전히 무술을 수련하지만 가끔은 예쁘게 꾸미는 것도 즐긴다. 겉으로 드러나는 모습이나 느끼는 감정이 어떻든, 우리의 생물학적 성별이라는 객관적인 진실은 논쟁의 대상이 아니었다.

불과 몇 년 전까지만 해도 남성과 여성 사이에 생물학적 차이가 존재한다는 사실은 거의 보편적으로 받아들여졌다. 하지만 놀랍게도, 지금 우리는 민주당 엘리트가 그런 생물학적 사실마저 적극적으로 부정하는 세상에 살고 있다. 그들은 남성과 여성의 생물학적 차이를 부정하고, 누구든지 자신이 여자라고 느끼기만 하면 여성이 될 수 있다고 주장한다. 이는 객관적 진실의 존재 자체를 부정하는 행위다. 그런 주장은 곧 문명사회의 근간을 허무는 것이다.

민주당 엘리트는 자신들의 오만함과 마치 신이 되겠다는 욕망에 사로잡혀 진리와 현실조차 자신들이 스스로 창조할 수 있다고 믿는다. 이처럼 망상에 빠진 그들은 남성과 여성의 신체가 생물학적으로 다르다는 너무도 명백한 진리조차 부정하려 하고, 우리에게도 그것을 거부하라고 강요한다. 만약 그들이 이토록 기본적이고 분명한 사실조차 왜곡할 수 있다면, 그들은 무엇이든 조작할 수 있다고 믿게 된다. 검은 것은 흰 것이 되고, 흰 것은 검은 것이 되며, 위는 아래가 되고, 아래는 위가 된다. 또한 활짝 열린 국경은 닫혀 있다고 주장하게 되며, 우리에게 해로운 것은 좋은 것이 되고, 우리에게 이로운 것은 해로운 것으로 뒤바뀌게 된다. 민주당 엘리트에게는 더 이상 어떤 한계도 없다. 나는 진실을 이렇게 아무렇지도 않게 내던지고 정치적 이득만을 노리는 정당과는 더 이상 함께할 수 없다. 그들이 진실을 희생하는 순간, 그들에겐 더 이상 신성함과 책임감은 물론 한계도 없을 것이다.

## 말할 용기

테네시주 갤러틴에서 자란 라일리 게인스(Riley Gaines)는 부모님의 수영장에서 수없이 연습하며 올림픽 수영 기록을 깨겠다는 꿈을 키웠다. 그 노력은 결실을 보았고, 그녀는 켄터키대학교에서 두각을 나타낸 학생 운동선수로서 2021년 미국 올림픽 대표 선발전에 출전했다.

하지만 곧 라일리와 그녀의 여성 동료 선수들은 뜻밖의, 그리고 결코 반갑지 않은 경쟁자와 맞닥뜨렸다. 바로 자신을 리아 토머스(Lia Thomas)라고 부르는 생물학적 남성이었다. 리아 토머스는 원래 펜실베이니아대학교 남자 수영부 소속의 윌리엄 토머스

(William Thomas)로 전국 순위 462위에 머물렀던 선수였다.[1] 그런데 그가 자신을 '여성'이라고 선언하고 여성부 경기에 출전하면서, 갑자기 주요 대회에서 우승을 휩쓸기 시작했다. 여기에는 큰 희생이 따랐다. 명백한 신체적 이점을 가진 생물학적 남성과의 불공정한 경쟁 속에서 많은 여성 선수가 전국 챔피언의 꿈과 올림픽 출전 기회를 잃게 되었다. 게다가 그들은 토머스와 라커룸도 함께 써야 했다. 생물학적 남성인 토머스는 때때로 성적으로 흥분한 상태로 그들과 한 공간에서 옷을 갈아입고 샤워를 했으며, 여성들과의 성적 경험을 자랑스럽게 이야기하기도 했다.

이러한 불편함과 고통을 겪은 여성 선수들이 학교 관리자와 교사, NCAA* 그리고 토머스가 소속된 아이비리그 대학에 문제를 제기했지만, 그 누구도 귀를 기울이지 않았다. 이 젊은 여성들의 호소는 외면당했고, 모든 배려와 편의는 오직 '리아 토머스'라는 남성 한 사람만을 위해 존재했다.

2022년 NCAA 챔피언십에서 리아 토머스와 라일리 게인스는 200야드 자유형 경기에서 공동 5위를 차지했다. 그러나 심판은 트로피를 하나밖에 갖고 있지 않았고, 그것을 리아 토머스에게 건넸다. 라일리가 왜 토머스에게 트로피를 주는지 묻자, 심판은 몇 마디 궁색한 변명을 늘어놓더니 결국 이렇게 말했다. "그냥 이렇게 하는 게 더 편하니까요. 당신 트로피는 나중에 우편으로 보내드릴

---

\* 전국대학체육협회(National Collegiate Athletic Association)는 미국의 비영리단체로, 약 1,100개 대학과 50만 명 이상의 대학 운동선수를 관리하는 기관이다.

게요." 라일리에게 트로피 자체는 중요하지 않았다. 그녀의 집에는 이미 수많은 트로피가 있었다. 그녀가 분노한 이유는 그 일이 명백히 불공정했기 때문이다. 그녀는 이해할 수 없었다. 어떻게 심판들과 관리자들이 이렇게 쉽게 객관적 현실을 외면할 수 있는가? 어떻게 생물학적 남성이 여성부 경기에 출전할 수 있는가?*

남성 수영 선수가 여성들만 참가하는 대회에 출전할 경우 명백한 생물학적 우위가 존재한다. 이 때문에 대부분의 스포츠에서는 생물학적 성별에 따라 대회가 나뉘어져 있다. 뼈 밀도, 근육량, 그리고 테스토스테론 수치는 남성에게 힘, 속도, 지구력 등의 면에서 부인할 수 없는 우위를 제공한다. 2021년 《영국 스포츠 의학 저널(British Journal of Sports Medicine)》에 실린 연구에 따르면, 2년간 호르몬 치료를 받은 '트랜스젠더 여성'조차 여전히 생물학적 여성에 비해 힘과 속도에서 뚜렷한 우위를 가진 것으로 나타났다.[2] 스포츠 경기에서 승부는 아주 작은 차이로 결정된다. 수영이나 단거리 육상 같은 종목에선 0.1초의 차이가 1등, 2등, 3등은 물론이고 예선 통과 여부까지 결정짓는다. 대부분의 생물학적 남성은 아무리 여성 선수가 열심히 훈련하더라도 따라잡을 수 없는 선천적인 신체적 능력을 지니고 있다.

라일리는 대학 졸업 후 조용히 자신의 삶을 살아갈 수도 있었다.

---

* 이러한 갈등의 결과로 2022년 6월, 세계수영연맹은 일부 예외 규정을 두긴 했지만 기본적으로 트랜스젠더 선수들의 여자부 대회 출전을 제한했다. 또한 트럼프 2기 행정부는 '생물학적 성별 기준의 스포츠 분리 정책'을 추진해 남성에서 여성으로 성별을 바꾼 트랜스젠더 선수의 여성 스포츠 출전을 금지했다.

하지만 그녀는 여성 선수의 권리와 공정성을 위해 싸우기로 결심했다. 예견된 일이지만, 이른바 '깨어 있는' 좌파 집단은 그녀를 공격 대상으로 삼았다. 그들은 진실이 드러나는 걸 두려워한다. 그래서 진실을 외치는 목소리를 모욕과 폭력으로 억누르려 한다. 라일리가 공개석상에서 자신의 이야기를 할 때면 어김없이 누군가는 그녀를 향해 야유를 보내거나 모욕을 퍼부었다.

시위대는 강연장 밖에서 시위를 벌였다. 2023년 4월 6일, 라일리 게인스는 샌프란시스코 주립대학에서 '여성 스포츠를 지키자'는 주제로 강연했다. 강연이 끝난 직후 학교 보안요원은 그녀에게 교실 밖으로 나가는 것이 위험할 수 있다고 경고했다. 시위대가 건물 안으로 진입해 그녀에게 접근 중이었기 때문이다. 복도에 모인 군중은 욕설을 퍼붓고 폭력을 예고하며 난동을 부렸다. 결국 경찰과 경호원의 도움을 받아 강연장을 빠져나왔지만 시위대는 그녀의 앞길을 가로막고 그녀의 얼굴에 욕설을 퍼부었고, 여성 복장을 한 남성은 그녀에게 주먹질했다.

그러나 라일리는 조금도 위축되지 않았다. 그녀는 폭스뉴스 진행자 터커 칼슨(Tucker Carlson)과의 인터뷰에서 "그들이 나를 침묵시키려 한다는 건 내가 더 크게 외쳐야 한다는 뜻"이라고 말했다.

라일리와 같은 일을 겪은 여성은 또 있다. 베서니 해밀턴(Bethany Hamilton)은 여성 프로 서핑 선수로 13세 때 상어의 공격으로 왼팔을 잃었지만 역경을 이겨내고 선수 생활을 이어간 인물이다. 그녀는 세계서핑연맹(WSL)이 생물학적 남성의 여성부 경기 출전을 허용하자 SNS 영상을 통해 이를 정면으로 비판했다. 영상에서 해밀턴은 이 정책의 문제점을 조목조목 짚으며 트랜스젠더 선수들을 위한 별도 부문 신설을 제안했다. 또 WSL이 정책을 바꿀 때까지 출전하지 않겠다고 말했다. 그리고 다음과 같이 선언했다. "남성의 신체를 지닌 선수는 여성부 경기에 출전해서는 안 된다."[3] 그러자 거센 역풍이 불었다. 수십 년간 그녀를 후원해온 서핑 브랜드 립 컬(Rip Curl)은 즉시 그녀에 대한 후원을 중단했다.

매년 세계 여성의 날에는 WSL 투어 참가 남성 선수들이 존경하는 여성의 이름을 유니폼에 새기는 전통이 있다. 해밀턴은 항상 그 대상 중 한 명이었다. 상어에게 팔을 잃고도 재기한 그녀의 놀라운 인생 이야기는 수많은 선수에게 자극을 주었기 때문이다. 그러나 2023년 해밀턴의 이름을 유니폼에 쓰려고 한 선수들에게 WSL 측은 이렇게 통보했다. "그녀는 WSL도 평등도 지지하지 않기에 그녀의 이름은 사용할 수 없다."[4,5]

생물학적 남성이 여성 스포츠에 출전해 승리하는 일이 점점 더 흔해지고 있다. 대부분은 남성부에서 두각을 나타내지 못하던 이들이 머리를 기르고 자신이 여성이라고 선언한 뒤, 여성부 경기에 출전해 좋은 성적을 내거나 승리를 차지한다. 최근 뉴햄프셔에서는 머리가 긴 2학년 남학생이 여자 고등부 높이뛰기 대회에서 5피트 2인치(약 157.5cm)를 뛰어 우승했다. 그런데 같은 대회 남자부에서는 우승 기록이 6피트(약 182.9cm), 최하위 기록도 5피트 6인치(약 167.6cm)였다.[6]

은퇴한 테니스 챔피언이자 역대 최고의 선수 중 한 명인 마르티나 나브라틸로바(Martina Navratilova)는 소셜 미디어 X(구 트위터)

에 이런 글을 올렸다. "규칙이 바뀔 때까지 나는 지겹도록 이 말을 반복할 것이다. 여성 스포츠는 실패한 남성 선수들이 오는 곳이 아니다."[7] 나브라틸로바는 수년 전부터 이 문제에 대해 공개적으로 목소리를 내왔으며, 여성들이 생물학적 남성과 경쟁해야 하는 상황이 얼마나 불공정한지 솔직히 지적해왔다.

이러한 일은 미국 전역은 물론 전 세계 여성 스포츠 현장에서 벌어지고 있다. 여성 스포츠 분야에서 생물학적 남성과 경쟁하는 불공평 때문에 여성들은 장학금을 놓치고, 최고 수준의 경기에 출전할 기회마저 빼앗기고 있다. 우리가 이를 인식하든 못하든 상관없이 이 문제는 단지 스포츠에 국한된 일이 아니라 우리 모두에게 영향을 미치는 사안이다. 지금 행동에 나서지 않으면 이 광기와 객관적 진실의 부정이라는 병폐는 점점 퍼져나갈 것이다.

미스 유니버스 대회는 2012년부터 생물학적 남성의 출전을 허용했다. 이 소식을 처음 들었을 때, 나는 '이상하네, 미스터 유니버스 대회도 있잖아?'라고 생각했다. 2023년 네덜란드와 포르투갈을 대표해 두 명의 생물학적 남성 참가자가 국제 미스 유니버스 본선 무대에 섰다. 네덜란드 대표 리키 발레리 콜러(Rikkie Valerie Kollé)는 "나는 어린 소년이었을 때부터 내 앞길을 가로막는 모든 것을 극복해왔고, 지금 이 자리에 강하고 당당한 트랜스 여성이 되어 서 있다"라고 말했다.[8]

2022년 《USA 투데이》는 리처드/레이철 러빈(Richard/Rachel Levine)을 '올해의 여성' 중 한 명으로 선정했다. 2023년에는 남성이지만 자신을 여성과 동일시하는 미네소타주 하원의원 리 핀크

(Leigh Finke)를 또다시 '올해의 여성'으로 뽑았다. 《타임》도 생물학적 남성인 MJ 로드리게스(MJ Rodriguez)를 2022년 '올해의 여성'에 포함시켰다. 이런 사례는 계속 이어지고 있다.

이러한 광기 현상을 있는 그대로 지적하는 사람들은 공격받고, 퇴출당하며, 어떤 국가에선 형사처벌의 위험까지 감수해야 한다. 영국 노동당은 누군가의 성별 정체성을 '잘못 지칭(misgendering)' 하는 행위를 최대 징역 2년 형에 처할 수 있는 범죄로 규정하려는 입법을 추진 중이다.[9]

미국 바이든-해리스 행정부 아래에서는 연방고용평등기회위원회(EEOC)*가 다음과 같은 지침을 내놓았다. "개인의 성 정체성과 일치하지 않는 이름이나 대명사를 고의적이고 반복적으로 사용하는 행위는 성희롱에 해당하며 법적 조치가 가능하다."

이 모든 것은 객관적 진실을 부정한 데서 비롯된 광기의 징후들이다. 더 나쁜 점은 그저 '의견 차이를 인정하자'는 태도조차 허용되지 않는다는 것이다. 이런 혼란을 조장하는 이들은 우리 모두에게 복종을 강요하며, 그 과정에서 '표현의 자유'라는 가장 기본적이고 근본적인 가치를 짓밟고 있다.

---

\* 1964년의 《시민권법》 제7조(Title VII)에 근거하여 직장 내에서 인종·성별·종교·국적·장애 등 다양한 이유로 발생하는 차별을 조사하고, 고용주가 법을 위반했을 시 제재를 가하는 연방기관이다.

## 성(性)의 근거 위에

아이러니하게도 민주당은 오래전부터 여성의 권리와 평등을 옹호하는 정당임을 자처해왔고 지금도 그렇게 주장한다. 바로 이런 민주당이 주도해 제정한 법이 오늘날 '타이틀 나인(Title IX)'*라는 이름으로 널리 알려진 법률이다. 이 법은 단 37개의 단어로 구성된 간결한 문장이지만 교육 현장에서 성차별을 금지하는 강력한 법적 기반을 제공하고 있다.

> 미국에서는 누구도 성별을 이유로 연방 재정 지원을 받는 교육 프로그램이나 활동에서 참여가 배제되거나 혜택을 거부당하거나, 차별을 받아서는 안 된다.[10]

이 법의 문구는 매우 명확하다. 변호사나 법학 교수가 아니어도 이 법이 왜 만들어졌는지, 그 필요성을 충분히 이해할 수 있다. 타이틀 나인이 제정되던 당시, 남학생만을 받아들이던 수많은 대학(아이비리그 학교들도 포함해서)이 여성에게도 문을 열기 시작했고, 많은 여성이 그 기회를 붙잡았다. R. 셉 멜닉(R. Shep Melnick)의 저서 《타이틀 나인의 변화(The Transformation of Title IX)》에 따르면 이 법이 처음 제정될 당시 대학 운동부 선수 중 여성 비율은 15%에

---

\* 미국 교육법 중 성차별을 금지하는 핵심 조항으로, 교육기관 내에서의 성평등 보장과 관련한 법적 기반을 제공하고 있다.

불과했다. 그러나 40년 후 그 수치는 43%로 증가했다. 1972년부터 2015년 사이, NCAA 소속 학교들의 여성 운동부 선수 수는 무려 7배나 늘었다. 고등학교 차원에서도 변화는 뚜렷했다. 1970년에는 여성 운동선수가 30만 명도 안 되었지만 현재는 300만 명을 넘는다. 1970년에는 전체 학내 운동선수 중 여성은 7%에 불과했지만 오늘날은 42%에 달한다.[11]

타이틀 나인 제정 이후 수년간, 민주당은 이러한 수치를 인용하며 이 법의 효과와 성공을 자랑해왔다. 하지만 오늘날의 민주당 엘리트는 더 이상 여성의 권리를 진심으로 대변하지 않음을 스스로 드러내고 있다. 권력욕을 비롯해 규모는 작지만 목소리는 큰 트랜스젠더 커뮤니티의 분노를 두려워한 나머지, 이들은 '남자는 남자이고 여자는 여자'라는 생물학적이고 객관적인 진실을 부정하며 여성의 존재 자체를 지우고 있다. 이들은 '남성이 스스로를 여성이라 믿기만 하면 여성으로 인정해야 한다'는 허위 주장에 전적으로 동의하며, 그에 대한 이견이나 질문조차 허용하지 않는다. 예를 들어 캘리포니아 출신 민주당 하원의원 마크 타카노(Mark Takano)는 의회 청문회에서 "만약 마이크 타이슨이 오늘 자신이 여성이라고 선언한다면, 여성 복서들과 경기를 뛰게 할 것입니까?"라는 질문을 받자 망설임 없이 "그렇습니다"라고 답했다.[12]

그 영상을 보고 한동안 말문이 막혔다. 그는 정말로 마이크 타이슨이 '나는 여자다'라고 선언하기만 하면 곧바로 여성이 된다고 믿는 걸까? 아니면 진실을 말할 용기가 없어서 그렇게 대답한 걸까? 어떤 논리로도 이 광기를 설명할 수 없다. 분명한 사실은 타카노

의원 같은 민주당 인사들이 여성의 권리나 신체적 안전에는 전혀 관심이 없다는 사실이다. 여성 복서들이 마이크 타이슨 같은 남성과 맞서 싸우게 된다면 어떤 물리적 위험이 따르게 될지 너무도 뻔한데도 말이다.

그들은 단지 무관심한 것이 아니라, 이제는 '여성이 무엇인지'조차 모르는 듯하다. 대법관 커탄지 브라운 잭슨(Ketanji Brown Jackson)의 인준 청문회에서 마샤 블랙번(Marsha Blackburn) 상원의원이 "여성(woman)이라는 단어를 정의할 수 있습니까"라고 물었을 때, 잭슨 판사는 자신이 "생물학자가 아니기 때문에 정의할 수 없습니다"라고 답했다.[13] 이후 다른 상원의원들도 같은 질문을 던졌지만 잭슨 판사는 계속해서 명확한 답변을 피했다. 그런데 그녀는 앞으로 남성과 여성(men and women) 간의 생물학적 차이에 대한 법적 판단을 내려야 할 자리, 바로 미국 연방대법관이 되려는 인물이었다. 남성과 여성 사이의 생물학적 차이라는 가장 명백한 사실조차 인정하지 않는 사람에게 어떻게 우리의 신뢰를 맡길 수 있을까? 불가능하다.

여성에 대한 이처럼 극단적인 적대와 혐오는 이제 언어 자체를 통해 여성을 지우려는 시도로까지 이어지고 있다. 2022년 5월, 민주당 의원들은 낙태 관련 입법안에서 기존의 '여성(woman)'이라는 단어를 '사람(person)'으로 바꿔 사용했다. 그 이유는 이것이 더 '포용적인' 표현이라는 것이었다. 그들의 주장에 따르면 이제는 남성도 임신할 수 있기 때문이다. 몇 달 뒤, 미국 최대의 노동조합인 전미교육협회(NEA)는 'mother(어머니)'라는 단어를 금지하고 이를 'birthing parent(출산 부모)'로 대체하자는 규정을 제안했다.[14] 1년 전, 바이든 행정부는 연례 예산안을 발표하면서 '임신한 여성(pregnant women)'이라는 문구를 '출산하는 사람들(birthing people)'로 대체했다.[15]

민주당 하원의원 알렉산드리아 오카시오-코르테스는 CNN의 앤더슨 쿠퍼(Anderson Cooper)와의 인터뷰에서 여성을 '월경하는 사람들(menstruating persons)'이라 표현했고,[16] 다른 민주당 인사들도 '여성(women)' 대신 '출산자(birthing people)', '모유 수유하는 여성' 대신 '가슴 수유자(chestfeeders)'라는 표현을 쓰고 있다.[17]

2022년 7월, 상원 법사위원회 청문회에서 조시 홀리(Josh Hawley) 상원의원은 캘리포니아대학교 버클리 캠퍼스의 법학 교수 키아라 브리지스(Khiara M. Bridges)에게 그녀의 발언을 확인하고자 질문했다. 브리지스 교수는 다음과 같이 진술했다. "많은 시스젠더 여성(cis women)*은 임신할 수 있는 능력이 있고, 또 많은 시스젠더 여성은 임신 능력이 없습니다. 트랜스 남성과 논바이너리(non-binary)** 사람들 중에도 임신할 수 있는 이들이 있습니다."[18] 이에 홀리 의원이 "그렇다면 이 문제는 진정한 의미에서 '여성의 권리' 문제라고 보기는 어렵지 않나요?"라고 질문하자, 브리지스 교수는 그의 질문을 여러 차례 끊으며 그것은 "트랜스 혐오적

---

* 자신의 성 정체성이 태어날 때 지정된 성별과 일치하는 사람을 가리키는 용어다. 예를 들어, 태어날 때 여성으로 지정되고 스스로도 여성이라고 인식하는 경우를 '시스젠더 여성'이라고 한다.
** 남성이나 여성이라는 전통적인 이분법적 성별 범주에 자신을 완전히 포함시키지 않는 사람들을 가리킨다.

(transphobic)"이며 "그러한 발언은 트랜스젠더들에게 폭력을 불러일으킵니다"라고 비판했다.[19]

같은 해, 바이든 대통령과 행정부는 타이틀 나인 제정 50주년을 기념한다며 의회를 우회해 연방 관료 조직을 통해 타이틀 나인의 정의에 '성 정체성(gender identity)'을 포함하는 조치를 취했다. 생물학적 여성만 여성 스포츠에 참가하도록 제한하는 학교에는, 무상 급식을 받을 형편이 안 되는 아이들에게 제공해온 급식 예산을 삭감하겠다고 위협했다.[20]

바이든 행정부가 이처럼 기만적이고 위헌적인 꼼수를 시도할지 모른다고 예상하여, 나는 이미 2020년에 초당적 법안인 '여성 스포츠 보호법(Protect Women's Sports Act)'을 의회에 발의한 바 있었다. 이 법안은 타이틀 나인의 역사적 보호 조항이 '생물학적 성별'에 기반함을 명확히 하여, 이 법을 처음 만든 이들의 의도를 분명히 반영하려는 것이었다. 생물학적 남성이 여성과 여성 청소년을 상대로 스포츠 경기에 출전하도록 허용하는 것은 타이틀 나인의 근본 취지를 정면으로 훼손하는 것이다.

예상했던 대로 나는 곧바로 활동가 단체, 의회 내 민주당 의원, 주류 선전 언론, 그리고 온라인 트롤(online trolls)*들로부터 악랄한 공격을 받았다. 나는 예상 가능한 온갖 이름으로 불렸다. '트랜스포비아(transphobe)', '편협한 자(bigot)', '증오 선동자(hate-monger)',

---

\* 인터넷상에서 익도적으로 다른 사람을 자극하고 분노하게 만들며 갈등을 유발하려는 사람들을 일컫는 말.

'TERF(트랜스 배제 급진 페미니스트)', '성차별주의자(sexist)', '인종차별주의자(racist)' 등과 그보다 더한 말들까지. 하지만 나를 공격하고 비난한 사람들 중 누구도, 객관적 진리를 부정하는 자신들의 이중성과 광기를 잠시라도 돌아보려 하지 않았다. 그들 중 누구도, 자신들의 입장이 반여성적이며, 타이틀 나인을 훼손하고 미국 전역의 여성과 소녀들에게 피해를 주고 있다는 사실을 인정하려 하지 않았다. 남성과 여성 사이에 생물학적 차이가 존재한다는 사실을 인정하고 그에 기반한 공정한 경쟁 규칙을 마련하자는 주장은, 자신을 '트랜스젠더'라고 여기는 사람들이 별도의 부문을 만들어 스포츠나 대회에 출전하는 것을 막으려는 게 아니다. 그런 방식은 트랜스젠더의 권리를 박탈하는 것이 아니라, 여성과 소녀들의 권리를 보호하면서도 모두가 참여할 수 있는 길을 여는 것이다.

'여성이라는 존재는 실재한다'고 말하는 사람에게 눈덩이처럼 쏟아지는 극심한 반발과 증오를 보면, 많은 사람이 왜 발언하기를 두려워하게 되었는지 이해할 수 있다. 그들은 자신의 직장을 잃거나, 학교 장학금을 박탈당하거나, 가족이나 친구들에게 외면당할까 봐 두려워한다. 그러나 그것이 아무리 어렵고 심지어 두렵더라도 지금은 모래 속에 머리를 파묻거나 구석에 웅크려 있을 때가 아니다. 지금 우리는 너무나도 큰 것을 잃게 될 수 있다.

## 결론

민주당 엘리트가 이런 문제를 제기받았을 때 가장 흔히 내놓는 반응은 '이건 그냥 사람들이 지나치게 예민하게 받아들이는 것일 뿐 실제 문제가 아니다'라는 주장이다. '이 사안을 지나치게 부풀리지 말라. 이로 인해 영향을 받는 사람은 극소수일 뿐이다'라는 식이다. 그러나 그들이 틀렸다. 이 문제로 인해 영향을 받는 어린 소녀와 여성은 결코 소수에 그치지 않으며, 그들의 정책과 행동은 단순한 개인의 문제가 아니다. 우리 사회의 근간을 갉아먹는 심각한 해악이다. 이 문제는 단지 대학 장학금이나 미인대회 수상 여부에 국한되지 않는다.

여기서 문제의 핵심은 민주당 엘리트가 객관적 진리 자체를 거부하고 있다는 사실이다. 이것은 우리 모두에게 매우 심각한 영향을 미친다. 그들은 무엇이 객관적이고 근본적으로 진실인지 또는 거짓인지를 구분해주는 기준선을 제거하고 있다. 그러고는 자신들만이 진실과 거짓, 정보와 허위를 구분하고 판단할 수 있는 유일한 권위자가 되려 한다. 이러한 기준선이 사라지면 모든 것이 가능해진다. 더 이상 옳고 그름, 진실과 거짓이라는 개념 자체가 사라진다. 권력을 쥔 자들은 자신들만이 신의 역할을 하겠다는 듯 무엇이 옳고 진실인지를 선언하며, 우리 모두가 의심이나 질문, 반대 없이 그 선언을 받아들여야 한다고 요구한다. 만약 우리가 이를 따르지 않는다면, 우리는 그들의 분노와 처벌을 반드시 감당해야 한다.

이것은 단순한 가설이 아니다. 지금 바로 이 순간 실제로 일어나고 있는 현실이다. 우리는 '잘못된 언어(wrong language)'를 사용했다는 이유만으로 협박받고, 민주당 엘리트의 입장과 다르거나 승인받지 않은 견해를 표현했다는 이유로 '캔슬(cancellation)', 검열, 비방의 대상이 되고 있다. 미국이라는 나라에서 지금 무슨 일이 벌어지고 있는지에 대해 서로 다른 관점에서 존중하고 자유롭게 논의할 수 있는 공간은 이제 대부분 사라졌다.

우리가 미국에서 자유롭게 살아가고, 우리의 자녀들이 사실에 근거해 스스로 판단하고 사고할 수 있는 비판적 사고력을 가진 시민으로 성장하길 바란다면, 우리는 이 상황을 더 이상 용인해서는 안 된다. 우리는 고개를 숙이고 침묵하거나 그저 분위기에 맞춰 타협하며 살아갈 수 없다.

우리는 진실을 말해야 하며 "임금님은 벌거벗었다!"라고 외친 아이처럼 용기를 가져야 한다. 우리는 투표권과 우리 각자의 영향력을 통해 진실과 현실, 미국 국민의 안녕에 관심 없는 오늘날 민주당 엘리트의 광기를 거부해야 한다. 그들은 권력을 잃을 것에 대한 두려움에 사로잡혀 있으며, 그 권력을 유지하기 위해서라면 무엇이든 할 준비가 되어 있기 때문에 매우 위험하다. 이들은 결코 신뢰할 수 없으며 권력을 쥐어서는 안 된다.

# 8장
# 위협받는 가정

오늘날 민주당 엘리트는 가정을 약화시키고 있으며, 아이에게 가장 좋은 것을 아는 존재는 부모가 아니라 '국가'라고 선언하고 있다.

민주당 기득권층은 끊임없이 권력을 추구하는 과정에서 우리 사회의 근간인 가족 제도를 약화시키고 있으며, 아이들에게 가장 좋은 것이 무엇인지 부모보다 자신들이 더 잘 안다고 주장하고 있다. 그들의 정책과 행동은 항상 권력의 이익을 우선시하며, 그 대가로 가족과 아이들, 그리고 우리 사회 전체가 피해를 입고 있다.

　민주당 엘리트는 부모가 자녀의 학교를 선택할 자유를 조롱하고 반대하며, 아주 어린 시절부터 아이들에게 '체계적 인종차별', '대명사 사용법', '성적 지향', '트랜스젠더 이데올로기'에 대한 자신들의 내러티브를 주입한다. 그들은 장기적인 전략 아래, 아이들이 어린 나이일수록 더욱 '진보적인 의제'를 깊이 각인시키려 하며 이에 대해 진지하게 반론을 제기하고 의문을 갖거나, 비판적으로 사고하려는 시도를 철저히 억압한다. 또한 이들은 종종 부모 몰래 아이들에게 '젠더 확정 치료'라는 명목으로 되돌릴 수 없는 호르몬 치료와 수술을 권장하기도 한다. 이에 부모가 반대하면 최소 소셜 미디어에서 조롱당하고, 학교와 교사 노조로부터 질책받으며, 심지어 자녀가 강제로 부모 곁에서 분리될 수 있다는 협박까지 받는다. 나아가 '국내 테러리스트'로 지목되는 일도 있다.

나는 이제 더 이상, 우리 문명의 근간인 가정을 끊임없이 약화시키고 아이들과 가정의 행복을 희생하면서까지 '깨어 있는(woke)' 정치 의제를 밀어붙이는 그런 정당과는 함께할 수 없다.

## 깨어 있는 의제 vs 교육

어떤 기준으로 보더라도 나의 교육 과정은 일반적인 경로와는 조금 달랐다. 나는 고등학교를 졸업할 때까지 홈스쿨링을 받았고, 그 시간을 정말 좋아했다. 나는 나만의 속도에 맞춰 공부할 수 있었다. 더 많은 시간이 필요한 과목에는 더 오랜 시간을 들여 집중하고, 잘하는 과목은 빠르게 진도를 나갈 수도 있었다. 우리 부모님은 기업가이자 오랜 기간 소규모 사업체를 운영하신 분들이었다. 그래서 나의 학습 경험에는 아버지의 하루 매출을 정리하고 장부를 맞추며 수학 개념을 실제 상황에 적용하는 일도 포함되어 있었다. 다섯 남매 모두가 가족 식당에서 일하며 강한 노동 윤리를 배웠다. 형제들은 설거지, 계산, 서빙을 맡았고, 언니와 나는 테이블을 닦고, 바닥을 쓸며, 걸레질을 하고, 무엇보다 손님을 가족처럼 맞이하는 가장 중요한 일을 했다. 우리는 단골손님들과 이름을 부를 정도로 가까웠고, 그들 중 많은 사람이 점심과 저녁을 전부 우리 식당에서 해결하곤 했다. 나는 열 살 무렵, 초록색 글자가 검은 화면에 표시되던 오래된 MS-DOS 컴퓨터의 타자 연습 게임으로 타자 치는 법을 배웠고, 부모님의 편지나 메모를 받아 적으며 도움을 드리기도 했다.

　나는 이 이야기를 끝없이 이어갈 수 있다. 내가 받은 교육이 단지 교과서 속에만 머물지 않고 실제 삶의 경험을 통해 이루어졌다는 점이 정말 좋았다. 특히 홈스쿨링이 흔치 않았고 종종 부정적인 시선으로 여겨지던 시대에, 그런 선택을 하신 부모님께 깊이 감사드린다. 우리는 무단결석으로 경찰에 붙잡힐까 봐 오후 2시 이전에는 집 밖에 나가지 못했다. 홈스쿨링 가정에 도움이 될 만한 지원은 거의 없었지만 부모님은 결코 포기하지 않으셨다.

　부모님은 자녀 교육이라는 중대한 책임, 특히 인격이 형성되는 가장 중요한 시기를 낯선 이에게 맡기지 않기로 일찍이 결단하셨다. 아이들에게 굳건한 가치관과 비판적이고 독립적인 사고력, 문제 해결 중심의 사고방식을 갖춘 튼튼한 기반을 마련해주고자 하셨던 것이다. 당시에는 그 결정이 내 인생에 어떤 영향을 미칠지 다 알지 못했지만, 지금 돌이켜보면 부모님이 얼마나 선견지명이 있으셨는지 새삼 깨닫게 된다. 정말 감사한 일이다. 부모님은 교육 시스템이 이미 무너지고 있으며, 그 속에서 자신들이 우리에게 심어주고자 했던 가치들과 충돌하는 특정 이념이 아이들에게 주입되고 있다는 징후를 일찍부터 간파하셨다.

　오늘날 학교에서는 읽기, 쓰기, 수학, 과학 같은 기본 과목이 뒷전으로 밀려나고 있다. 이는 교사들의 잘못이 아니다. 그들은 지나치게 통제받고 있으며, 무엇을 가르칠 수 있고 없는지에 대해 극히 제한된 자율성만을 허락받는다. 그들이 사용하는 교육과정조차도 종종 학생들에게 실제로 필요한지 전혀 알 수 없는 먼 곳의 누군가가 만든 것이다.

이처럼 열악한 현실을 잘 알면서도 아이들을 가르치겠다는 마음 하나로 교직에 들어선 교사들에게 나는 깊은 존경심을 갖는다. 그들은 낮은 급여, 어려운 여건, 그리고 무엇보다 막중한 책임을 감수해야 한다는 사실을 알면서도 그 사명을 선택한 사람들이다. 그러나 현실적으로 교육을 좌우하는 것은 교사들이 아니라 교사노조와 정치인들이다. 그리고 불행히도, 이들은 아이들이 제대로 된 교육을 받는 것에는 별 관심이 없는 듯하다. 그들의 최우선 순위는 자기 보존과 더 많은 권력 획득이기 때문이다.

2020년 대통령 예비선거 운동 기간, 나는 전국의 빈곤에 시달리는 농촌 지역들을 방문했다. 그곳에서 부모들이 가장 자주 토로한 문제는 공립학교 시스템이 너무 형편없다는 것이었고, 자신들에게 다른 선택지가 있었으면 좋겠다는 바람이었다. 이들은 자녀 교육의 장소와 방식을 스스로 선택할 권리를 원했다. 예를 들면 차터 스쿨(Charter School)*, 특수 기술학교, 종교학교, 거주지 외 학교 또는 홈스쿨링을 위한 재정 지원 같은 것이다.

2023년 6월 《리얼클리어 오피니언(RealClear Opinion)》이 실시한 여론조사에 따르면 미국인의 71%가 '학교 선택권(school choice)'을

---

\* 미국을 비롯한 일부 국가에서 운영되는 공립학교의 일종으로, 정부(지방 교육청 또는 주 교육청)의 인가를 받아 공적 자금으로 운영되면서도 일반 공립학교보다 높은 자율성과 유연성을 보장받는 학교다.

지지하고 있었다. 이는 민주당과 공화당 지지자 모두에서 다수의 지지를 받고 있었으며, 인종별로는 아시아계 70%, 흑인 73%, 히스패닉 71%, 백인 71%로 전 인종 집단에서 고르게 높은 수치를 보였다.[1] 이처럼 학교 선택권에 대한 지지는 시간이 지날수록 점점 더 늘고 있다. 그렇다면 왜 민주당 정치인들은 이렇게 커져가는 국민의 요구를 외면하는가? 그 이유는 간단하다. 교사노조 지도부가 그것을 허용하지 않기 때문이다.

미국 최대 교사노조의 대표 랜디 와인가튼(Randi Weingarten)은 학교 선택권이 "민주주의를 약화시킨다"고 말했다. 어쩌면 지나치게 과격한 주장일 수도 있다. 부모가 자녀에게 가장 적합한 교육을 선택할 자유를 갖는 것이 어떻게 민주주의를 훼손한다는 말인가? 그녀는 "학교 선택 제도는 민주주의를 약화시키고, 시민적 담론을 약화시키며, 다원주의적 기반까지 흔들어놓는다. 지금도 전체 아동의 90%가 여전히 공립학교에 다니고 있기 때문이다. 학교 선택은 결국 공동체를 분열시킬 뿐이다. 분열에 분열을 거듭하며, 갈라놓기만 한다"라고 말했다.[2]

교사노조가 학교 선택권에 반대하는 주된 논거는 그것이 공립학교의 예산을 깎는다는 것이다. 그들은 세금으로 조성된 예산은 공립학교 운영과 교사 고용에 사용되어야 하며, 다른 형태의 교육에 쓰여서는 안 된다고 말한다. 그러나 이 주장은 여러 측면에서 문제가 있다. 가장 중요한 점은 교육을 위해 편성된 세금은 아이들에게 가장 적합한 방식으로 교육을 제공하는 데 사용되어야 한다는 것이다. 모든 아이는 저마다 다르고, 각기 다른 능력과 기술, 학습 유형을 지니고 있기 때문이다.

지금까지 살펴봤듯이, 모든 아이에게 똑같은 교육 방식을 적용하는 '쿠키커터(cookie-cutter)'*식 접근은 잘 작동하지 않는다. 학교 바우처 제도(school vouchers)**와 같은 정책을 도입하면, 부모는 자녀를 어느 학교에 보낼지 자유롭게 선택할 수 있다. 그러면 학교들은 더 많은 부모가 자기 학교를 선택하도록 만들기 위해 교육의 질을 향상시킬 동기를 가질 것이다.

둘째, 설령 이들이 주장하는 '재정 문제' 논리를 어느 정도 받아들인다 하더라도, 통계는 우리 공립학교 시스템이 전반적으로 아이들을 실패로 이끌고 있음을 보여준다. 미국 교육부에 따르면 2023년 현재 약 1억 3,000만 명의 미국인이 6학년 이하 수준의 읽기 능력에 머물러 있다. 이는 미국 성인의 절반이 넘는 수치다.[3] 미국 성인 가운데 21%(약 3,200만 명)는 글을 전혀 읽지 못한다. 미국에서는 아이들 네 명 중 한 명이 자라면서 '읽기'라는 기본 기술조차 배우지 못한 채 성장한다.[4] 읽기 능력이 가장 높다고 평가받는 상위 10개 주조차도 평균적으로 학생의 55%가 읽기 능력이 낮은 상태다.

그런데도 교사노조 지도부와 민주당 엘리트는 가난하고 저소

---

\* 개인의 다양성이나 맥락을 무시하고, 반죽을 똑같은 틀에 찍어내는 획일적인 교육 방식을 의미한다.

\*\* 정부가 학부모에게 자녀 교육비를 지원하는 일종의 '교육 쿠폰' 제도다. 학부모가 해당 바우처를 사용해 자녀를 공립학교 외에 사립학교, 차터 스쿨, 종교계 학교 등으로 보낼 수 있도록 허용하는 정책이다.

득층이며 소수 인종 배경을 가진 아이들의 복지를 위하는 척하며, '학교 선택제'가 오히려 아이들에게 가장 큰 피해를 줄 것이라고 주장한다. 하지만 현실을 보면 그들의 말을 쉽게 믿을 수 없다. 왜냐하면 다른 많은 부유층과 마찬가지로 노조 지도자와 정치인은 이미 학교 선택권을 갖고 있기 때문이다. 그들은 경제적 여유가 있어 자녀를 최고 수준의 사립학교에 보낼 수 있다. 그런데 그들은 정작 선택의 자유를 갖지 못한 서민 부모들에게서 권리를 빼앗으며 자신들의 생계를 유지한다.

CNN 프라임타임의 진행자 애비 필립스(Abby Phillips)는 시카고 교사노조 위원장 스테이시 데이비스 게이츠(Stacy Davis Gates)에게 학교 선택제를 강력히 반대하면서도 본인의 아들을 사립학교에 보낸 이유를 공개적으로 질문했다. 필립스는 이렇게 말했다. "당신은 과거에 오늘날의 사립학교를, 짐 크로(Jim Crow)* 시대 남부의 '분리 아카데미(segregation academies)'에 비유한 바 있습니다. 그렇다면 그렇게 공개적으로 사립학교를 비판해놓고 왜 자녀는 사립학교에 보낸 것입니까?" 이에 대해 데이비스 게이츠는 "사립학교를 비판한 것이 아닌 '학교 선택제'를 반대한 것입니다. 학교 선택제와 사립학교는 전혀 다른 개념입니다"[5]라고 답했다. 애비 필립스는 거기서 멈추지 않고 계속해서 따져 물었다. "당신은 자녀를 공립학교에서 사립학교로 옮긴 이유가 그곳의 스포츠 프로그램 때문이

---

\* 미국 남부를 중심으로 1870년대 후반부터 1960년대 중반까지 유지되었던 법적·제도적 인종차별 체제를 말한다.

라고 설명했습니다. 당신을 비판하는 사람들이 묻고 있는 진짜 질문은 이겁니다. 왜 시카고 사우스사이드나 다른 대도시에 사는 가정들에는, 당신이 자녀에게 해줬던 것과 같은 바로 그 '선택'의 기회를 허락하지 않느냐는 것입니다." 하지만 데이비스 게이츠는 필립스가 던진 이 직접적인 질문엔 끝내 명확한 대답을 하지 않았다. 이에 필립스는 이렇게 정리했다. "제가 보기엔 당신이 방금 말씀한 것도 결국은 자녀를 위한 선택인 겁니다. 그리고 바로 그 점을 비평가들이 지적하고 있는 것이죠." 학교 선택권을 반대하는 이들 사이에 만연한 위선을 명확히 짚어낸 애비 필립스의 날카로운 질문은 칭찬받아 마땅하다.

한 가지 분명히 짚고 넘어가자. 중요한 구분이 필요하다. 나는 교사들을 진심으로 존경한다. 내 부모님은 본래 기업가적 기질을 지닌 분들이지만, 직업적으로는 교사였고 대학을 졸업한 후 처음으로 미국령 사모아에서 교육자로서의 길을 시작하셨다. 나의 시아버지 역시 공립학교 교사로 20년간 재직한 후 최근에 은퇴하셨다. 나 역시 교사들이 파업을 벌일 때 피켓 라인에 함께 서서, 그들이 우리 아이들의 교육이라는 중요한 사명을 제대로 수행할 수 있도록 더 나은 임금과 제도적 지원을 요구한 적이 있다. 대부분의 교사들은 아이들을 위해 최선을 다하고 싶어 하며, 정작 아이들에게 꼭 필요한 교육을 제공하는 데 수많은 장애물이 가로막혀 있다는 사실에 깊은 좌절을 느끼고 있다.

문제는 교사들이 아니다. 문제의 본질은 민주당 엘리트, 특히 교사노조 지도부에 있다. 이들은 아이들의 교육 수준을 높이겠다는 진정한 열망보다는 권력을 확대하고 자신들의 이른바 '진보적 가치체계'를 아이들에게 주입하는 데 더 관심이 있다.

이들이 매일 아침 일어나 가장 먼저 떠올려야 할 것은 다음과 같아야 한다. 미국의 모든 아이들이 읽기, 쓰기, 수학, 과학 능력을 갖추고, 미국의 역사와 헌법, 권리장전, 그리고 건국자들이 품었던 이상에 대해 감사함을 느끼고 이해할 수 있도록 하는 과제를 기꺼이 감당하겠다는 다짐이 필요하다. 무엇보다도 교육의 가장 중요한 책임은 교사에게만 있는 것이 아니라 부모에게도 있다는 점을 인정하고, 부모가 자녀를 어떻게 키울지는 각 가정의 몫으로 존중하며, 부모가 자녀에게 고유한 가치관을 심어줄 수 있도록 선택권을 보장해줘야 한다.

그럼에도 불구하고 민주당 엘리트는 이 일을 직접 하겠다고 나서고 있다. 그 시작은 바로 초등학교에서 비판적 인종 이론 같은 내용을 가르치는 것이다. 이 이론은 본질적으로 인종차별이 미국 사회의 구조적이고, 고유한 일부라고 가르친다. 비판적 인종 이론에 대해서는 성인들이 대학 강의실이나 공적인 토론의 장에서 충분히 토론할 수 있다. 그러나 그것을 학교교육으로 의무화해 어린 아이들에게 가르치는 것은 전적으로 부적절하며 해롭다. 이 이론의 이름 아래, 백인 아이들에게는 그들이 누구이든 관계없이 '백인 특권(white privilege)'을 지닌 억압자라고 가르치고, 흑인 아이들에게는 태생적으로 피해자이며 억눌린 존재라고 가르친다.

사람을 피부색이나 다른 피상적인 기준으로 집단적으로 판단하는 행위는 명백히 잘못되었고 매우 위험하다. 이런 사상이 극단으로 치달으면 히틀러의 홀로코스트 같은 악행을 이끌었던 사상과 다르지 않다. 또한 그것은 노예제도라는 용서받을 수 없는 범죄, 그리고 그 뒤를 이은 폭력과 차별, 억압의 역사적 뿌리이기도 하다. 우리 아이들이 미국 역사에 대한 진실을 온전히 배우는 것은 매우 중요하다. 그 진실에는 우리 역사에서 가장 어두운 장면들 역시 반드시 포함되어야 한다. 동시에, 우리는 그 과거로부터 배워야 할 교훈도 함께 가르쳐야 한다. 그 핵심은 이것이다. 인종차별은 또 다른 인종차별로 극복할 수 없고, 차별은 또 다른 차별로 해소할 수 없다. 우리는 이제 인종, 민족, 정치적 성향, 혹은 그 밖의 외형적인 기준에 따라 사람을 판단하고 차별하는 광기에서 벗어나야 한다. 대신 우리는 서로를 신의 자녀이자 동등한 미국 시민으로 존중하고, 그 사람의 인격과 됨됨이로 평가해야 한다.

## 부모 vs 정부

민주당 엘리트가 추진하는 의제 가운데 가장 충격적인 요소 중 하나는 이른바 진보적 교사와 행정가, 정치인의 손에 의해 어린아이가 성적으로 대상화되고 있다는 점이다. 아이들이 마땅히 순수함과 어린 시절의 즐거움을 누려야 할 시간에(밖에서 뛰어놀고, 상상놀이를 하며, 고질라와 킹콩 중 누가 이길지로 다투어야 할 나이에) 오히려 자신의 성 정체성에 대해 질문을 받고, 성적 지향을 스스로 결정하라고 강요받는 현실에 놓여 있다. 이러한 시도는 유아용 TV

프로그램과 어린이용 도서를 통해 이루어지고 있다. 이처럼 부적절하고 외설스러운 책과 프로그램에 대해 내가 처음 알게 된 것은 케이블 뉴스에 출연해 분노를 토하는 부모들의 인터뷰를 통해서였다. 그들은 진심 어린 걱정과 우려를 털어놓았지만, 진행자나 다른 출연자들은 대개 이를 과장된 반응으로 치부하며 '부모들이 너무 민감하게 굴고 있다'며 비웃기 일쑤였다. 그리고 늘 그랬듯, 인터뷰는 부모의 반론이 시작되기도 전에 끊겨버렸다.

  2021년 버지니아 주지사 선거 직후, 나는 '교육을 지키는 부모들(Parents Defending Education)'*이라는 단체의 초청으로 연설하게 되었고, 그 자리에서 실제 이런 경험을 겪은 일부 부모를 직접 만날 수 있었다. 이 선거는 전국적인 주목을 받았다. 민주당 주류 인사이자 클린턴계 정치인으로 오래 활동했던 테리 매콜리프(Terry McAuliffe)가 충격적인 패배를 당했기 때문이다. 당시 정치 전문가들은 그가 무난히 승리할 것으로 예측했었다. 선거 약 6주 전, 버지니아대학교 정치센터 소장 래리 새버토(Larry Sabato)는 당시 민주당 내부의 분위기를 이렇게 요약했다. "결국엔 우리가 이긴다. 항상 그래왔듯 여긴 블루 스테이트니까."[6] 그러나 9월 말 TV 토론에서 매콜리프는 부모들과 학교 간의 갈등에 대한 질문을 받던 중 이렇게 발언했다. "나는 부모들이 학교에서 무엇을 가르쳐야 할지 말

---

\*  2021년 미국에서 설립된 비영리단체로 미국 내에서 보수 성향의 교육 개혁 운동의 핵심 단체 중 하나로 부상했다. 비판적 인종 이론, 트랜스젠더 이데올로기 및 성별 정체성 교육, 과도한 성교육 및 연령 부적절 콘텐츠, 학교 내 표현의 자유 제한 및 검열 문제 등의 이슈에 반대하는 활동을 하고 있다.

해서는 안 된다고 생각합니다."[7] 이 발언은 당시 초등학교에서 성적으로 노골적인 도서가 사용되는 문제를 두고, 교육위원회 회의에서 항의하던 부모들과의 갈등에 관한 질문에 대해 답하는 과정에서 나왔다.

이 한마디는 정당을 초월해 수많은 부모들과 가정의 분노를 불러일으켰다. 매콜리프는 이후 발언을 번복하려 했지만 아무도 그것을 믿지 않았다. 사람들은 그가 그렇게 말한 이유가 단순한 실언이 아니라, 실제로 그의 진심이 드러난 것이라는 사실을 알고 있었다. 그 발언은 선거의 결정적 전환점이 되었고, 정당이나 이념을 떠나 수많은 유권자들이 침묵을 깨고 자신의 목소리를 내게 된 계기가 되었다. 워싱턴 기득권층을 충격에 빠뜨리며 테리 매콜리프는 선거에서 패배했고, 공화당 후보 글렌 영킨(Glenn Youngkin)은 여론조사에서 두 자릿수 차이로 뒤지고 있던 열세를 뒤집고 3% 차이로 승리했다.

선거 며칠 뒤, 나는 이 운동을 주도한 버지니아 전역의 부모들을 만났다. 그 자리의 열기는 정말로 전율이 느껴질 만큼 뜨거웠다. 모임에는 버지니아뿐 아니라 미국 각지에서 부모들이 찾아왔다. 그들은 버지니아 부모들이 만들어낸 변화에 깊이 감명을 받아 자비를 들여 직접 비행기를 타고 그 자리에 참석했다. 이 부모들은 각자의 목소리를 높였고, 하나로 뭉쳐 정당정치나 이념을 넘어 오직 자녀와 가족, 그리고 사회 전체의 미래를 위해 행동에 나섰다. 그 결과, 수많은 정치 전문가가 이미 승패가 '결정된 게임(fait accompli)'이라던 선거의 결과를 바꿔낸 것이다. 그들은 '정부가 부모보다 자녀를 더 잘 안다'고 믿는 후보를 투표로 심판한 것이다.

모임이 끝난 뒤, 단체의 리더 몇몇이 나를 따로 불러 세웠다. 그들은 이 운동을 전국적으로 확산시키기 위한 계획과, 각지에서 도움과 조언을 요청해오는 부모들을 어떻게 지원할 것인지에 대해 이야기를 나누었다. 이야기를 나누던 중, 나는 탁자 위에 놓인 책 더미를 보게 되었다. 뉴스 인터뷰에서 부모들이 카메라 앞에 들고 나왔던 책들이었다. 나는 그중 한 권인《젠더 퀴어(Gender Queer: A Memoir)》*를 집어 들었다. 이 책은 자신의 대명사를 e/em/eir로 사용하는 마이아 코베이브(Maia Kobabe)가 쓴 회고록으로, 자신의 성 정체성과 이를 탐색하는 과정을 그린 그래픽 노블이다.

책장을 넘기자 나는 내 눈을 의심할 수밖에 없었다. 책 속의 그림과 일러스트는 내가 본 것 중 가장 왜곡되고 노골적인 성적 묘사들이었다. 이 책의 대상 독자는 초등학생과 중학생이었는데, 그 연령대에는 지극히 부적절한 내용이었다. 이처럼 외설스러운 내용을 아이들에게 노출시킨 학교 행정가들과 교육위원회에 부모들이 분노한 것은 너무도 당연한 일이었다. 그들은 결코 이 일을 가만히 넘기지 않았다. '교육을 지키는 부모들'은 현재 교육 현장에서 벌어지고 있는 현실을 깨닫고 자녀를 보호하기 위해 행동에 나선 전

---

\* 성별 이분법을 넘는 정체성의 혼란과 발견, 젠더 표현, 가족과의 갈등, 사회적 수용 문제 등을 시각적으로 풀어낸 책으로, 성소수자 청소년들에게 공감과 지지를 제공한다는 평가를 받았다. 한편으로는 노골적인 성 묘사와 시각적 표현이 포함되어 있어 청소년 독자에게 부적절하다는 이유로 미국의 여러 지역 교육위원회와 학부모 단체들로부터 강한 반발을 불러왔다.

국의 학부모들을 위한 지원 및 옹호 단체로 성장했다.

부모들이 점점 더 큰 우려를 표하고 있는 또 하나의 문제는, 많은 학교에서 교사들에게 자녀가 다른 성별로 정체성을 바꾸더라도 부모에게 알리지 말라는 지침이 내려지고 있다는 사실이다. 부모들은 아이의 정보에서 완전히 배제되고 아무것도 모른 채 남겨진다. 이런 일은 내 시아버지의 제자 중 한 명에게 실제로 일어났다. 그 학생의 이름은 스콧(Scott)이었는데, 어느 날 수업 중 이제 자신을 여학생으로 정체화하며 사라(Sarah)라고 불러달라고 선언했다.[8] 당연히 내 시아버지의 첫 반응은 학생의 부모에게 이 사실을 알리고, 그 아이가 필요한 돌봄과 정서적 지원을 제대로 받고 있는지 확인하는 것이었다. 그래서 그는 교장에게 찾아가 부모에게 연락하겠다고 이야기했다. 그러나 그는 즉시 제지당했고, 이 문제에 대해 학생의 부모와는 어떤 식으로도 대화하거나 연락할 수 없다는 통보를 받았다. 그것이 학교의 공식 방침이었고 예외는 허용되지 않았다.

일부 사례에서는 상황이 이보다 훨씬 더 심각하다. 학교가 부모 몰래 아이들에게 호르몬 억제제 처방을 알선하고, 되돌릴 수 없는 유해한 화학적 거세나 성전환 수술 절차를 시작할 수 있도록 의사와 연결해주는 일도 있다. 이 모든 일이 부모의 동의 없이, 심지어 부모에게 알리지도 않은 채 이루어지고 있다. 그들은 이러한 행위를 '젠더 확정 치료' 제공이라는 이름으로 정당화하지만, 결국에는 인생을 바꿀 만큼 중대한 결정을 내릴 준비가 전혀 갖추어지지 않은 아이들에게 심각한 해를 끼치게 된다.

안타깝게도 이는 일부 극단적인 사례에 국한한 문제가 아니다. 민주당 엘리트가 흔히 말하는 것처럼, 단지 '극소수에게만 해당되는 이슈'가 결코 아니다. 이 문제는 가볍게 넘길 수 없다. 부모들이 신뢰를 보내는 교사와 의사들도 소위 말하는 진보적 의제에 동조하며, 아이들을 혼란스럽게 만들고 잘못된 길로 이끌고 있다. 교사들의 경우 교사노조가 강하게 추진하는 이념적 영향이 동기가 될 수 있고, 의사들의 경우 젠더 확정 치료가 막대한 수익을 가져다주는 구조 속에서 경제적 이익이 동기가 될 수 있다. 하지만 두 경우 모두 객관적 진실을 외면하고, 성별이란 것이 단지 개인의 감정이나 '사회적 구성물'에 불과하다는 위험한 거짓말을 아이들에게 퍼뜨리고 있는 것이다.

이것은 단순한 거짓일 뿐이다. 그리고 우리 모두 잘 알다시피 아직 어리고 미성숙한 아이들의 감정은 언제든 변할 수 있다. 그런데 부모들은 지금, 딸에게 사춘기 억제제를 투여해 호르몬을 억제하며, 잔인하고 불필요한 유방 절제술(지금은 그 충격을 줄이기 위해 '상부 수술'이라는 이름으로 포장된다)을 허용하지 않으면 심각한 결과를 초래할 수 있다는 압박을 받고 있다. 처음에는 사회적 따돌림이 시작된다. 그다음에는, 만약 부모가 자녀의 유방 절제술, 거세, 혹은 다른 비가역적 수술을 막으려 한다면, 자녀가 자살할지도 모른다는 심리적 협박을 받는다. 어떤 경우에는 트랜스젠더 이데올로기를 수용하지 않는다는 이유만으로 정부가 부모에게서 아이를 강제로 분리하려는 시도까지 벌어지고 있다. 이 '이데올로기'라는 것은 불과 몇 년 전까지만 해도 존재하지 않았던 현상이다. 다시 한번 분명히 말하지만, 지금 이 순간 미국에서는 자녀의 성별 전환에 반대했다는 이유만으로 부모가 아이를 빼앗기는 일이 실제로 벌어지고 있다.[9]

전국적으로 공인 위탁 가정이 부족한 상황에서, 버몬트주와 같은 일부 주들은 아동을 생물학적 성별이 아니라 스스로 선택한 대명사로 불러야 한다는 새로운 정책에 불편함을 느끼는 가정들의 면허를 취소하거나 갱신을 거부하고 있다. 이러한 정책은 위탁 가정에 다음과 같은 의무를 부과한다.

- LGBTQ+ 청소년에게 '미래의 선택지를 보여줄 수 있는 LGBTQ+ 성인 롤모델'을 연결해줄 것.
- 청소년을 지역사회의 LGBTQ 단체나 행사에 데려갈 것.

양심상 이러한 지침을 따를 수 없다고 판단한 가정은, 위탁 가정이 될 기회 자체를 박탈당하고 있다. 이는 보호가 절실한 아동들에게 제공되어야 할 기회를 국가가 스스로 차단하고 있는 셈이다.[10]

한편, 성별 전환은 거대한 이윤을 낳는 산업으로 변모하고 있으며, 그 대상은 이제 매우 어린 아이와 그들의 부모로까지 확장되고 있다. 예를 들어, 2022년 8월 보스턴아동병원(Boston Children's Hospital)은 트랜스젠더로 정체화한 어린 소녀들을 대상으로 한 '젠더확정 자궁적출술(gender-affirming hysterectomies)'을 홍보하는 영상 시리즈를 공개했다. 이 영상은 "아이는 언제 자신이 트랜스젠더임을 알게 되는가?"라는 질문으로 시작한다.[11] 보스턴아동병원의 '젠더맞춤종합의료서비스(Gender Multispecialty Services)'* 책임자는 아이들이 자신을 표현할 수 있는 능력을 갖게 되는 순간부터 자신이 트랜스젠더임을 아는 경우가 많다고 주장했다. 그녀는 "종종 우리에게 이렇게 말하는 부모들이 있습니다. 아이가 태어나자마자, 거의 그 순간부터 알아챘다고 말하는 부모들이 있어요. 이를테면 머리 깎기를 거부한다든지, (여자아이가) 서서 소변을 본다든지, 혹은 (남자아이가) 서서 소변 보기를 거부한다든지, 형제자매의 옷을 입어본다든지, '반대 성별'의 장난감을 가지고 논다든지, 그런 행동들 말입니다"[12]라고 말했다.

나는 그 영상을 실제로 보았다. 이는 현실이다. 말문이 트이기도 전에 보인 몇 가지 행동을 근거로 아이 인생을 송두리째 바꾸는 결정이 내려진다는 사실을 상상이나 할 수 있겠는가? 나 역시 어릴 적 소위 톰보이였다. 몇 년 동안 남자아이용 서핑 반바지와 티셔츠만 입고 다녔고, 바비 인형이나 드레스, 화장에는 전혀 관심이 없었다. 나는 서핑과 무술을 좋아했고, 그게 전부였다. 보스턴아동병원의 기준에 따르면, 그곳 전문가들은 내 부모에게 사춘기 억제제를 당장 처방하라고 권했을지도 모른다. 하지만 대부분의 어린 시절이 그렇듯, 그런 성향은 하나의 성장 '과정'이었고, 나는 그 시기를 지나왔다. 지금도 여전히 서핑과 무술을 좋아하지만, 가끔은 드

---

\*　트랜스젠더 아동과 청소년을 위한 의료, 정신 건강, 심리 상담, 내분비학, 소아청소년과, 사회복지 등 다양한 전문 분야의 전문가들이 협력하여 운영하는 통합 진료 시스템이다.

레스를 입는 것도 즐긴다.

《국제정신의학저널(International Journal of Psychiatry)》에 발표된 한 연구에 따르면, 자신을 트랜스젠더라고 여기며 의학적 치료를 받은 청소년 중 80% 이상이 결국 반대 성별로 정체화하려는 욕구를 잃게 된다고 한다.[13] 셀 수 없이 많은 소위 '트랜스젠더' 청소년들이 그 결정을 인생 최악의 실수로 여기며 깊은 후회를 토로하고 있다.

또 다른 영상에서 보스턴아동병원의 다른 직원은 "많은 아이가 심지어 자궁 속에 있을 때부터 자신이 누구인지 안다고 생각해요. 아이들은 아주 어린 시기부터 성 정체성을 표현합니다. 어떤 아이들은 말문이 트이자마자 '나는 남자야', '나는 여자가 될 거야', '나는 엄마가 될 거야' 같은 말을 합니다. 아이들은 정말, 정말 빠르게 알아차려요"라고 말했다.[14]

이 영상에 등장하는 병원 의사들은 보스턴아동병원 성별 클리닉에서 만 2세, 3세의 아동들까지 진료하고 있다고 밝힌다. 한 의사는 "아이들이 클리닉에 오면, 먼저 심리학자와 상담을 합니다"라고 설명했다. 이어 "아이들이 클리닉에 오면 우리는 가족과 함께 그 아이를 가장 잘 지원할 방법에 대해 이야기합니다. 그리고 그 아이가 자신의 성 정체성을 탐색하고 전반적인 발달 과정 속에서 건강하게 성장해나갈 수 있도록 공간과 지원을 제공하는 방안을 함께 모색하지요"라고 말했다.[15]

그다음 의사는 '젠더확정 자궁적출술'에 대해 설명한다. 그 수술은 일반적으로 나이가 많은 여성이나 특정 질병 위험이 있는 여성에게 시행되는 일반적인 자궁적출술과 동일하게 자궁과 자궁경부, 그리고 나팔관을 제거하는 시술이라고 말한다. 그 의사는 따뜻하고 부드러운 목소리로 덧붙인다. "일부 젠더확정 자궁적출술에는 난소 제거도 포함되지만, 이는 기술적으로 별개의 수술입니다. 모든 수술에 반드시 난소 제거가 포함되는 것은 아니며, 이 수술을 받는 사람들이 반드시 난소까지 제거해야 하는 것도 아니고요."[16]

나는 다양한 이유로 자궁적출을 고민하며 깊은 고통을 겪은 여러 명의 성인 여성을 알고 있다. 그런데 이른바 '의사'라는 사람들이, 제대로 말도 못 하는 어린아이가 인생을 송두리째 바꿔버릴 비가역적인 결정을 스스로 내릴 수 있다고 전제하는 것 자체가 말도 안 되는 일이다. 이렇게 스스로를 의료 전문가라고 부르는 사람들은, 이미 혼란과 위기에 처한 가족들에게 "트럭을 가지고 노는 다섯 살 여자아이나, 누나의 바비 인형과 켄 인형을 가지고 노는 남자아이는 사실 의료 개입과 경우에 따라선 되돌릴 수 없는 성전환 수술이 필요한 아이"라고 말하고 있는 셈이다. 하지만 이런 수술로는 결코 아이의 생물학적 성별을 바꿀 수 없다. 성별은 DNA에 새겨져 있기 때문이다. 이런 수술은 아이들에게 신체적, 정신적, 감정적으로 평생 지워지지 않는 상처만 남긴다. 이것은 단지 위험한 수준을 넘어서 의사들이 지켜야 할 윤리인 '무엇보다 해를 끼치지 말라(First, do no harm)'는 히포크라테스 선서를 정면으로 거스르는 행위다.

《미국의학협회저널(Journal of the American Medical Association)》에 실린 한 연구에 따르면, 최근 몇 년 사이 미성년자에게 시행된 유방 절제술(여아의 경우)이 무려 389%나 증가한 것으로 나타났다.[17] 또한 UCLA 로스쿨 산하 윌리엄스연구소(Williams Institute)는 최근 5년 동안 미국 내에서 스스로를 트랜스젠더라고 정체화하는 아동의 수가 두 배로 증가했다고 밝혔다.[18]

요즘 들어 성 정체성에 혼란을 겪는 아동들이 급증하고, 그 결과 많은 아이가 자기 몸을 바꿔야 한다고 생각하는 현상이 나타나고 있다. 이것은 우연도, 자연적인 현상도 아니다. 이 모든 현상은 객관적 진실과 현실이 부정되고, 모든 경계가 무너진 사회 속에서, 권력자들이 무엇이 '진실'이며 '허용 가능한 것'인지를 결정하려는 의도적이고 조직적인 시도의 결과다. 이러한 분위기 속에서 장기적으로 안전성이 의심받는 유해한 약물과 수술이 아이들에게 무분별하게 시행되고 있다. 예컨대, 최근 미국 FDA(식품의약국)는 사춘기를 억제하는 데 흔히 사용되는 약물과 뇌부종, 골밀도 저하 등 건강 이상과의 연관성을 경고한 바 있다.[19]

그런데도 스스로를 '트랜스젠더 여성'이라 밝힌 남성인 미국 보건복지부 차관보 레이철 러빈(Rachel Levine)은 이러한 치료의 타당성에 의문을 제기하거나 반대하는 사람들을 정치적 동기를 가진 자들로 치부한다. 러빈은 "트랜스 청소년은 지지받아야 한다. 그들은 인정하고, 힘을 실어줘야 한다. 젠더 확정 치료의 가치와 중요성에 대해서는 이견도, 논쟁의 여지도 없다"라고 말했다.[20] 그는 사실을 기반으로 설득하기보다 '논쟁은 존재하지 않는다'고 선언함으로써 대화를 차단했다.

하지만 우리가 주의해야 할 것은, 바이든-해리스 행정부가 말하는 '젠더 확정 치료'라는 표현이 실제로는 훨씬 더 위험한 의료 개입을 뜻한다는 사실이다. 예를 들어 남자아이의 경우, 치료는 사춘기 억제제 복용으로 시작된다. 이 중 일부 약물은 정식 승인된 목적 외의 용도(off-label)로 사용된다. 그다음에는 성전환 수술이 논의된다. 음경 피부를 절개해 뒤로 접고, 그 신경을 '클리토리스'로 전환하여 가짜 질을 만드는 방식이다. 이 수술은 결코 되돌릴 수 없으며, 연구에 따르면 신체적, 정신적으로 평생 지속되는 심각한 부작용과 외상을 초래할 수 있다.

바이든-해리스 행정부가 미국 국민에게 퍼뜨린 모든 거짓말 중에서 이 문제는 나를 가장 화나게 한다. 이 문제는 레이첼 러빈이 주장하는 것처럼, 내가 특정한 정치적 의제를 밀어붙이려 하거나 트랜스젠더를 '분열 조장 이슈'로 이용하려 하기 때문이 아니다.

이 문제가 나를 분노하게 하는 이유는, 바로 우리 사회에서 가장 연약한 존재인 아이들이, 가장 권력 있고 영향력 있는 사람들에 의해 피해를 입고 있기 때문이다. 그 '가장 영향력 있는 사람들'이란, 미국 대통령, 민주당 의원들, 미국의사협회, 그리고 '타깃(Target)', '메이블린(Maybelline)' 같은 미국 내 대기업들이다. 주류 언론과 빅테크는 민주당 엘리트를 대신해 그들의 메시지를 확대하고, 이에 이의를 제기하는 모든 목소리를 억압하는 역할을 수행한다. 그들의 의제를 지지하지 않는 계정은 삭제되고, 아무리 사실에 기반한 콘텐츠라도 검열당한다.

## 후회

2023년 봄, 나는 '아이 신체 훼손 종식을 위한 집회(Rally to End Child Mutilation)'에서 연설하기 위해 내슈빌을 찾았다. 이 집회는 《데일리 와이어(Daily Wire)》의 맷 월시(Matt Walsh)가 주최한 행사였다. 수천 명의 사람들이 주 의사당 잔디밭에 모여 아이들을 보호하자는 하나의 뜻으로 연대의 목소리를 높이고 있었다. 그날 무대에 오른 연사들은 여럿이었지만, 내가 정말 만나고 싶었던 사람은 단 한 명이었다. 바로 트랜스젠더 이데올로기의 집단적 광풍 속에서 상처 입은 수많은 피해자 가운데 한 명인 용감한 10대 소녀, 클로이 콜(Chloe Cole)이었다.

나는 무대 옆에서 그녀가 연단을 향해 또렷하고도 단단한 걸음으로 걸어가는 모습을 지켜보았다. 그녀는 왜소한 체구에 양 갈래로 땋은 머리를 하고 있었고, 단정한 모습으로 무대에 섰다. 그리고 깊이 숨을 들이쉰 뒤, 자신의 경험에 대해 짧지만 울림 있는 연설을 시작했다. 그녀의 목소리는 망설임이 없었고 단 한 번도 떨리지 않았다. 그녀는 분명한 사명감을 안고 그 자리에 섰으며, 그녀의 한마디 한마디는 현장의 소음을 꿰뚫고 깊은 울림을 남겼다.

연설이 끝나자 군중은 뜨거운 박수와 환호로 화답했다. 클로이는 살짝 미소를 머금고 내 쪽으로 걸어오기 시작했다. 나를 발견한 그녀의 눈빛이 환하게 빛났고, 우리는 서로 따뜻하게 포옹했다. 나는 그녀에게 "당신은 여기 모인 사람들뿐 아니라 전 세계 수많은 이들에게도 깊은 영감을 주는 놀라운 사람"이라고 말했다. 그녀는 조금 쑥스러운 듯 작게 웃었고, 오래전부터 나를 만나고 싶었다고 말했다. 이후 나는 클로이를 팟캐스트에 초대해, 그녀가 오늘 이 자리에 서기까지 겪어온 가슴 아프고도 고통스러운 여정에 대해 길고도 진솔한 대화를 나누었다.

클로이 콜은 어릴 때부터 또래 여자아이들과 어울리는 것을 좋아하지 않았다. 유행하는 '아베크롬비 앤 피치(Abercrombie & Fitch)' 옷을 입거나, 인형을 갖고 놀거나, 화장을 하거나, 오늘 입을 드레스를 고르느라 몇 시간씩 보내는 일에는 전혀 흥미가 없었다. 대신 그녀는 주로 집 안에 혼자 머물며, 자신이 상상해낸 가상의 캐릭터들을 연필로 스케치하는 것을 즐겼다. 유화를 실험하기도 했고, 《매스 이펙트(Mass Effect)》, 《콜 오브 듀티(Call of Duty)》, 《월드 오브 워크래프트(World of Warcraft)》 같은 비디오 게임을 하며 긴장을 풀었다.

하지만 이런 취향은 학교에서 여자아이들 사이에서 환영받지 못했고, 클로이는 점점 심한 불안을 겪기 시작했다. 그러던 중 열한 번째 생일날, 선물 상자를 열자 그 안에는 새 애플 아이폰이 들어 있었다. 그녀는 기쁨을 감추지 못했다. 이제 인스타그램을 통해 또래 아이들의 일상과 유행을 따라갈 수 있게 되었고, 학교에서도 누가 자신을 놀리는지 신경 쓰는 대신, 유튜브나 게임이라는 도피처가 생겼다. 현실 속에서 점점 더 고립감을 느끼던 그녀는, SNS 속에서 비슷한 옷을 입고, 비슷한 말투를 쓰며, 자신과 비슷한 혼란을 겪고 있는 이들과 연결되며 일종의 공동체 의식을 느끼기 시작했다. 그리고 그녀가 그런 콘텐츠를 더 많이 찾아볼수록 알고리

즘은 더 많은 유사한 콘텐츠를 그녀에게 쏟아냈다.

클로이는 곧 인스타그램의 '포 유(For You)' 피드에서 '비이분법적(nonbinary)', '젠더 비순응(gender nonconforming)', '트랜스(trans)' 같은 게시물을 점점 더 많이 보게 되었다. 그 게시물들에는 이런 말이 담겨 있었다. "짧은 머리를 하고 비디오 게임을 좋아하는 여자아이라면, 넌 진짜 여자가 아닐 지도 몰라. 넌 아마 여자 몸에 갇힌 남자일 거야." 클로이는 마침내 자신이 찾아 헤매던 해답을 찾은 것만 같았다. 처음에는 작은 변화부터 시작했다. 머리를 더 짧게 자르고, 타깃 매장의 남자아이 옷 코너에서 옷을 사 입었다. 목소리를 조금 낮추어 말하려 했고, 막 발달하기 시작한 가슴이 드러나지 않도록 단단히 조이는 밴돌리어도 착용했다. 하지만 사춘기가 진행되면서 단순한 옷차림만으로는 부족하다는 생각이 들었다. 온라인에서 만난 사람들의 조언에 따라, 클로이는 더 근본적인 변화를 결심한다.

이때 클로이는 겨우 열두 살이었다. 성인은 스스로 판단하고 의사와 상담한 뒤, 약물 치료든 신체 수술이든 신중하게 선택할 수 있다. 하지만 클로이처럼 뇌 발달이 아직 완전히 이루어지지 않은 아동에게는 그런 자기결정 능력이 없다. 결국 클로이는 부모님에게 편지를 썼다. 모든 이야기를 담아 부엌 식탁 위에 조심스레 올려놓았다. 그 편지엔 이렇게 적혀 있었다. "저는 제 몸이 불편하게 느껴져요. 그리고 확신해요. 그 이유는 제가 잘못된 몸에 태어난 남자이기 때문이에요. 저는 부모님을 사랑하고, 어떤 결정을 하시든 존중할 거예요. 하지만 저는 제 '성별'을 바꾸기로 마음먹었어요."

클로이는 부모님의 격한 반응을 각오하고 있었다. 부모가 분노하거나 절망했다는 끔찍한 이야기들을 익히 들어왔기 때문이었다. 하지만 놀랍게도 클로이의 부모는 화를 내지 않았다. 그들은 사랑과 지지로 딸을 감싸주었다. 무엇이 옳은 길인지 알 수는 없었지만, 자신들의 딸에게 최선이 되기를 바라는 마음뿐이었다. 열두 살의 클로이는 그렇게 부모와 함께 치료사를 찾아가 자신의 '성별 전환'에 대한 고민을 털어놓기 시작했다.

지금 생각해보면 클로이는 당시에 상담을 몇 번 더 받았더라면 충분했을지도 모른다고 느낀다. 그녀의 불안, 우울, 해리 같은 감정은 사춘기 여자아이들에게 매우 흔한 일이다. 누군가 그녀에게 그런 감정의 대부분은 시간이 지나면 자연스럽게 사라진다는 사실을 알려줬더라면, 자기 자신을 더 긍정적으로 받아들이기 위해 굳이 자신의 몸을 훼손할 필요는 없다고 확신시켜줬더라면, 그녀는 아마 그다음의 돌이킬 수 없는 선택까지는 가지 않았을 것이다.

하지만 클로이는 상담보다는 곧바로 사춘기 억제제와 수술을 시행하는 의사들에게 인도되었다. 그 과정에서 단 한 번도, 그 시술들이 동반하는 심각한 위험이나 신체에 가할 수 있는 회복 불가능한 손상에 대해 진지하고 명확한 설명을 듣지 못했다. 클로이가 들은 경고란 속삭이듯 툭 던지는 몇 마디가 전부였다. 가령 유방 절제 수술을 앞두고 의사는 무심하게 "이 수술을 받고 나면 아이에게 수유할 수 없을 거야"라고 말했다. 사춘기 억제제를 처방받기 직전에 또 다른 의사는 "이 약은 너를 영구적으로 임신할 수 없게 만들 수도 있어"라고 조용히 말했다.

하지만 클로이는 신경 쓰지 않았다. 그녀는 고작 열세 살이었다. 아이라는 존재를 간절히 원하게 될 미래를 상상조차 하지 못했기에, 그 말은 전혀 실감이 나지 않았다. 그리고 클로이의 부모가 호르몬 억제제와 수술 등 모든 과정이 너무 빠르게 진행되고 있다며 우려를 표했을 때, 성별 전문가라는 사람은 단호하게 "살아 있는 아들을 가질지, 죽은 딸을 가질지는 당신들의 선택"이라고 말했다. 결국 불과 몇 년 만에, 클로이는 수차례의 수술과 성별 클리닉을 거쳐 가슴이 없고, 목소리가 굵어진 열네 살 '소년'이 되어 나타났다. 하부 성기 성형수술(bottom surgery)은 선택하지 않았지만, 클로이는 인스타그램을 통해 "이제 나는 레오 콜(Leo Cole)이며, 나의 대명사는 he/him이다"라고 선언했다.

온라인 커뮤니티에서는 그녀를 향한 찬사가 쏟아졌다. 클로이는 이제 '레오'가 되었고, '전환(transition)'이라는 용기 있는 결정을 내렸다는 이유로 사람들의 칭송을 받았다. 갑작스럽게 그녀의 온라인 친구 수가 급격히 늘어났다. 클로이가 자신의 새로운 정체성이 정신 건강에 얼마나 도움이 되었는지를 이야기할수록 더 많은 '좋아요'와 메시지가 쏟아졌다. 사람들은 그녀를 영웅이라 불렀고, 성별 전환이 인생을 얼마나 나아지게 만들 수 있는지 보여주는 살아 있는 증거라고 했다.

하지만 현실은 전혀 달랐다. 클로이는 학교에서 또래들과 잘 어울리지 못했고, 성적도 떨어지기 시작했다. 몸에 대한 불편감은 오히려 호르몬 치료를 시작하기 전보다 훨씬 심해졌다. 아이를 가질 수 없다는 사실이 점점 그녀를 짓눌렀고, 깊은 후회와 절망감이 밀려왔다. 그녀는 지금도 대학 심리학 입문 수업에서 어머니와 자녀 사이의 유대에 관한 내용을 읽다 눈물이 터질 뻔했던 순간을 또렷이 기억한다. 자신은 아마 그 유대를 영원히 경험하지 못할 거라는 현실에 가슴이 찢어질 듯 아팠다.

클로이는 이내 자살 충동을 느끼기 시작했다. 그전까진 한 번도 느껴본 적 없는 감정이었다. 그런 생각이 점점 잦아지면서, 그녀는 자신이 돌이킬 수 없는 끔찍한 실수를 저질렀는지도 모른다는 불안에 휩싸였고 몇몇 의사들에게 도움을 요청했다. 예상대로, 의사들은 그녀의 감정이 정상적인 것이라고 말했다. 한 외과의에게 수술 부위에 심한 통증이 있다고 호소하자, 그는 "바셀린을 조금 발라보라"며 불평은 그만하라고 말했다. 고통은 시간이 지나면 사라질 것이라며 계속 전환 과정을 이어가라고 했다.

그러나 클로이가 결국 '디트랜지션(de-transition)', 즉 전환을 되돌리겠다고 결심했을 때, 의사들은 더 이상 그녀의 전화를 받지 않았다. 의료진에게서 아무런 도움도 받지 못하게 된 클로이는 스스로 온라인을 뒤지기 시작했고, 자신이 결코 혼자가 아니라는 사실을 깨달았다. 인터넷에는 스스로를 '디트랜지셔너(detransitioners)'라고 부르는 사람들이 있었다. 그들도 거짓된 약속에 속았다는 사실을 뒤늦게 깨닫고, 약물과 수술을 시작하기 전보다 더 깊은 고통과 상처 속에서 살아가고 있었다.

2022년 클로이가 호르몬 투약을 중단하고 디트랜지션을 시작한 직후, 미국에서 트랜스젠더로 정체성을 밝히는 아이들의 수는 5년 전보다 두 배로 증가했다.[21] 클로이는 자신의 실수로 인한 후회와 고통에만 빠져 있지 않았다. 그 고통을 긍정적인 무언가로 바꾸기로 결심한 그녀는 자신의 몸에 불편함을 느끼는 아이들에게 '성별 전환'만이 해답이라고 주장하는, 이른바 진보 정치인들과 활동가들을 정면으로 비판하고 나섰다.

클로이가 목소리를 높일수록, 트랜스젠더 커뮤니티의 공격은 점점 더 거세졌다. 예전의 찬사와 지지는 흔적도 없이 사라졌다. 그들은 처음부터 클로이를 진심으로 위했던 것이 아니었다. 이 모든 것은 결국 '그들'과 그들이 행사하는 영향력에 관한 문제였던 것이다. 이 문제의 본질은, 우리 사회의 강력한 민주당 엘리트가 클로이 같은 아이들을 정치적 목적을 위한 '말'로 이용해, 자신들이 최고의 권위자요, 권력의 원천임을 선언하려는 데 있었다. 그들의 머릿속에 그들은 심지어 신보다 더 위대한 존재다. 신이 만든 '실수'를 바로잡을 수 있는 존재이며, 무엇이 진실이고 거짓인지, 누가 자유를 누릴 자격이 있고 누가 그렇지 않은지를 정하는 권한도 자신들에게 있다고 여긴다.

## 결론

가정은 사회의 기본 요소이며 문명의 초석이다. 튼튼한 가정이 있을 때 우리 사회는 더 강하고 성공적으로 기능할 수 있다. 정치인들이 '가족을 위한 정책'을 부르짖는 모습을 자주 본다. 하지만 대부분은 선거철에 표를 얻기 위해 내세우는 공허한 말잔치에 불과하다. 심지어 민주당 엘리트는 가족의 기반을 해치는 정책에도 '가족 친화적'이라는 꼬리표를 붙인다.

이 장에서 나는 민주당 엘리트 세력이 자신들이 원하는 것, 즉 권력을 얻기 위해 얼마나 극단적인 수단도 마다하지 않는지를 보여주는 몇 가지 사례를 제시했다. 그들은 우리 사회에서 가장 취약한 사람들을 파괴하고, 부모와 가정을 무력화시키며, 자신들이야 말로 가족과 우리 사회 전체에 무엇이 최선인지 아는 전지전능한 권위자라고 자처한다.

가족을 훼손하는 민주당 엘리트의 사례는 이 외에도 많다. 예를 들어 심각하게 붕괴되고 비효율적인 사회복지 시스템은 미혼모가 결혼하지 않고 혼자 아이를 키우도록 경제적 유인을 제공한다. 또한 이들은 낙태를 찬양하고, 임신한 젊은 여성들에게 아이를 지우라고 권유한다. 마치 그것이 단지 아스피린 한 알을 먹는 일인 양 말이다. 정작 이 여성들에게 지식과 정보, 다양한 선택지를 제공하고 안전하게 상담받을 수 있는 임신 지원 센터를 찾도록 돕는 일에는 무관심하다.

그들은 가정을 지원한다고 주장하지만, 입양은 극도로 까다롭고 비용이 지나치게 비싸 부유한 사람들 외에는 엄두도 낼 수 없다. 그 결과, 수많은 아이들이 한 위탁 가정에서 또 다른 위탁 가정으로 떠돌며 18세가 되면 거리로 내몰리는 일이 빈번하다. 또한 그들은 범죄 피해자 보호보다 경찰 예산 삭감 프로그램을 지지하고 범죄자를 옹호함으로써 부모가 아이들이 하루를 무사히 마치고 집에 돌아올 수 있을지 걱정하지 않아도 되는 안전한 공동체를 만드는 일에 무관심하다.

우리 사회의 엘리트들은 국민과 가족의 행복보다 경제지표를 우선시한다. 그들이 정의하는 '성공'이란, 누가 얼마나 좋은(그리고 비싼) 대학 학위를 가졌는지로 판단된다. 전공이 무엇인지는 상관없다. 그저 '졸업장(Diploma)'이라고 쓰인 종이 한 장 있는 사람이 더 똑똑하고 성공한 사람일 것이라고 가정할 뿐이다. 그 결과, 수많은 미국인이 평생 갚지 못할 학자금 대출에 짓눌리며,[22] 전공 분야에서 일자리를 얻지도 못하고 점점 의미를 잃어가는 졸업장만 앞세운 채 살아가고 있다. 다행히도 점점 더 많은 기업이 대학 졸업장이 좋은 인재를 판단하는 정확한 기준이 아니라는 사실을 깨닫고 있다. 미국 기업의 거의 절반이 특정 직무에 대한 채용 조건에서 학사 학위를 제외할 계획이며, 80%의 고용주는 신규 채용 시 학력보다 실무 경험을 더 중요하게 고려한다고 답했다.[23]

정부와 언론은 매달 실업률과 국내총생산(GDP) 수치를 통해 국가의 건강 상태를 평가한다. 실업률이 낮고 GDP가 높으면 '좋은 해'라고 여긴다. 그러나 이 숫자들은 이 나라에 사는 사람들이 실제로 얼마나 행복한지를 보여주지 않는다. 명문대 졸업장을 따고 고액 연봉을 받으며 많은 돈을 벌고 있지만 이혼한 채 자녀들과도 소원해진 사람들이 얼마나 많은가?

정치인들은 집에서 아이를 키우고 싶어 하는 초보 엄마의 깊은 슬픔과 갈망을 헤아리지 않는다. 대신 그녀에게 '정부가 세금으로 데이케어를 지원해주니 감사하라'고 말할 뿐이다. 직장 스트레스나 무너진 가정 때문에 삶이 엉망이 되어 항우울제를 복용하는 미국인이 점점 늘어나고 있지만, 이 역시 그들의 관심 밖이다. 또한 엘리트층은 부모 중 누구도 대학을 졸업하지 않았지만, 매일 자녀들과 함께 의미 있는 시간을 보내며 영적으로 충만한, 삶에 만족하는 연 소득 5만 달러의 가정은 얕잡아본다.

엘리트층의 눈에 우리는 단지 국가 경제와 거대 산업 복합체를 굴러가게 하기 위한 '일벌'일 뿐이다. 우리가 더 많이 일할수록 더 많은 세금을 내게 되고, 정부는 그 세금으로 더 많은 '재정 수입'을 확보할 수 있다. 이는 지배층이 더 많은 권력을 쌓고 확장하는 데 기여한다. 그들은 국민에게 관심이 없다. 정부의 존재 목적은 한정되어야 하고, 국민이 자신이 선택한 방식으로 자유롭게 살아갈 권리를 수호하는 데 있지만, 그들은 이 점을 망각하고 있다.

해결책은 간단하다. 우리는 헌법을 수호하고 국민의 삶과 이익을 최우선에 두는 지도자(민주당이든, 무소속이든, 공화당이든)가 필요하다. 미국의 건국자들은 정부 구성원을 선택할 권한을 미국 국민에게 부여했다. 이 나라는, 이 정부는 우리 모두의 것이다. 선거일이 다가오면, 반드시 신중하게 한 표를 행사하자. 국민을 진심으로 위하지 않는 사람은 국민을 위한 공직을 맡을 자격이 없다.

## 에필로그

평화롭고 자유롭게 살 것인가,
전쟁 속에서 자유 없이 살 것인가
— 선택은 우리에게 달렸다

1838년 1월 27일, 에이브러햄 링컨은 일리노이주 스프링필드 청년협회의 공개 강연회에서 연설을 했다. 링컨은 이 연설을 통해 법치주의의 중요성과 미국의 제도들을 위협하는 내적인 위험에 대한 경각심을 강조했다. 다음은 그 연설에서 우리가 깊이 되새겨야 할 대목이다.

위험이 우리에게 다가온다면, 그것은 외부에서 오는 것이 아니라 내부에서 생겨날 것이다. 만일 우리가 파멸하게 된다면, 그 원인은 우리 스스로에게 있을 것이다. 우리는 자유인의 나라로서 영원히 살아가든지, 아니면 스스로 자멸하든지 둘 중 하나다.*
— 에이브러햄 링컨

---

\* '우리 정치제도의 영속성에 대하여(The Perpetuation of Our Political Institutions)'라는 제목으로 한 연설로 시간이 지나도 여전히 자유민주주의 체제에 대한 경고문으로 자주 인용되고 있다.

민주당 엘리트가 의도적으로 벌이는 일들을 지켜보는 것은 참으로 고통스럽다. 표현의 자유에 대한 전방위적 공격, 경찰 예산 삭감과 수정헌법 제2조에 명시된 권리 약화, 국가기관들의 정치화와 이에 반대하는 사람들의 침묵, 국민 절반을 '한심한 자들(deplorables)', '국내 테러리스트', '극단주의자'로 낙인찍고 표적화하고, 인종에 따라 국민을 분열시키고, 수백만 명의 불법적이고 검증되지 않은 이민자들에게 국경을 개방하여 도시들이 범죄로 넘쳐나게 내버려 두고 있으며, 경제를 파괴하고 국가 부채를 천문학적으로 늘리며 엘리트의 선전 도구가 된 언론사에 보상을 주고 있다. 이 모든 행태를 보며 링컨의 경고를 떠올리지 않을 수 없다. 이 위대한 나라가 몰락한다면, 그것은 외부 공격이 아닌 스스로 자멸한 것이라는 링컨의 경고가 떠오른다.

만약 미국이 잘못된 방향으로 빠르게 나아가고 있다는 데 동의한다면, 다음 질문은 명확하다. 이제 어떻게 할 것인가? 우리는 어디로 가야 하는가? 무엇을 해야 하는가?

우리의 미래는 결국 우리 손에 달려 있다. 우리는 요즘 미국의 창립자들이 꿈꿨던 비전이 점점 사라져가는 듯한 기분을 느낀다. 때로는 우리의 목소리가 들리지 않는다고, 우리가 무언가를 바꿀 수 있을 거라는 희망조차 사라지고 있다고 느끼기도 한다. "왜 투표하라고 귀찮게 하지? 내 표로 뭐가 바뀌겠어?" "시스템이 이미 조작돼 있는데, 투표가 무슨 소용이지?" 나는 이런 말을 수없이 듣는다.

이처럼 어둡고 부패한 권력이 남용되는 현실 앞에서, 절망을 느끼는 것은 어쩌면 당연하다. 그러나 우리가 가만히 앉아 아무것도 하지 않는다면, 결국 우리가 사랑하는 나라는 무너지고 이 나라를 증오하는 자들과 그들이 추구하는 모든 것이 승리하게 된다. 그리고 지금 우리가 겪고 있는 고통과 혼란은 머지않아 돌이킬 수 없는 재앙으로 이어질 것이다.

바로 이 순간, 우리는 건국의 아버지들이 품었던 깊은 통찰과 비전으로 다시 돌아가야 한다.

> 우리는 다음의 진리를 자명한 것으로 믿는다. 모든 인간은 평등하게 창조되었으며, 창조주로부터 생명, 자유, 그리고 행복을 추구할 권리라는 양도할 수 없는 권리를 부여받았다. 이러한 권리를 보장하기 위해 인간들 사이에 정부가 조직되며, 정당한 권력은 피통치자의 동의에서 나온다.
>
> ─ 〈미국독립선언서(Declaration of Independence)〉

우리의 양도할 수 없는 권리는 창조주께서 우리 모두에게 부여하신 것이다. 그러므로 사랑 자체인 신께서 존재하시는 한, 희망도 존재한다. 신은 영원하며 항상 존재하신 분이기에, 희망 또한 결코 사라지지 않는다.

신의 사랑은 우리 마음속에 존재하는 빛이며, 그분의 사랑이야말로 분열된 우리를 치유하고, 공통된 목표를 중심으로 하나 되게 하는 해답이다. 그 목표란 나라의 근간인 자유를 지키고, 모두를 위한 평화, 자유, 안보, 번영의 미래를 함께 만들어가는 것이다.

사랑은 세상에서 가장 강력한 힘이다. 하와이에서는 이것을 알로하라고 부른다. 서로를 향한 사랑, 존중, 연민인 알로하는 단순한 감정이 아니다. 약하거나 수동적인 것도 아니다. 그것은 행동하게 만드는 강력한 원동력이며, 우리가 옳다고 믿는 것을 위해 일어서게 하고, 자유를 위해 싸우게 만든다.

나를 움직이게 하는 것은 바로 이 사랑이다. 나라를 위한 봉사의 이유, 복무 중인 형제자매들이 미국 국민의 자유와 안보를 지키기 위해 목숨을 거는 이유도 사랑에 있다. 사랑은 역경과 위협, 비난 앞에서도 우리가 진실을 말할 용기를 갖게 해준다. 사랑은 우리에게 정의를 위해 싸울 힘을 주고, 우리를 해친 사람들을 용서할 겸손을 주며, 서로의 차이를 넘어 함께 나아갈 길을 열어준다.

사랑은 우리가 누구인지, 신의 자녀이자 미국 시민으로서의 본질을 일깨워준다. 비록 우리의 선거제도에는 많은 결함이 있고 반드시 고쳐져야 하지만, 여전히 민주적 절차로서 이보다 나은 시스템은 없다. 그리고 이 절차에 참여하는 것이야말로 망가진 제도를 바로잡을 수 있는 유일한 길이다. 이 제도가 지금껏 인류가 만들어낸 어떤 제도보다 더 나은 이유는 권력을 자유로운 국민의 손에 맡기고, 토론과 의견 차이, 공개된 논쟁 속에서 다양한 생각이 살아 움직일 수 있도록 설계되었기 때문이다.

그러나 이 시스템이 제대로 작동하려면, 한 가지를 반드시 기억해야 한다. 우리 건국의 아버지들이 꿈꾸었던 '국민의, 국민에 의한, 국민을 위한 정부'는 그저 바라보기만 해서는 존재할 수 없다는 점이다. 이 정부는 우리의 참여를 필요로 하며, 그 참여 없이는 존재할 수 없다. 민주공화국은 시민들이 충분한 정보를 갖추고 적극적으로 참여할 때만 건강하고 성공적으로 유지될 수 있다.

이 위대한 나라를 지키기 위해 우리는 행동해야 한다. 타운홀 미팅에 참석하고, 정보를 스스로 찾아 배우고, 선출된 대표들이 책임을 다하도록 압박해야 한다. 자신과 가족, 이웃에게 중요한 문제에 관한 목소리를 내야 한다. 그리고 최소한 반드시 투표해야 한다. 하지만 단순히 정당, 이름, 인지도 같은 겉모습만 보고 투표해서는 안 된다. 민주당이 반복하는 '누가 됐든 파란 당에 투표하라(Vote blue no matter who)'라는 맹목적인 구호에 휘둘려선 안 된다. 바로 이러한 맹목적인 팀 정신이 지금의 혼란을 낳았다.

진정한 공복(公僕), 국민을 섬기겠다는 사람에게 투표하라. 개인적 이익이나 정파적 이해만 챙기는 직업 정치인보다는 헌법을 수호하고, 미국 국민과 국가의 안녕을 최우선에 두겠다는 용기와 책임감을 보여준 인물에게 투표하라. 만약 당신 지역에 그런 후보가 없다고 느껴진다면 직접 출마하는 것도 고려해보라. 공직에 나서고 싶지 않다면 당신의 가치관에 맞는 후보를 도와야 한다. 후원금을 보내고, 새로운 유권자를 등록시키며, 친구와 이웃에게 올바른 정보를 알리고, 무엇보다 그들이 반드시 투표할 수 있도록 돕는 것, 그것이 바로 당신이 할 수 있는 일이다.

> 이러한 권리를 보장하기 위해 인간들 사이에 정부가 조직되며, 정당한 권력은 피통치자의 동의에서 나온다.

권력을 가진 자들은 국민의 동의 없이는 결코 그 자리에 남아 있을 수 없다.

그리고 그 '국민'이 바로 우리다. 진정한 권력은 우리의 손에 있다. 민주공화국의 지도자들이 직면한 가장 큰 도전은, 바로 자신들이 옳다고 믿는 바를 국민에게 강요하고, 국민이 스스로 선택할 자유를 빼앗고자 하는 충동을 억제하는 일이다. '우리를 보호한다'는 명분으로, '우리를 위해 대신 결정해주겠다'는 오만으로, 그들은 자유를 통제하려 한다. 그러나 아무리 '국민을 위한다'거나 '민주주의를 지킨다'고 주장해도, 이런 식의 통치는 독재자의 논리일 뿐이다.

나를 포함한 대부분의 미국인들은, 비록 잘못된 선택일지라도 스스로 선택하고, 그 결과를 감당하며 사는 자유로운 삶을 원하지, 누군가가 대신 '올바른' 결정을 내려주는 삶을 원하지 않는다. 우리 스스로 선택을 할 수 있는 그 자유가 바로 이 나라를 세운 건국이념이었다.

양당의 엘리트 정치인들은 우리가 진정으로 자유를 누리고, 국민이 실질적인 권력을 행사하게 될까 봐 두려워한다. 자유로운 국민, 자유로운 사회는 그들의 권력 유지에 가장 큰 위협이기 때문이다. 그래서 그들은 우리가 접하는 정보를 통제하고 우리가 무엇을 말할 수 있는지를 제한하려 애쓴다. 자신들의 권력을 위협하는 정치적 반대 세력은 무차별적으로 공격하고 탄압한다.

2024년 대선을 앞두고 민주당 엘리트는 가장 강력한 반대 세력인 도널드 트럼프를 완전히 제거하기 위해 할 수 있는 모든 수단을 동원하고 있다. 심지어 그를 출마 부적격자로 몰고, 투표용지에서 그의 이름을 지워버리려고까지 한다. 특히 부패한 권력을 심판할 용기를 가진 대통령을 국민이 직접 선택할 자유를 두려워한다. 그래서 그들은 민주주의를 무너뜨리고, 국민이 원하는 후보에게 투표할 권리와 자유마저 박탈하려는 것이다.

우리는 이러한 부패하고 자기 이익만을 쫓는 정치인들이 권력을 유지하도록 내버려두어서는 안 된다. 이들은 국민이나 국가보다 자신의 정당과 이념, 그리고 정치적 생존을 더 중요하게 여긴다. 권력을 지키려 하는 이들의 집착은 무모하며, 그 과정에서 수단과 방법을 가리지 않을 것임을 우리는 분명히 알아야 한다. 만약 우리가 단결하지 못하고, 이들을 투표로 몰아내지 못한다면, 우리가 사랑하는 이 나라의 모든 것이 사라질 수 있다.

우리의 자유와 미래는 우리 손에 달려 있다. 자유는 결코 공짜가 아니다. 우리가 함께 일어나서 이 나라를 세운 근본 원칙(삶과 자유, 그리고 행복을 추구할 권리를 가진 자유로운 국민)에 공감하고 연대할 때, 우리는 놀라운 잠재력을 현실로 바꿀 수 있다. 이러한 이상들이야말로 내가 군 복무를 결심하고, 의회에서 봉사하게 된 근본 동기였다.

지금이야말로 마틴 루서 킹 주니어 목사가 꿈꿨던 세상을 실현하려는 비전을 가지고 새로운 정치 운동을 일으켜야 할 때다. 이 운동은 알로하(사랑, 존중, 희망)의 정신에서 영감을 받아야 한다.

우리는 모든 미국인의 표현의 자유를 보호해야 한다. 아이디어를 듣고 토론하기보다, 입을 막으려 드는 양극단의 검열자들에 맞서야 한다. 설령, 어떤 사람의 발언이 우리에게 불쾌하게 들릴지라도 표현의 자유가 위협받는 순간, 우리 모두의 자유 또한 위협받게 된다.

종교의 자유도 마찬가지다. 미국에서 정부는 특정 종교를 옹호하거나 차별하거나 탄압해서는 안 된다. 청교도들이 유럽을 떠나 이 땅에 왔던 이유도 국가가 강요하는 종교에서 벗어나 자신의 신앙을 자유롭게 실천하기 위함이었다. 이 자유는 헌법에 명시된 권리다. 종교의 자유란 '종교로부터의 자유'가 아니라, '신과의 진실된 관계를 누릴 자유'다. 참된 종교는 교파나 교리를 넘어서 신에 대한 사랑이며, 그것은 우리 각자의 마음속에 존재하는 신과의 깊이 있는 개인적인 영적 관계다. 정부는 바로 그 관계를 존중해야 하며, 우리가 어떤 방식으로든 신앙을 실천하거나, 혹은 신과의 관계를 추구하지 않을 자유까지도 보호해야 한다.

건국의 아버지들은 수정헌법 제1조(표현의 자유) 바로 다음에 수정헌법 제2조(무기 소지의 권리)를 의도적으로 배치했다. 그들은 이 새롭고 자유로운 민주주의가 얼마나 취약한 것인지, 그리고 권력을 남용해 자유를 빼앗으려는 자들에 의해 얼마나 쉽게 침식될 수 있는지를 알고 있었다. 우리는 단순한 레저 활동을 위한 무기 소유뿐만 아니라, 자기 자신과 가족을 보호하고, 점점 더 독재화되는 정부의 권력 남용을 견제하기 위해서라도 무기를 소지할 권리를 반드시 지켜야 한다.

이제 우리는 양당의 전쟁광들을 막아야 한다. 그들은 끊임없이 전쟁의 북소리를 울리며, 국민을 3차 세계대전과 핵 참사의 벼랑 끝으로 몰아넣고 있다. 이는 현대 문명을 몇 번이고 파괴할 수 있는 재앙이다. 아인슈타인은 "나는 3차 세계대전이 어떤 무기로 치러질지 모르지만, 4차 세계대전은 막대기와 돌로 치러질 것이다"라고 말했다. 양당의 전쟁광들은 바로 아이젠하워 대통령이 고별 연설에서 경고했던 인물들이다. 그들은 군산복합체의 명령에 복종하고, 그 결과가 아무리 파괴적이고 재앙적일지라도 책임지지 않은 채 무심히 외면해버린다.

이제 우리는 평화와 강인함, 그리고 번영에 헌신하는 지도자가 필요하다. 국가가 진정으로 번영하려면 반드시 평화가 전제되어야 한다. 물론, 우리 국민의 안전과 자유를 위협하는 외세를 물리치기 위해서 때로는 전쟁이 불가피할 수 있다. 나 역시 21년 넘게 군에서 복무했고, 지금도 현역으로 복무 중인 군인으로서 우리를 해치려는 세력에 대해 결정적인 승리를 거둘 준비가 되어 있어야 한다는 사실의 중요성을 잘 알고 있다. 하지만 우리는 절대 잊지 말아야 한다. 전쟁은 반드시 최후의 수단이어야 하며, 모든 다른 선택지가 소진된 후에만 사용 가능한 수단이라는 것을.

우리는 법치주의를 수호하고, 법에 따라 공정하고 정의로운 대우를 보장하며, 안전한 거리와 공동체를 만드는 데 헌신하는 지도자들을 선출해야 한다. 우리의 지도자들은 '국경이 없는 나라는 존재할 수 없다'는 사실을 분명히 인식하고, 국경을 즉각적으로 안정시키기 위한 조치를 취해야 한다.

우리는 가족의 중요성을 알고, 자녀에게 무엇이 최선인지 부모가 가장 잘 안다는 점을 존중하는 지도자가 필요하다. 부모는 정부가 강요하는 방식이 아닌, 자신들의 가치관에 따라 자녀의 교육 방식을 선택할 수 있어야 한다.

우리는 미래 세대까지 국가와 국민이 번영하도록 하기 위해 '어머니 지구(Mother Earth)'가 주는 축복의 수호자가 되어야 한다는 것을 이해하는 지도자를 선출해야 한다. 맑은 물과 공기, 장엄한 산맥과 탁 트인 평원, 강과 바다까지 우리가 소중히 여기고 누리는 이 모든 자연을 보호해야 한다.

우리는 연민을 갖고 사회 전체의 안녕을 진심으로 돌보는 정의로운 지도자, 헌법에 헌신하며 개인의 자유와 국가 공동의 이익 사이에서 반드시 필요한 균형을 이룰 줄 아는 지도자를 선출해야 한다.

우리의 미국은 신에 대한 사랑, 이웃에 대한 사랑, 그리고 나라에 대한 사랑으로 하나가 될 것이다. 우리는 마틴 루서 킹 주니어의 외침에 귀 기울일 것이다. 사람을 피부색이 아니라 인격의 내용으로 판단하고, 서로를 알로하(존중과 사랑의 정신)로 대할 것이다. 출신, 인종, 신념, 종교와 상관없이 우리는 서로를 미국 시민이자 신의 자녀로 존중할 것이다.

우리의 미국에는 무한한 가능성과 잠재력이 있다. 우리가 스스로 일어나 행동한다면 미래는 우리 손에 있다.

지금, 민주당 엘리트가 우리와 이 나라에 강요한 어둠의 악순환을 끝낼 선택을 하자. 더욱 단결되고, 자유롭고, 평화롭고, 번영하는 미래를 향해 나아가는 운동에 동참하자. 그 찬란한 미래를 이루기 위해, 우리는 미국독립선언서가 우리에게 던진 행동의 부름에 응답해야 한다. 우리의 조국을 구하고, 공화국을 지키기 위해 함께 일어서야 한다.

사랑하는 이가 스스로 생을 마감했을 때, 유족들이 가장 자주 하는 말은 "우리가 미리 알았더라면… 아무런 징후도 없었다"는 것이다. 지금 미국의 권력자들이 이 위대한 나라를 에이브러햄 링컨이 경고했던 '자멸'의 길로 이끌고 있다는 사실을 보지 못한다면, 우리는 눈을 감고 있는 것이나 다름없다. 훗날 "우린 몰랐다"고 말할 수는 없다. 경고는 이미 충분하기 때문이다.

이제 우리는 정파적 적대자가 아니라, 조국을 향한 사랑으로 하나된 미국인으로서 함께 손잡고 이 나라가 살아남을 수 있도록 나아가야 한다.

# 미주

**프롤로그**

1 "Republican Official Threatens to Kick Biden off Ballot as Trump Payback," NBCNews.com, January 6, 2024, https://www.nbcnews.com/politics/2024-election/missouri-republican-secretary-of-state-biden-trump-ballot-rcna132600.

**1장**

1 Robert K. Hur, Report from special counsel Robert K. Hur February 2024, February 5, 2024, https://www.justice.gov/storage/report-from-special-counsel-robert-k-hur-february-2024.pdf.

2 Franklin Foer, "Was a Trump Server Communicating with Russia?" Slate, October 31, 2016, https://www.slate.com/articles/news_and_politics/cover_story/2016/10/was_a_server_registered_to_the_trump_organization_communicating_with_russia.html.

3 "Hillary Clinton Did It," *Wall Street Journal*, May 20, 2022, https://www.wsj.com/articles/hillary-clinton-did-it-robby-mook-michael-sussmann-donald-trump-russia-collusion-alfa-bank-11653084709.

4 Dan Merica, "Hillary Clinton Suggests Russians Are 'grooming' Tulsi Gabbard for Third-Party Run," CNN, October 21, 2019, https://www.cnn.com/2019/10/18/politics/hillary-clinton-tulsi-gabbard/index.html.

5 "Trump Indicted in New York," *New York Times*, March 30, 2023, https://www.nytimes.com/live/2023/03/30/nyregion/trump-indictment-news.

6 Chelsia Rose Marcius and Ed Shanahan, "Major Crimes Rose 22 Percent in New York City, Even as Shootings Fell," *New York Times*, January 5, 2023, https://www.nytimes.com/2023/01/05/nyregion/new-york-crime-stats.html.

7   "Remarks by President Biden on the Continued Battle for the Soul of the Nation," The White House, September 1, 2022, https://www.whitehouse.gov/briefing-room/speeches-remarks/2022/09/01/remarks-by-president-bidenon-the-continued-battle-for-the-soul-of-the-nation/.

8   Mayhill Fowler, "Obama: No Surprise That Hard-Pressed Pennsylvanians Turn Bitter," *HuffPost*, November 17, 2008, https://www.huffpost.com/entry/obama-no-surprise-that-ha_b_96188.

9   Kamal Sultan for Dailymail.Com, "Outrage as Biden Administration Admits Surveilling Americans' Private Financial Transactions for Words like 'Maga' 'trump' and 'Kamala' in Wake of Jan. 6 Riots… with People Buying Bibles on Top of Their Watchlist," Daily Mail Online, February 9, 2024, https://www.dailymail.co.uk/news/article-13067751/Outrage-Biden-administration-admits-surveilling-Americans-private-financial-transactions-words-like-MAGA-Trump-Kamala-wake-Jan-6-riots-people-buying-BIBLES-watchlist.html.

10  Nancy Pelosi (@SpeakerPelosi), "The Grand Jury has acted upon the facts and the law…," Twitter, March 30, 2023, 8:15 p.m., https://twitter.com/SpeakerPelosi/status/1641594971462541315.

11  "NYC Giving Pre-Paid Debit Cards to Asylum Seeker Families for Food, Baby Supplies," CBS News, February 8, 2024, https://www.cbsnews.com/newyork/news/nyc-giving-pre-paid-debit-cards-to-asylum-seeker-families-for-food-baby-supplies/.

12  Melissa Koenig, "Army VET, 94, Kicked out of NYC Nursing Home to Make Room for Migrants," *New York Post*, November 30, 2023, https://nypost.com/2023/11/30/news/army-vet-kicked-out-of-nyc-nursing-home-to-make-room-for-migrants/.

13  Joseph MacKinnon, "'The Big Scam Nobody Is Talking about': House Democrat Makes Damning Admission on Why She Needs Illegal Aliens," Conservative Review, January 10, 2024, https://www.conservativereview.com/the-big-scam-nobody-is-talking-about-house-democrat-makes

-damning-admission-on-why-she-needs-illegal-aliens-2666919422.html.

14　Jim Mendoza, "Council Passes Abandoned Property Bill," *Hawaii News Now*, December 8, 2011, https://www.hawaiinewsnow.com/story/16214212/council-passes-abandoned-property-bill/.

15　Mariame Kaba, "Yes, We Mean Literally Abolish the Police," *New York Times*, June 12, 2020, https://www.nytimes.com/2020/06/12/opinion/sunday/floyd-abolish-defund-police.html.

16　Hans A. von Spakovsy and Charles Stimson, "FBI, Justice Department Twist Federal Law to Arrest, Charge Pro-Life Activist," Heritage Foundation, September 28, 2022, https://www.heritage.org/crime-and-justice/commentary/fbi-justice-department-twist-federal-law-arrest-charge-pro-life.

17　"Justice Department Addresses Violent Threats against School Officials and Teachers," Department of Justice, Office of Public Affairs, October 4, 2021, https://www.justice.gov/opa/pr/justice-department-addresses-violent-threats-against-school-officials-and-teachers.

### 2장

1　Franklin D. Roosevelt, "Address to the Congress Asking That a State of War Be Declared between the United States and Japan," December 8, 1941, https://www.loc.gov/resource/afc1986022.afc1986022_ms2201/?st=text.

2　"Executive Order 9066: Resulting in Japanese-American Incarceration (1942)," National Archives, https://www.archives.gov/milestone-documents/executive-order-9066

3　June Watanabe, "Lyrics Here to Combat Team's 'Go for Broke,'" *Honolulu Star-Bulletin*, April 22, 2000, https://archives.starbulletin.com/2000/04/22/news/kokualine.html.

4　Joanne Lee, "The Most Decorated Unit in American History," Dartmouth.edu, accessed February 14, 2024, https://www.dartmouth.edu/~hist32/

History/S28%20-%20442nd.htm#:~:text=For%20their%20valor%20the%20442nd,one%20Congressional%20Medal%20of%20Honor.

5   "Japanese-American Incarceration During World War II," National Archives, https://www.archives.gov/education/lessons/japanese-relocation.

6   Richard Blumenthal, "FISA Secrecy Must End," *Politico*, July 14, 2013, https://www.politico.com/story/2013/07/fisa-court-process-must-be-unveiled-094127.

7   Glenn Greenwald, "NSA Collecting Phone Records of Millions of Verizon Customers Daily," *The Guardian*, June 6, 2013, https://www.theguardian.com/world/2013/jun/06/nsa-phone-records-verizon-court-order.

8   Bill Chappell, "Clapper Apologizes for Answer on NSA's Data Collection," NPR, July 2, 2013, https://www.npr.org/sections/thetwo-way/2013/07/02/198118060/clapper-apologizes-for-answer-on-nsas-data-collection.

9   "Senate Select Committee to Study Governmental Operations with Respect to Intelligence Activities," United States Senate, https://www.senate.gov/about/powers-procedures/investigations/church-committee.htm.

10  Mallory Shelbourne, "Schumer: Trump 'Really Dumb' for Attacking Intelligence Agencies," The Hill, January 3, 2017, https://thehill.com/homenews/administration/312605-schumer-trump-being-really-dumb-by-going-after-intelligence-community/.

11  "The Pentagon Papers: Secrets, Lies and Audiotape," National Security Archive, George Washington University, https://nsarchive2.gwu.edu/NSAEBB/NSAEBB48/nixon.html.

12  Bill Trott, "Daniel Ellsberg, Who Leaked 'Pentagon Papers,' Dies at 92," Reuters, June 17, 2023, https://www.reuters.com/world/us/pentagon-papers-whistleblower-daniel-ellsberg-dead-after-terminal-cancer-2023-06-16/.

13  Charlie Savage, "Why the Pentagon Papers Leaker Tried to Get Prosecuted

|    | |
|----|---|
|    | Near His Life's End," *New York Times*, June 18, 2023, https://www.nytimes.com/2023/06/18/us/politics/daniel-ellsberg-espionage-act-pentagon-papers.html. |
| 14 | "Another Chilling Leak Investigation" (opinion) *New York Times*, May 21, 2013, https://www.nytimes.com/2013/05/22/opinion/another-chilling-leak-investigation.html. |
| 15 | Erick Tucker and Alanna Durkin Richer, "How Much Prison Time Could Trump Face? Past Cases Brought Steep Punishment for Document Hoarders," Associated Press, June 15, 2023, https://apnews.com/article/donald-trump-classified-documents-espionage-act-dc9d5d46f61809fb5aa1d972f47bed6a. |
| 16 | Matthew Loh, "Canada Says It Will Freeze the Bank Accounts of 'Freedom Convoy' Truckers Who Continue Their Anti-Vaccine Mandate Blockades," Business Insider, February 14, 2022, https://www.businessinsider.com/trudeau-canada-freeze-bank-accounts-freedom-convoy-truckers-2022-2. |
| 17 | Senator Elizabeth Warren, "Senator Warren and Representative Dean Urge Bank CEOs to Adopt New Code for Gun and Ammunition Retailers," September 2, 2022, https://www.warren.senate.gov/oversight/letters/senator-warren-and-representative-dean-urge-bank-ceos-to-adopt-new-code-for-gun-and-ammunition-retailers. |
| 18 | Carlos Perona Calvete, "'This Is Not a Big Brother Project': Digital Currency and Political Control," European Conservative, July 6, 2023, https://europeanconservative.com/articles/analysis/this-is-not-a-big-brother-project-digital-currency-and-political-control/. |
| 19 | Benjamin Franklin, "Pennsylvania Assembly: Reply to the Governor, 11 November 1755," Founders Online, National Archives, https://founders.archives.gov/documents/Franklin/01-06-02-0107. |

### 3장

| | |
|---|---|
| 1 | Ian Schwartz, "Del. Stacey Plaskett to RFK Jr.: 'This Is Not The Kind |

Of Free Speech That I Know Of,' Free Speech Is Not Absolute," RealClearPolitics, July 20, 2023, https://www.realclearpolitics.com/video/2023/07/20/del_stacey_plaskett_to_rfk_jr_this_is_not_the_kind_of_free_speech_that_i_know_of_free_speech_is_not_absolute.html.

2. Scott Stump, "Prince Harry Draws Criticism for Calling First Amendment 'Bonkers,'" Today, May 18, 2021, https://www.today.com/news/prince-harry-draws-criticism-calling-first-amendment-bonkers-t218740.

3. Jon Brown, "UK Government Admits 'Inappropriate' to Argue Bible 'Offensive' in Case against Christian Street Preacher," Fox News, December 19, 2022, https://www.foxnews.com/world/uk-government-admits-inappropriate-argue-bible-offensive-case-christian-street-preacher.

4. Caleb Howe, "'No to The Soviet Politburo!': Wasserman Schultz Leads Dem Effort to Stop RFK Jr. 'Degradation' in Chaotic House Hearing Vote," Mediaite, July 20, 2023, https://www.mediaite.com/politics/no-to-the-soviet-politburo-wasserman-schultz-leads-dem-effort-to-stop-rfk-jr-degradation-in-chaotic-house-hearing-vote/.

5. Julia Mueller, "Democrats Tear into RFK Jr. during Weaponization Hearing," The Hill, July 20, 2023, https://thehill.com/homenews/house/4107697-democrats-tear-into-rfk-jr-during-weaponization-hearing.

6. Josh Christenson, "Robert F. Kennedy Jr. Slams Democrats for Bid 'to Censor a Censorship Hearing,'" New York Post, July 20, 2023, https://nypost.com/2023/07/20/rfk-jr-slams-dems-for-trying-to-censor-a-censorship-hearing/.

7. Mary Margaret Olohan, "Berkeley Professor Urges Followers to Steal, Burn Book on Trans 'Craze Seducing Our Daughters,'" The Daily Caller, November 15, 2020, https://dailycaller.com/2020/11/15/berkeley-professor-burn-book-trans-abigail-shrier/.

8. Charlotte Hays, "Some in ACLU Have New Cause: Book Banning,"

9   Jeffrey A. Trachtenberg, "Penguin Random House Stands by Plan to Publish Amy Coney Barrett's Book," Wall Street Journal, October 31, 2022, https://www.wsj.com/articles/penguin-random-house-stands-by-plan-to-publish-amy-coney-barretts-book-11667248264.

10   Jonathan Turley, "Pew: Seventy Percent of Democrats and Democratic-Leaning Independents Support Speech Limits," Jonathan Turley, July 27, 2023, https://jonathanturley.org/2023/07/27/pew-seventy-percent-of-democrats-and-democratic-leaning-independents-support-speech-limits/.

11   Michael Powell, "Once a Bastion of Free Speech, the A.C.L.U. Faces an Identity Crisis," The New York Times, June 6, 2021, https://www.nytimes.com/2021/06/06/us/aclu-free-speech.html.

12   Lachlan Markay, "Gmail Filters More Likely to Weed Out GOP Emails," Axios, April 10, 2022, https://www.axios.com/2022/04/10/gmail-filters-more-likely-to-weed-out-gop-emails.

13   Peter Kasperowicz, "206 Democrats Vote against Bill Banning Federal Officials from Policing Online Speech," Fox News, March 9, 2023, https://www.foxnews.com/politics/democrats-vote-against-bill-banning-federal-officials-policing-online-speech.

14   Ibid.

15   Miranda Devine, "Ex-CIA Chief Spills on How He Got Spies to Write False Hunter Biden Laptop Letter to 'Help Biden,'" New York Post, April 20, 2023, https://nypost.com/2023/04/20/biden-campaign-pushed-spies-to-write-false-hunter-laptop-letter/.

16   Steven Nelson, "FBI 'Verified' Authenticity of Hunter Biden's Abandoned Laptop in November 2019: IRS Whistleblower," New York Post, June 22, 2023, https://nypost.com/2023/06/22/fbi-verified-authenticity-of-hunter-bidens-abandoned-laptop-in-november-2019-irs-whistleblower

-gary-shapley/.

17 Natasha Bertrand, "Hunter Biden story is Russian disinfo, dozens of former intel officials say," Politico, October 19, 2020, https://www.politico.com /news/2020/10/19/hunter-biden-story-russian-disinfo-430276.

18 Jessica Chasmar, "Biden Claims That Hunter Laptop Was 'Russian Disinformation' Debunked by His Own Son," Fox News, February 2, 2023, https://www.foxnews.com/politics/biden-claims-hunter-laptop-russian-disinformation-debunked-his-own-son.

19 "New Testimony Reveals Secretary Blinken and Biden Campaign behind the Infamous Public Statement on the Hunter Biden Laptop," House Judiciary Committee, April 20, 2023, https://judiciary.house.gov/media/press-releases/new-testimony-reveals-secretary-blinken-and-biden-campaign-behind-infamous.

20 Kanishka Singh, "US Judge Restricts Biden Officials from Contact with Social Media Firms," Reuters, July 5, 2023, https://www.reuters.com/legal/judge-blocks-us-officials-communicating-with-social-media-companies-newspaper-2023-07-04/.

21 Thomas Jefferson to Philip Mazzei, 24 April 1796, Founders Online, National Archives, https://founders.archives.gov/documents/Jefferson/01-29-02-0054-0002.

22 "Special Message to the Congress: The President's First Economic Report," January 8, 1947, The American Presidency Project, UC Santa Barbara, https://www.presidency.ucsb.edu/documents/special-message-the-congress-the-presidents-first-economic-report.

### 4장

1 Ben Smith, "Obama on Small-town Pa.: Clinging to Religion, Guns, Xenophobia," Politico, April 11, 2008, https://www.politico.com/blogs/ben-smith/2008/04/obama-on-small-town-pa-clinging-to-religion-guns-xenophobia-007737.

2   "American Originals," National Archives, https://www.archives.gov/exhibits/american_originals/inaugtxt.html

3   Amy Sullivan, "The Party Faithful—Jesus Bumps and God Gaps," New York Times, February 10, 2008, https://www.nytimes.com/2008/02/10/books/chapters/1st-chapter-party-faithful.html.

4   "Fact Check: The 2020 DNC Did Not Omit 'under God' from Every Pledge of Allegiance," Reuters, August 26, 2020, https://www.reuters.com/article/uk-factcheck-pledge-allegiance-dnc/fact-check-the-2020-dnc-did-not-omit-under-god-from-every-pledge-of-allegiance-idUSKBN25M1OO.

5   Jon Brown, "Anti-Christian Hostility Reaching 'Unprecedented' Levels in Culture, Government under Biden, Observers Warn," Fox News, April 13, 2023, https://www.foxnews.com/us/anti-christian-hostility-reaching-unprecedented-levels-culture-government-under-biden-observers-warn.

6   "Little Sisters of the Poor v. Azar," The Becket Fund for Religious Liberty, https://www.becketlaw.org/case/littlesisters/.

7   Alexander Hall, "Purported FBI Document Suggests Agency May be Targeting Catholics Who Attend Latin Mass," Fox News, February 9, 2023, https://www.foxnews.com/media/purported-fbi-document-suggests-agency-targeting-catholics-attend-latin-mass.

8   Katherine Knott, "Biden Administration to Rescind Part of Religious Freedom Rule," Inside Higher Ed, February 22, 2023, https://www.insidehighered.com/news/2023/02/23/biden-administration-rescind-part-trumps-free-inquiry-rule.

9   Alexandra DeSanctis, "A Brief History of Kamala Harris and the Knights of Columbus," Yahoo, October 9, 2020, https://www.yahoo.com/now/brief-history-kamala-harris-knights-140302014.html.

10  Valerie Richardson, "Kamala Harris, Mazie Hirono Target Brian Buescher Knights of Columbus Membership," Washington Times, December 30, 2018, https://www.washingtontimes.com/news/2018/dec/30/kamala-harris-mazie-hirono-target-brian-buescher-k/.

11. James Crump, "'The Dogma Lives Loudly in You': Dianne Feinstein's Grilling of Trump SCOTUS Frontrunner for Her Devout Catholicism Goes Viral," The Independent, September 22, 2020, https://www.independent.co.uk/news/world/americas/us-politics/amy-coney-barrett-supreme-court-diana-feinstein-ruth-bader-ginsburg-b512741.html.

12. "Transcript: JFK's Speech on His Religion," NPR, September 12, 1960, https://www.npr.org/templates/story/story.php?storyId=16920600.

13. Tulsi Gabbard, "Elected Leaders Who Weaponize Religion Are Playing a Dangerous Game," The Hill, January 8, 2019, https://thehill.com/blogs/congress-blog/religious-rights/424362-elected-leaders-who-weaponize-religion-are-playing-a/.

14. John D. Sutter, "Hawaii's Homeless Candidate for Congress," CNN, October 29, 2012, https://www.cnn.com/2012/10/29/opinion/ctl-kawika-crowley-homeless-candidate-hawaii/index.html.

15. Kyveli Diener, "Tulsi Gabbard Is the Surfing Congresswoman Who Could Actually Save Our Environment," The Intertia, August 16, 2018, https://www.theinertia.com/surf/tulsi-gabbard-is-the-surfing-congresswoman-who-could-actually-save-our-environment/.

16. "Charleston Victim's Mother Tells Dylann Roof 'I Forgive You' as He's Sentenced to Death," ABC News, January 11, 2017, https://abcnews.go.com/US/charleston-victims-mother-tells-dylann-roof-forgive/story?id=44704096.

17. Martin Luther King Jr., "Loving Your Enemies," Strength in Love (Harper & Rowe, 1963), qtd. in Cynthia L. Haven, "Martin Luther King Jr. Quote Goes Viral. Fake? Not Really…," The Book Haven, https://bookhaven.stanford.edu/2011/05/martin-luther-king-jr-quote-goes-viral-is-it-a-fake-not-really/.

18. Noel Paul Stookey, "Wedding Song (There Is Love)," Public Domain Foundation, 1971, https://noelpaulstookey.com/music/lyrics/wedding-song-there-is-love/.

## 5장

1. Gregory Krieg and Joshua Berlinger, "Hillary Clinton: Donald Trump would be Putin's 'puppet,'" CNN, October 20, 2016, https://www.cnn.com/2016/10/19/politics/clinton-puppet-vladimir-putin-trump/index.html.

2. Ja'han Jones, "Trump (Still) Behaving like a Pro-Russia Agent," MSNBC, January 30, 2023, https://www.msnbc.com/the-reidout/reidout-blog/trump-russia-putin-ukraine-rcna68247

3. Kate Sullivan and Laura Jarrett, "McCabe: 'I think it's possible' Trump is a Russian asset," CNN, February 20, 2019, https://www.cnn.com/2019/02/19/politics/andrew-mccabe-trump-law-enforcement/index.html.

4. Craig Unger, "Donald Trump Was Everything Vladimir Putin Could Have Wished For," New Republic, March 2, 2022, https://newrepublic.com/article/165553/donald-trump-everything-vladimir-putin-wished-russian-asset.

5. Tulsi Gabbard, (@TulsiGabbard), "HAWAII - THIS IS A FALSE ALARM. . . .," Twitter, January 13, 2018, 1:19 p.m., https://twitter.com/TulsiGabbard/status/952243723525677056.

6. "A Time of Unprecedented Danger: It Is 90 Seconds to Midnight," Bulletin of the Atomic Scientists, January 24, 2023, https://thebulletin.org/doomsday-clock/current-time/.

7. "The Reagan-Gorbachev Statement: Background to #ReaffirmOurFuture," European Leadership Network, November 19, 2021, https://www.europeanleadershipnetwork.org/commentary/the-reagan-gorbachev-statement-background-to-reaffirmourfuture/.

8. "The Cuban Missile Crisis, October 1962," U.S. Department of State, accessed February 16, 2024, https://history.state.gov/milestones/1961–1968/cuban-missile-crisis#:~:text=After%20the%20failed%20U.S.%20attempt,missiles%20in%20Cuba%20to%20deter.

9 "The Great Seal," National Museum of American Diplomacy, March 19, 2018, https://diplomacy.state.gov/the-great-seal/.

10 John F. Kennedy, "Commencement Address at American University, Washington, D.C., June 10, 1963," John F. Kennedy Presidential Library and Museum, https://www.jfklibrary.org/archives/other-resources/john-f-kennedy-speeches/american-university-19630610.

11 Mark Hertling and Molly K. McKew, "Putin's Attack on the U.S. Is Our Pearl Harbor," Politico, July 16, 2018, https://www.politico.com/magazine/story/2018/07/16/putin-russia-trump-2016-pearl-harbor-219015/.

12 Steve Holland, "Trump Says He Thinks He Could Have a Good Relationship with Putin," Reuters, April 3, 2018, https://www.reuters.com/article/us-usa-trump-russia-putin/trump-says-he-thinks-he-could-have-a-good-relationship-with-putin-idUSKCN1HA2D8/.

13 "President Dwight D. Eisenhower's Farewell Address (1961)," National Archives, https://www.archives.gov/milestone-documents/president-dwight-d-eisenhowers-farewell-address#:~:text=In%20the%20councils%20of%20government,power%20exists%20and%20will%20persist.

14 Mary Ellen Cagnassola, "Defense Contractors Benefited from Nearly Half of $14 Trillion Spent for Afghan War: Study," Newsweek, September 13, 2021, https://www.newsweek.com/defense-contractors-benefited-nearly-half-14-trillion-spent-afghan-war-study-1628485.

15 Kennedy, "Commencement Address."

16 Nandita Bose, "Biden Cites Cuban Missile Crisis in Describing Putin's Nuclear Threat," Reuters, October 6, 2022, https://www.reuters.com/world/biden-cites-cuban-missile-crisis-describing-putins-nuclear-threat-2022-10-07/.

17 Márton Losonczi, "Russia-Ukraine Peace Was Blocked by Western Powers, Former Israeli Prime Minister Claims," Hungarian Conservative, February 7, 2023, https://www.hungarianconservative.com/articles/current/russia_

ukraine-peace_blocked_western_powers_naftali _bennett_mediationraeli-prime-minister-claims/.

18  Kevin Liptak and Maegan Vazquez, "Biden Says Putin 'Cannot Remain in Power,'" CNN, March 26, 2022, https://www.cnn.com/2022/03/26/politics/biden-warsaw-saturday/index.html.

19  Missy Ryan and Annabelle Timsit, "U.S. Wants Russian Military 'Weakened' from Ukraine Invasion, Austin Says," Washington Post, April 25, 2022, https://www.washingtonpost.com/world/2022/04/25/russia-weakened-lloyd-austin-ukraine-visit/.

20  "U.S. Security Assistance to Ukraine," Congressional Research Service, January 3, 2024, https://crsreports.congress.gov/product/pdf/IF/IF12040.

21  Catie Edmondson and Emily Cochrane, "Senate Overwhelmingly Approves $40 Billion in Aid to Ukraine, Sending It to Biden," New York Times, May 19, 2022, https://www.nytimes.com/2022/05/19/us/politics/senate-passes-ukraine-aid.html.

22  Letter from Members of the Congressional Progressive Caucus to the President, October 24, 2022, https://progressives.house.gov/_cache/files/5/5/5523c5cc-4028-4c46-8ee1-b56c7101c764/B7B3674EFB12D933EA4A2B97C7405DD4.10-24-22-cpc-letter-for-diplomacy-on-russia-ukraine-conflict.pdf.

23  Andrew Solender, "House Progressive Withdraws Ukraine Letter after Backlash," Axios, October 25, 2022, https://www.axios.com/2022/10/25/house-progressives-letter-ukraine-pramila-jayapal.

24  William J. Perry, "How the U.S. Lost Russia—and How We Can Restore Relations," Outrider, September 5, 2022, https://outrider.org/nuclear-weapons/articles/how-us-lost-russia-and-how-we-can-restore-relations.

25  Ibid.

26  George F. Kennan, "A Fateful Error," New York Times, February 5, 1997, https://www.nytimes.com/1997/02/05/opinion/a-fateful-error.html.

27  Ibid.

28  "Iraq Conflict Has Killed a Million Iraqis: Survey," Reuters, January 30, 2008, https://www.reuters.com/article/us-iraq-deaths-survey/iraq-conflict-has-killed-a-million-iraqis-survey-idUSL3048857920080130.

29  Ahmed Twaij, "Let's Remember Madeleine Albright for Who She Really Was," Al Jazeera, March 25, 2022, https://www.aljazeera.com/opinions/2022/3/25/lets-remember-madeleine-albright-as-who-she-really-was#:~:text=%E2%80%9CWe%20have%20heard%20that%20half,the%20price%20is%20worth%20it.%E2%80%9D.

30  "Remarks by President Biden on Security Assistance to Ukraine," White House, May 3, 2022, https://www.whitehouse.gov/briefing-room/speeches-remarks/2022/05/03/remarks-by-president-biden-on-the-security-assistance-to-ukraine/; Jake Werner, "What Biden Means When He Says We're Fighting 'Global Battle for Democracy," Responsible Statecraft, April 1, 2023, https://responsiblestatecraft.org/2023/03/31/what-biden-means-when-he-says-were-fighting-global-battle-for-democracy/.

31  Dewi Fortuna Anwar, "A Rules-Based Order in the Indo-Pacific: A View from Jakarta," U.S. Department of Defense, https://media.defense.gov/2020/Dec/06/2002546899/-1/-1/1/ANWAR.PDF.

32  Mike Lillis, "Clyburn Slams Trump, Others Praising Putin; 'Domestic Enemies," The Hill, February 27, 2022, https://thehill.com/homenews/house/595936-clyburn-slams-trump-others-praising-putin-domestic-enemies/.

33  "Judiciary Republicans to Garland: Are Concerned Parents Domestic Terrorists or Not?" (press release), Chuck Grassley, December 6, 2021, https://www.grassley.senate.gov/news/news-releases/judiciary-republicans-to-garland-are-concerned-parents-domestic-terrorists-or-not.

**6장**

1  David Remnick, The Bridge: The Life and Rise of Barack Obama (New York: Vintage Books, 2010), 6.

2  Vanessa Robinson, "Blood at the Ballot Box: The Murders of Jimmie Lee Jackson, the Rev. James Reeb, and Viola Liuzzo," Medium, October 30, 2020, https://vrob125.medium.com/blood-at-the-ballot-box-the-murders-of-jimmie-lee-jackson-the-rev-james-reeb-and-viola-liuzzo-61ba9025ddb3.

3  "Wallace Orders Troopers to Stop Negro Marchers," UPI, March 6, 1965, https://www.upi.com/Archives/1965/03/06/Wallace-orders -troopers-to-stop-Negro-marchers/2541162885347/.

4  John Lewis, Walking with the Wind: A Memoir of the Movement (Simon & Schuster, 1998), 326.

5  Christopher Klein, "How Selma's 'Bloody Sunday' Became a Turning Point in the Civil Rights Movement," History, March 6, 2015, https://www.history.com/news/selma-bloody-sunday-attack-civil-rights-movement.

6  Ibid.

7  Lewis, Walking with the Wind, 327.

8  Ibid.

9  "Dr. Martin Luther King Jr., 'How Long? Not Long?' (25 March 1965)," Voices of Democracy, https://voicesofdemocracy.umd.edu/dr-martin-luther-king-jr-long-not-long-speech-text/.

10 "Read Martin Luther King Jr.'s 'I Have a Dream' Speech in Its Entirety," NPR, speech delivered August 28, 1963, https://www.npr.org/2010/01/18/122701268/i-have-a-dream-speech-in-its-entirety.

11 Michael Stramber, "A Universal Perspective Is Key to Diversity and Equity in Schools," The Hill, October 12, 2021, https://thehill.com/changing-america/opinion/576345-prioritizing-our-universal-ties-instead-of-identity-is-the-key-to/.

12 Rich Lowry, "The Toxic World-View of Ta-Nehisi Coates," Politico, July

22, 2015, https://www.politico.com/magazine/story/2015/07/the-toxic-world-view-of-ta-nehisi-coates-120512/.
13  Robin DiAngelo, White Fragility: Why It's So Hard for White People to Talk about Racism (Boston: Beacon Press, 2018), 91.
14  Ibid., 149.
15  Ibid., 150.
16  Douglas Murray, The War on the West (New York: Broadside Books, 2022).
17  "Ibram X. Kendi defines what it means to be an antiracist," Penguin Random House UK, June 9, 2020, https://www.penguin.co.uk/articles/2020/06/ibram-x-kendi-definition-of-antiracist.
18  Martin Luther King Jr., "Address to the House of Representatives of the First Legislature, State of Hawaii, on 17 September 1959," Martin Luther King Jr. Institute, Stanford University, https://kinginstitute.stanford.edu/king-papers/documents/address-house-representatives-first-legislature-state-hawaii-17-september-1959.

## 7장

1  Maud Maron, "It's Time to Get Serious about Saving Girl's and Women's Sports," Newsweek, March 18, 2022, https://www.newsweek.com/its-time-get-serious-about-saving-girls-womens-sports-opinion-1689217.
2  Dan Avery, "Trans Women Retain Athletic Edge after a Year of Hormone Therapy, Study Finds," NBC News, January 5, 2021, https://www.nbcnews.com/feature/nbc-out/trans-women-retain-athletic-edge-after-year-hormone-therapy-study-n1252764.
3  "Rip Curl Women's Campaign: Controversy over Inclusion of Trans . . .," News.com.au, January 30, 2024, https://www.news.com.au/sport/sports-life/rip-curl-latest-subject-of-a-fervent-go-woke-go-broke-campaign/news-story/d4609c334ce39ff3e0446f395c07e299.
4  Chas Smith, "Devastating Rumor Proves True as World Surf League Vindictively Cancels Bethany Hamilton over Trans-Exclusionary Views!,"

BeachGrit, March 1, 2023, https://beachgrit.com/2023/03 /devastating-rumor-proves-true-as-world-surf-league-vindictively -cancels-bethany-hamilton-over-trans-exclusionary-views/.

5    Chas Smith, "Confirmed: World Surf League Brass Informed Championship Tour Surfer He Was Not Allowed to Celebrate Bethany Hamilton on International Women's Day!," BeachGrit, March 15, 2023, https://beachgrit.com/2023/03/confirmed-world-surf-league-brass -informed-championship-tour-surfer-he-was-not-allowed-to-celebrate -bethany-hamilton-on-international-womens-day/.

6    Postmedia Sports, "High School Trans Athlete Wins High-Jumping Event, Sparking Outrage…," Toronto Sun, February 14, 2024, https: // torontosun.com/sports/other-sports/high-school-trans-athlete -wins-high-jumping-event-sparking-outrage.

7    Ibid.

8    Jacquelyn Palumbo, "Miss Netherlands Pageant Crowns First Trans Winner, Rikkie Valerie Kollé," CNN, July 10, 2023, https://www.cnn.com/style/miss-netherlands-pageant-rikkie-kolle/index.html.

9    Andrew Chapados, "'misgendering' Would Be a Crime with a Possible 2-Year Jail Sentence under the UK's Far-Left Labour Party," Blaze Media, October 17, 2023, https://www.theblaze.com/news /uk-labour-party-misgendering-crime.

10   "The Fourteenth Amendment and the Evolution of Title IX," United States Courts, https://www.uscourts.gov/educational -resources/educational-activities/14th-amendment-and-evolution-title-ix#:~:text=Specifically%2C%20Title%20IX%20states%20that,activity %20receiving%20Federal%20financial%20assistance.%E2%80%9D.

11   R. Shep Melnick, The Transformation of Title IX: Regulating Gender Equality in Education (Washington, D.C.: The Brookings Institution, 2018), 4.

12   Chirag Radhyan, "'if Mike Tyson Identifies as a Female, Should He Be Allowed to Enter a Boxing Match with a Biological Female?': Jon Jones,

Usain Bolt, and Sporting World Likes US Representative's Burning Question amid Trans Athletes and Locker Room Saga," EssentiallySports, June 8, 2023, https://www.essentiallysports.com/boxing-news-if-mike-tyson-identifies-as-a-female-should-he-be-allowed-to-enter-a-boxing-match-with-a-biological-female-jon-jones-usain-bolt-and-sporting-world-likes-us-representatives-burning-question/.

13   Caroline Downey, "Judge Jackson Refuses to Define 'Woman' during Confirmation Hearing: 'I'm Not a Biologist,'" National Review, March 23, 2022, https://www.nationalreview.com/news/judge-jackson-refuses-to-define-woman-during-confirmation-hearing-im-not-a-biologist/.

14   Jessica Chasmar, "Woke Liberals Push to Replace 'Mother' with 'Birthing Parent' to Appease Transgender Community," Fox News, July 7, 2022, https://www.foxnews.com/politics/woke-liberals-push-replace-mother-birthing-parent-appease-transgender.

15   Budget of the U.S. Government (Washington, D.C.: Office of Management and Budget, 2022), 18.

16   Keith Griffith, "'I Know He's Not Familiar with a Woman's Body': AOC's Bizarre Insult to 40-Years-Married Greg Abbott over New Texas Abortion Law and Says 'Six Weeks Pregnant Means Two Weeks Late for Period,'" Daily Mail, September 7, 20202, https://www.dailymail.co.uk/news/article-9967997/AOC-calls-women-menstruating-people-blasting-Texas-Governor-abortion-law.html.

17   Madeleine Kearns, "Women and Mothers Aren't 'Chestfeeders,'" National Review, February 11, 2021, https://www.nationalreview.com/corner/women-and-mothers-arent-chestfeeders/.

18   "Watch: Far-Left Berkeley Law Professor Melts Down When Senator Hawley Asks Her If Men Can Get Pregnant," Hawley Senate website, July 12, 2022, https://www.hawley.senate.gov/watch-far-left-berkeley-law-professor-melts-down-when-senator-hawley-asks-her-if-men-can-get.

19   Ibid.

20  Tyler Clifford, "Biden Administration Proposes Title IX Protections for Transgender Students," Reuters, June 23, 2022, https://www.reuters.com /world/us/biden-administration-proposes-title-ix-protections-transgender-students-2022-06-23/.

## 8장

1  "New Poll: School Choice Support Soars from 2020," American Federation for Children, July 11, 2023, https://www.federationforchildren.org/new-poll-school-choice-support-soars-from-2020/.

2  Joshua Q. Nelson and Fox News, "Teachers Union Boss Randi Weingarten Claims School Choice 'Undermines Democracy,'" Fox News, December 20, 2023, https://www.foxnews.com/media/teacher-union -boss-randi-weingarten-claims-school-choice-undermines-democracy.

3  Sara Chernikoff, "1 in 5 Americans Have Low-Literacy Skills: These Charts Explain Reading Levels in the US," USA Today, September 9, 2023, https://www.usatoday.com/story/news/education/2023/09/09 /literacy-levels-in-the-us/70799429007/.

4  Alvin Parker and Alvin ParkerHey, "US Literacy Rate Statistics for 2024 (Trends & Data)," Prosperity For All, December 26, 2023, https://www.prosperityforamerica.org/literacy-statistics/.

5  Joshua Q. Nelson and Fox News, "Teachers Union Boss Defends Sending Son to Private School after Calling School Choice Racist," Fox News, September 14, 2023, https://www.foxnews.com/media /teachers-union-boss-defends-sending-son-private-school.

6  Jim Newell, "McAuliffe Lost Because He's a Democrat," Slate Magazine, November 3, 2021, https://slate.com/news-and-politics/2021/11/terry-mcauliffe-glenn-youngkin-virginia-democrats.html.

7  Ibid.

8  Names have been changed to protect the student's privacy.

9  Abigail Shrier, "How a Dad Lost Custody of Son after Questioning His

Transgender Identity," New York Post, February 26, 2022, https://nypost.com/2022/02/26/dad-lost-custody-after-questioning-sons-transgender-identity/.

10. "Family Services Policy Manual," Department for Children and Families, accessed February 16, 2024, https://dcf.vermont.gov/fsd/policies.

11. Jeff Johnston, "Boston Children's Hospital under Fire for 'Transgender' Interventions That Damage and Disfigure Children," Daily Citizen, August 19, 2022, https://dailycitizen.focusonthefamily.com/boston-childrens-hospital-under-fire-for-transgender-interventions-that-damage-and-disfigure-children/.

12. Libs of Tik Tok, "Boston Children's Hospital Says That Toddlers Can Know They Are Transgender. Some Signs Are Refusing a Haircut or Playing with the Opposite Gender Toys," Facebook post, August 14, 2022, https://www.facebook.com/watch/?v=842459790073958.

13. "Treatment of Gender Dysphoria for Children and Adolescents," Florida Department of Health, April 20, 2022, https://content.govdelivery.com/accounts/FLDOH/bulletins/3143d4c.

14. (@BillboardChris), "'A good portion of children do know…,'" Twitter, August 14, 2022, 10:30 a.m., https://twitter.com/BillboardChris/status/1558823459651817477.

15. Ibid.

16. (@BillboardChris), "Boston Children's Hospital has hidden… ," Twitter, August 11, 2022, 12:58 p.m., https://twitter.com/BillboardChris/status/1557773583618908161.

17. Kristen Monaco, "Gender-Affirming Chest Surgeries Increase by Nearly 5x in Teens," MedPage Today, October 17, 2022, https://www.medpagetoday.com/pediatrics/generalpediatrics/101252.

18. Ryan Chatelain, "Study Estimates Trans Youth Population Has Doubled in 5 Years," Spectrum News NY1, June 10, 2022, https://www.ny1.com/nyc/all-boroughs/news/2022/06/10/study-estimates-transgender-youth-

population-has-doubled-in-5-years.

19  Craig Monger, "FDA Adds New Warning for Commonly Used Puberty Blockers," 1819 News, August 6, 2022, https://1819news.com/news/item/fda-adds-new-warning-to-commonly-used-puberty-blockers.

20  Tulsi Gabbard, "80% of transgender people who seek…," TikTok, November 17, 2022, https://www.tiktok.com/@tulsigabbard/video/7166937827278589230.

21  Ryan Chatelain, "Study Estimates Transgender Youth Population Has Doubled in 5 Years," Spectrum News NY1, June 10, 2022, https://ny1.com/nyc/all-boroughs/news/2022/06/10/study-estimates-transgender-youth-population-has-doubled-in-5-years.

22  Carolyn Crist, "Nearly Half of Companies Say They Plan to Eliminate Bachelor's Degree Requirements in 2024," HR Dive, December 12, 2023, https://www.hrdive.com/news/nearly-half-of-companies-plan-to-eliminate-bachelors-degree-requirements/702235/#:~:text=In%202023%2C%2055%25%20of%20companies,other%20ways%20to%20gain%20skills.

23  Carolyn Crist, "Nearly Half of Companies Say They Plan to Eliminate Bachelor's Degree Requirements in 2024," HR Dive, December 12, 2023, https://www.hrdive.com/news/nearly-half-of-companies-plan-to-eliminate-bachelors-degree-requirements/702235/#:~:text=In%202023%2C%2055%25%20of%20companies,other%20ways%20to%20gain%20skills.

민주당을 떠나며
소수 엘리트 기득권에 의해 움직이는 미국을 폭로하다

초판 1쇄  2025년 9월 8일 발행
초판 2쇄  2025년 9월 15일 발행

지은이 털시 개버드 옮긴이 송영길
펴낸이 김현종
기획총괄 배소라 출판본부장 안형태
책임편집 황정원 편집 최세정 진용주 김수진
디자인 조주희 김연주 마케팅 김예리 신잉걸
미디어·경영지원본부 신혜선 문상철 백범선 박윤수 남궁주철 이주리 함동원

펴낸곳 (주)메디치미디어
출판등록 2008년 8월 20일 제300-2008-76호
주소 서울특별시 중구 중림로7길 4
전화 02-735-3308 팩스 02-735-3309
이메일 medici@medicimedia.co.kr 홈페이지 medicimedia.co.kr
페이스북 medicimedia 인스타그램 medicimedia
유튜브 medici_media

ISBN 979-11-5706-465-6 (03340)

이 책에 실린 글과 이미지의 무단 전재·복제를 금합니다.
이 책 내용의 전부 또는 일부를 재사용하려면 반드시 출판사의 동의를 받아야 합니다.
파본은 구입처에서 교환해 드립니다.